编辑委员会组成

理念创新
与创新发展
——浙江的研究与案例

浙江省政协农业和农村工作委员会　编著

赵兴泉　黄祖辉　主编

ZHEJIANG UNIVERSITY PRESS
浙江大学出版社

序

（签名）

　　创新是一个民族进步的灵魂，是一个国家兴旺发达的不竭动力，也是一个地区综合实力和竞争力的核心所在。当今时代，创新越来越成为社会生产力解放和发展的重要标志，越来越决定一个国家、一个地区、一个民族发展的进程。浙江是我国改革开放的先行地区，改革开放以来，浙江以邓小平理论和"三个代表"重要思想为指导，牢固树立和贯彻落实科学发展观，坚持从实际出发，解放思想，勇于探索，创新创业，显现出了从乡土中崛起的"灵性"，在市场中摔打的"韧性"，在国际竞争中的"柔性"和生存发展中的"活性"，融"老天爷、老祖宗、老百姓"经济于一体，展开了波澜壮阔的创新实践，实现了思想观念大解放，体制机制大变革，经济社会大发展，城乡面貌大变样，人民生活水平大提高，走出了一条富有鲜明浙江特色、充满生机活力的改革发展之路，创造了令人瞩目的发展奇迹。浙江三十多年的改革开放史，就是一部创业富民、创新强省的发展史。

　　现阶段的浙江经济社会，正在由生存型向发展型转变，正处于经济发展的重要机遇期、社会矛盾的凸显期、体制改革的攻坚期、资源环境的瓶颈期、思想文化的活跃期、发展模式的转变期、内外环境的多变期，呈现出一系列新的阶段性特征，面临着一系列新情况、新问题、新矛盾、新挑战。面对世界经济技术发展趋势，面对绿色革命、低碳经济发展潮流，面对科学发展、和谐发展、创新发展的新要求，浙江迫切需要解决长期积累的素质性、结构性、体制性矛盾，需要改变依靠资源消耗，以牺牲环境为代价，以廉价劳动力为特点的粗放、低级发展方式，需要加快转变经济发展方式，实现从浙江制造向浙江创造的转型，这种改变和转型的根本出路在于创新。

　　创新必须始终以理念创新为先导。思想理念是人类行为的"动力源"、"总开关"和"总指挥"。没有思想的解放、理念的创新和观念的进步，就不可能催生出创新的实践活动。邓小平同志在《解放思想，实事求是，团结一致向前看》的讲话中指出："一个党，一个国家，一个民族，如果一切从本本出发，思想僵化，迷信盛行，那它就不能前进，它的生机就停止了，就要亡党亡国。"同时他强调，"解放思想，开动脑筋，实事求是，团结一致向前看，首先是解放思想"。江泽民同志也说："不解放思想、实事求是，理论创新、制度创新、科技创新都无从谈起。"改革开放以来，我们冲破了"左"的束缚，抛弃阶级斗争为纲，废除"一大二公"和纯而又纯的公有制，不搞姓"社"姓"资"的争论，积极实行家庭联产承包为基础的农村双层经营体制，大力发展乡镇企业，发展个体私营经济，建立以公有制为主体、多种所有制经济共同发展的基本经济制度，初步构建了社会主义市场经济体制。这一切，均源于理念的创新和思想的大解放，它推动了生产力的大解放，改革和发展的蓬勃展开。

创新必须以人文精神为支撑。创新是一种先进的文化，既是发展观，又是方法论。创新作为一种社会实践活动，关键在于人的素质，在于人的全面发展。文化决定理念，理念决定人的行为。所以说，一方水土养一方人。"东南财富地，江浙人文薮"。浙江能有今天的发展成就，主要得益于党的十一届三中全会以来的好路线、好政策，也与浙江独特的地域文化、人文精神密切相关。浙江文化底蕴深厚，尤其是吴越文化、宋文化和近代文化这三座浙江文化的"高峰"，是浙江经济社会发展的深厚文化底蕴。人们常说的"一见阳光就灿烂，一遇雨露就发芽"的赞语，实际上是浙江人文精神的生动写照。改革开放时期提炼出来的"自强不息、坚忍不拔、勇于创新、讲求实效"和"求真务实、诚信和谐、开放图强"的浙江精神，集中体现在"创业创新"总战略之中，这是浙江经济社会创新发展的文化支撑和精神动力。

创新必须以创业和发展为目的。创新的目的是为了创业，是为了发展，是为了人民的富裕和幸福。换言之，创新必须体现以人为本，坚持贯彻全面、协调、可持续发展的科学发展观，实现人的全面发展。浙江改革开放三十多年的创新实践，就是一个不断创业、不断发展、不断进步的过程，就是一个不断创造历史、创造财富、创造事业的过程。

创新必须体现全面发展的要求，推动经济建设、政治建设、文化建设、社会建设和生态文明建设的全面发展；创新必须体现协调发展的要求，推进城与乡、陆与海、经济与社会、人与自然、对内改革与对外开放相协调，一、二、三产相协调，大平台、大产业、大项目、大企业建设和民营经济、中小企业发展相协调；创新必须体现可持续发展的要求，正确处理好经济社会发展与人口资源环境的关系，促进人与自然的和谐。

  《理念创新与创新发展——浙江的研究与案例》一书阐述了创新理论的一般原理,从发展观和方法论的角度,深入总结了改革开放以来浙江在思想解放、理念创新上的探索实践、主要成绩和基本经验。该书按照科学发展观的新要求,从浙江当前和今后一个时期的发展趋势出发,提出要树立创新发展、转型发展的核心理念,确立坚持一体推进,注重城乡融合发展;坚持富民惠民,注重和谐共荣发展;坚持协同共赢,注重内外联动发展;坚持环保高效,注重绿色低碳发展;坚持以人为先,注重人本导向发展;坚持自立自强,注重自主创新发展;坚持转变职能,注重服务主导发展等七个基本观念;并围绕这七个基本观念,收集了一批案例,以求实证。该书具有较强的理论性、实践性和前瞻性,是研究创新理论的重要文献,是推进创新浙江建设的重要参考。

2011 年 10 月

目 录

上篇

理念创新与创新发展

>>> 研究报告

理念创新与创新发展研究总报告

创新是人类认识世界、改造世界的集中体现和根本途径。理念是人们在认识世界、改造世界的实践中形成并蕴含在经验积累和理论知识中最一般的思想和看法，对我们的一切思想和行动原则、方向、行为起着根本的指导和规范作用。理念创新，既是所有创新的逻辑起点，也是引领创新实践的动力引擎。本研究报告以打造"创新浙江"建设体系为目标，运用历史的方法、实践的观点和创新的思维，通过总结浙江发展中理念创新的探索实践，揭示理念创新的历史必然性和时代紧迫性，提出当前和今后一个时期贯彻落实科学发展观、转变发展方式需要树立的基本理念、主要观念及相应对策建议，为推动新时期浙江经济社会全面协调可持续发展提供参考。

一、理念创新的实践探索

浙江自古就是"文化之邦"，深厚文化底蕴造就了独特的区域人文精神。一是经世致用、注重民生的观念。以永嘉学派、永康学派、浙东学派等为主要代表的古代浙江学界，强调学术与事功的统一，主张探讨有关国计民生的实用之学，以解决现实社会实际问题。二是求真务实、主体自觉的理性。在传统文化沐浴下的浙江先民，普遍具有反对空言说教、注重社会实际、重实践、讲实效的理性思维，主张知行合一，反对"悬空"思索、"冥行"妄作。三是兼容并蓄、海纳百川的胸襟。浙江东临大海，海岸线绵延数千里，悠久的海洋文明哺育了浙江人民兼容并蓄的襟怀，加上历次战乱导致的北方和中原移民的迁入，成就了浙江熔铸百家、出白创新的情怀。四是兴利富民、义利并举的品行。先秦范蠡、计倪"本末俱利"

的主张,明末清初黄宗羲"工商兼本"的思想,以及"义利双行"、"义利并立"、"以利和义"的信条,充分展示了诚实守信、兴利富民的儒商文化。五是励志奋发、发愤图强的志向。越王勾践励志奋发的精神品质深刻影响了历代浙江人,面对恶劣的生存环境(农耕资源稀缺),在没有条件中创造条件,在机遇来临时把握机遇,在危机来临时转危为机,一方面努力变沧海为桑田,另一方面积极发展商业手工业,由此形成了农工商并举的生产文化。

新中国成立以来,特别是改革开放以来,深厚的浙江传统人文底蕴得到了全面激活,与时俱进地演绎出"走遍千山万水、道遍千言万语、想尽千方百计、尝遍千辛万苦","自强不息、坚忍不拔、勇于创新、讲求实效","求真务实、诚信和谐、开放图强"的浙江精神。在国内率先确立市场取向的发展理念,实现了资源小省向经济大省、计划经济向市场经济、农业社会向工业社会、封闭型经济向开放型经济、基本小康向总体小康的历史性跨越。新世纪以来,尤其是在深入贯彻落实科学发展观的实践中,省委、省政府以浙江精神为指引,提炼树立了"创业富民、创新强省"总战略,相继作出了建设系列浙江(系列强省)的战略规划和决策部署,引领浙江全面建设惠及全省人民的小康社会,为推动科学发展积累了宝贵经验。具体表现在以下几个方面:

(一)坚持走在前列,注重优势先导,强化创新意识

省委、省政府始终把率先基本实现现代化作为战略导向,牢固树立"走在前列"的发展理念,注重巩固扩大发展优势,以贯彻落实科学发展观为总抓手,以创业创新为总动力,全面提升加快建设惠及全省人民小康社会的总目标。2003年7月,省委举行第十一届四次全体(扩大)会议,全面系统地提出"发挥八个优势"、"推进八项举措",即"八八战略"①。"八八战略"统领经济、社会、文化、生态等各项建设,八个优势与八项举措辩证统一、相互促进,依托优势促发展、通过发

---

① "八八战略":一是进一步发挥浙江的体制机制优势,大力推动以公有制为主体的多种所有制经济共同发展,不断完善社会主义市场经济体制。二是进一步发挥浙江的区位优势,主动接轨上海、积极参与长江三角洲地区合作与交流,不断提高对内对外开放水平。三是进一步发挥浙江的块状特色产业优势,加快先进制造业基地建设,走新型工业化道路。四是进一步发挥浙江的城乡协调发展优势,加快推进城乡一体化。五是进一步发挥浙江的生态优势,创建生态省,打造"绿色浙江"。六是进一步发挥浙江的山海资源优势,大力发展海洋经济,推动欠发达地区跨越式发展,努力使海洋经济和欠发达地区的发展成为浙江经济新的增长点。七是进一步发挥浙江的环境优势,积极推进以"五大百亿"工程为主要内容的重点建设,切实加强法治建设、信用建设和机关效能建设。八是进一步发挥浙江的人文优势,积极推进科教兴省、人才强省,加快建设文化大省。

展强优势,推进浙江科学发展增创新优势、再上新台阶。2005 年 5 月,省委制定全面推进"干在实处、走在前列"的意见,对贯彻落实科学发展观、构建社会主义和谐社会、党的先进性建设等方面走在前列作出具体部署,使"走在前列"意识进一步深入人心,"干在实处"工作进一步深入推进。2007 年 6 月,省第十二次党代会作出"创业富民、创新强省"重大决策,同年 11 月,省委十二届二次全体(扩大)会议作出扎实推进"创业富民、创新强省"总战略的决定。在"两创"总战略的统领下,浙江经济社会发展再添新活力、再创新局面。"八八战略"、"两创"总战略,立足打造浙江发展的长远优势,着眼在增强浙江发展的综合实力、国际竞争力和可持续发展能力上走在前列,着力在加快全面小康社会和现代化建设上走在前列,既一脉相承,又与时俱进。

(二)坚持实践观点,尊重群众首创,激发创新活力

全省各级党委、政府坚持创造性地执行党的改革开放政策,始终把尊重和保护基层与人民群众的实践创造力摆在首位,不断激发全省全社会的创业创新活力。集中体现的是始终坚持"坚定、清醒、有作为",进一步确立和弘扬"先放开后引导、先搞活后规范、先试点后提高"的指导方针。首先,在"三个有利于"标准的指导下坚持"无为而治",对一时看不清、有争议的事物,采取不争论、允许试、允许闯的态度,使以个私经济、民营经济为特征的温台模式上升为浙江模式,形成了富有影响力和美誉度的浙商经济。其次,在改革创新精神的主导下坚持"有为而治",对前瞻性、探索性的举措,采取鼓励试、引导试、参与试的态度,使得如强县扩权、强镇扩权、民间金融、综合配套改革等创新试点如火如荼实施。最后,在有力有序要求的保障下坚持"规范而治",对群众需求迫切、社会健康发展亟须的事物和实践,采取抓立法、建规章、出政策的手段,不断将实践创新纳入制度创新的轨道。积极开展先行性立法和创制性立法,如农民专业合作社、村经济合作社、企业商号管理和保护等许多法规,较好地适应了浙江作为市场经济先发省份和走在前列的要求。尊重实践、尊重创造,放手让人民群众干、主动引领人民群众干,是党的群众路线和马克思主义实践论的生动体现和高度统一。

(三)坚持内源驱动,立足人本支撑,培育创新要素

省委、省政府按照推进物质资源投入驱动型发展向创新要素支撑驱动型发展转变的要求,立足人本支撑,着力培育推动持续发展的内源驱动新要素。2003 年 12 月,省委、省政府第一次召开全省人才工作会议,2004 年 1 月作出《关于大力实施人才强省战略的决定》,抓住培养、吸引、用好人才三个环节,着力建设党政人才、企业经营管理人才、专业技术人才队伍,加快培养一大批高技能人才和

农村实用人才。2005年7月,省委十一届八次全体会议作出《关于加快建设文化大省的决定》,深入实施文明素质工程、文化精品工程、文化研究工程、文化保护工程、文化产业促进工程、文化阵地工程、文化传播工程、文化人才工程等"八项工程",加快建设教育强省、科技强省、卫生强省、体育强省等"四个强省",争取使浙江成为全民素质优良,社会文明进步,文化事业繁荣,文化产业发达,教育科技文化卫生体育事业主要发展指标全国领先的省份。2006年3月,省委、省政府召开全省第一次自主创新大会,同年4月制定《关于加快提高自主创新能力,建设创新型省份和科技强省的若干意见》,充分发挥企业作为自主创新主体的作用,着力集聚创新要素,激活创新资源,转化创新成果。2006年9月,省政府制定《浙江省教育强省建设与"十一五"教育发展规划纲要》,积极实施基础教育抓均衡、高等教育抓质量、职业教育抓结合、终身教育抓体系等为主要任务的发展举措。人才强省、文化大省、科技强省、教育强省的各项决策部署,既自成体系又互促共进,为培育、激活和优化以人才为支撑、科技为实体、教育为基础、文化为动力的创业创新要素,开辟了新境界、积累了新经验。

(四)坚持和谐共享,彰显安定有序,优化创新氛围

省委、省政府秉承"发展是硬道理、稳定是硬任务"的工作方针,树立和谐共享的发展理念和依法治省的管理理念,一手抓平安浙江建设,一手抓法治浙江建设,着力构建社会主义和谐社会。2004年5月,省委十一届六次全体(扩大)会议作出《建设"平安浙江",促进社会和谐稳定的决定》,大力建设涵盖政治、经济、文化和社会各方面宽领域、大范围、多层面的"平安浙江",努力确保社会政治稳定、治安状况良好、经济运行稳健、安全生产状况稳定好转、社会公共安全和人民安居乐业。2006年4月,省委十一届十次全体会议作出《关于建设"法治浙江"的决定》,以依法治国为核心内容,以执法为民为本质要求,大力加强法治政府建设,提高经济、政治、文化和社会各个领域的法治化水平,确保人民的政治、经济和文化权益得到切实尊重和保障。同年11月,省委十一届十一次全体会议通过《关于认真贯彻党的十六届六中全会精神构建社会主义和谐社会的意见》,着力发展和谐的社会事业,建设和谐文化,培育和谐的社会关系,营造和谐的社会环境,构建和谐的体制机制,努力开创全省人民各尽其能、各得其所而又和谐相处的新局面。平安浙江、法治浙江、和谐社会建设,在维护发展秩序、保护发展成果上取得了新进展,为创业创新提供了良好环境。

(五)坚持统筹兼顾,突出开放联动,拓展创新空间

省委、省政府坚持以开放的思路和统筹的举措,深入推进城乡、区域、内外联动发展。在城乡开放联动上，树立城乡一体理念，一手抓社会主义新农村建设，一手抓新型城市化。2005 年 1 月，省委、省政府颁布实施《浙江省统筹城乡发展推进城乡一体化纲要》；2006 年 4 月，作出《关于全面推进社会主义新农村建设的决定》；同年 8 月，制定实施《关于进一步加强城市工作走新型城市化道路的意见》，全省以工促农、以城带乡、城乡互动、一体推进的格局初步形成。在区域开放联动上，深入实施山海协作工程，不断拓展资源开发利用广度和深度。2003 年 8 月，省政府出台《关于全面实施"山海协作工程"的若干意见》；2003 年 10 月，省委、省政府制定《关于建设海洋经济强省的若干意见》；2005 年 4 月，省政府印发《浙江海洋经济强省建设规划纲要》；2009 年 5 月，省政府又出台《关于实施新一轮山海协作工作的若干意见》，深入推进发达地区与欠发达地区开展特色优势产业、新农村建设、人力资源培训就业、社会事业等领域合作，促进互利共赢、共同发展。2008 年、2009 年先后就"山上浙江"、"海上浙江"建设开展专题调研，2010 年浙江省被列入全国海洋经济发展试点地区。在内外开放联动上，坚持"引进来、走出去"战略，主动参与长三角和国内国际交流合作，积极打造开放型经济体系。在新世纪初作出了《关于进一步扩大对外开放，加快发展开放型经济的决定》，着力提高对外交流和贸易水平；2003 年，又作出"主动接轨上海、积极参与长三角合作与交流"的战略决策，同年 5 月制定《关于主动接轨上海积极参与长三角合作与交流的若干意见》。2004 年以来，省委、省政府强调要"跳出浙江发展浙江"并作出相应决策部署，推动"引进来、走出去"创业，积极参与实施西部大开发、中部崛起和东北振兴战略。通过城乡联动、区域联动和内外开放，促进了均衡发展、立体发展和开放发展，创业创新拓展了广度、深度和高度，"浙江经济"、"浙江人经济"在国内外赢得了广泛声誉。

(六)坚持文明生态,倡导绿色发展,丰富创新内涵

省委、省政府按照建设资源节约型、环境友好型社会的要求，导入和确立生态文明理念，坚持生态省建设方略，走生态立省之路，以"凤凰涅槃"、"腾笼换鸟"的举措，不断赋予创业创新新的内涵，积极推进经济结构战略性调整和发展方式转变。2003 年 8 月，省政府颁布实施《浙江生态省建设规划纲要》，大力发展生态经济，改善生态环境，培育生态文化，加快推进"绿色浙江"建设。2004 年，启动"811 环境整治行动"。2005 年 6 月，省委、省政府召开全省循环经济工作会，同年 8 月印发《浙江省循环经济发展纲要》，并启动"发展循环经济 991 行动计划"。同年，省委、省政府实施"凤凰涅槃"、"腾笼换鸟"促发展战略，努力摆脱粗放型增长依赖，主动推进产业结构优化升级，让"吃得少、产蛋多、飞得远"的生态好"鸟"引领浙江经济。2007 年，省第十二次党代会提出要"在节约资源保护环

境方面实现新突破"。2008 年,启动"811"新三年行动计划。2010 年 6 月,省委十二届七次全会作出《关于推进生态文明建设的决定》,对发展生态经济、优化生态环境、建设生态文化作出了新的全面部署,努力向建设全国生态文明示范区的目标迈进。从生态文明理念的导入到树立,从树立到全面部署建设,这一过程为浙江创业创新总战略赋予了新的内涵,即通过创业创新,加快形成节约能源资源和保护生态环境的产业结构、增长方式和消费模式,打造"富饶秀美、和谐安康"的生态浙江。

二、理念创新的重要意义

理念创新,是根据实践的发展需要具有自省性的自我否定、自我超越,使理念"与时俱进",从而更好地指导实践、引领发展。浙江贯彻落实科学发展观的实践过程,就是理念与时俱进的过程。贯彻落实科学发展观以来确立的理念,为提升以创业创新为核心的浙江精神奠定了坚实基础,为推动浙江科学发展作出了巨大贡献。实践无止境,创新无止境。当今世界正在发生广泛而深刻的变化,当代中国正在进行广泛而深刻的变革,当前浙江面临的经济社会转型考验、深化改革开放考验、国内国际竞争考验更为复杂和严峻,推进理念创新、引领发展走在前列的任务比过去任何时候都更为重要和紧迫。

(一)推进理念创新,是建设创新浙江的首要任务

以理念创新为方向引领,以自主创新为实体构建,以体制机制创新为制度保障,在这三位一体的"创新浙江"建设体系中,理念创新是最基本的前提和条件。自主创新、体制机制创新工作的最大障碍来自于既定思维束缚、既得利益阻碍、既有路径依赖,只有推进理念创新,才能打开突破障碍的大门,才能疏通创新工作的源泉。而自主创新、体制机制创新的实践,根本目的是实现新理念设定的或赋予的价值追求。可以说,理念创新既是开展一切创新工作的逻辑起点,也是引领所有创新活动的动力引擎;没有理念的创新,自主创新和体制机制创新活动就会成为无源之水,"创新体系"就会成为无本之木;理念创新的深度决定自主创新、体制机制创新的力度,最终决定"创新浙江"建设的高度。浙江悠久的文化传统造就了敢想敢闯敢干的务实精神,但也隐含着一些不利元素,突出体现在规则意识相对淡薄、实用意识相对较浓。淡薄的规则意识使人认为"规则是死的,人是活的",相信任何规则都可"变通",进而热衷于寻租和造租,使得在创新上投入的精力和资源不足;而浓厚的实用意识使人注重追求短期利益,缺乏长远追求,

热衷于简单模仿复制,从而使得创新易于遭到剽窃模仿而被抑制。建设"创新浙江",必须突出以理念创新为先导,强化规则意识,转变实用主义思想,推动自主创新和体制机制创新从"摸着石头过河"转到"顺着规律走路"上来、从注重短期利益转到追求长远利益上来,进而切实提升"创新浙江"建设的高度。

(二)推进理念创新,是破解现实难题的内在要求

改革开放以来,浙江经济社会发展取得了巨大成就,但也出现了不少问题。一是市场化改革优势弱化的问题突出。改革开放以来的前二十年,浙江GDP年均增长13.3%、经济增速列全国第二,后十年年均增长12.4%、列全国第八,而2009年以来,增速曾一度低于全国平均水平。二是环境恶化的代价较大。资源开发消耗多,环境污染负荷高,人在"挤兑"自然中被自然"挤出"。三是社会分化的矛盾凸显。社会阶层日趋多元,利益分化和利益博弈渐趋激烈,不同群体和阶层之间的冲突常态化。四是精神俗化现象不容忽视。社会价值观功利化的倾向严重,一些人理想失落、信仰缺失,低级庸俗的物质主义现象时有发生。上述"四化"问题,不仅极大削弱和影响了已有发展取得的成效,而且制约和威胁着进一步发展,与新兴国家或地区在经济起飞阶段(人均GDP 6000~10000美元)面临的情况相似,浙江正处在"吃馅饼"抑或"落陷阱"的关键时刻。从我党的建设来看,在每一个生死存亡的关键时刻,都通过解放思想,实现了转危为安;从浙江乃至全国改革开放进程来看,面对积弱积贫的关键时刻,突破唯成分论、唯计划论,确立社会主义市场经济理念,实现了贫穷到温饱、温饱到总体小康的历史性跨越;从世界经济发展历程来看,为破解发展自身矛盾,经历了纯经济增长论、综合发展论、可持续发展论的观念更新,实现了发展文明的大提升。面对当前矛盾凸显、危机叠加的关键时刻,历史为我们提供了应对"法宝",那就是解放思想、更新理念。

(三)推进理念创新,是转变发展方式的客观需要

加快转变经济发展方式、推进经济转型升级,是事关浙江经济社会发展全局紧迫而重大的战略任务。创新发展理念,有利于整合优化思维模式,使转变发展方式的具体活动更具合理性、系统性和科学性,促成相应工作举措;有利于揭示把握客观规律,并据此提升完善转变发展方式的指导思想、路径模式和方法手段,拓展发展活动的视角和举措,促成实践活动有效机制和运行规则的生成,从而引领发展方式的有效转变。当前,浙江经济社会发展正处于全面提升工业化、信息化、城市化、市场化、国际化水平的重要时期,不适应科学发展观要求的理念依旧普遍存在,在其指导下引致的经济发展中的结构性、素质性、资源环境性矛

盾和制约尚未根本解决。突出体现在经济增长主要依靠物质资源消耗、工业占据绝对主导地位、对出口拉动过分依赖,产业层次低、布局散、竞争力弱和企业弱、小、同(质)的基本面上。依靠物质资源消耗为主的低成本竞争发展,资源负荷大、技术含量低、利润空间小,难以为继;工业占据绝对主导地位,发展消耗大、附加值低,就业容量有限,产业结构不配套难协调,难以为继;对出口拉动的过分依赖,与后金融危机时期国际市场消费需求下降的基本趋势相抵触,难以为继。这些矛盾和制约是长期积累的结果,本质和根源是发展方式问题,根本出路在于创新理念、改进发展举措。

(四)推进理念创新,是继续走在前列的必然选择

当今世界多极化、区域化、全球化深入发展,科技进步日新月异,地区和国际竞争日趋激烈,创新越来越决定一个国家、一个地区发展的进程,不在创新上下工夫,就要落后。从国外来看,美、日、欧等发达国家和地区之所以取得领先优势,就是因为其率先突破资源禀赋依赖或约束,走上了创新驱动型的发展道路,从而占据了自主创新的制高点;韩国、新加坡等新兴国家和地区也是依托创新战略,在短期内有效摆脱了资源瓶颈制约,后来居上进入发达国家行列。从国内来看,新世纪以来尤其是提出建设创新型国家以来,全国各地掀起了打造创新型省份、创新型城市、创新型企业的热潮,与之相随的西部大开发、中部崛起、东北振兴战略深入实施,国内区域发展竞争也日趋激烈。从省情来看,不尚空谈、不争论的功利主义思维,在培育了浙江人埋头苦干精神的同时,却抑制了其理论思维的拓展,自我抽象分析不深,不愿不善总结提炼发展实践;以血缘地缘关系为特征的自主性和自组织性,在赋予浙江人抱团闯市场勇气和魄力的同时,却阻碍了社会化、现代化意识的发育,影响着浙江经济的进一步成长壮大和参与全球经济的进程;前三十年取得的辉煌成果,使得一些人不清醒,自我陶醉于"全国学浙江"的幻觉中,滋生了夜郎自大的意识。浙江要在新时期确保经济社会发展继续走在前列,必须跳出"全国学浙江"的自恋陷阱,面向全国、放眼全球,强化危机意识和忧患意识,积极培育具有社会化、现代化思维的理念,以理念走在前列来引领科学发展走在前列,以理念的领先来确保创新型省份建设进程的领先。

三、理念创新的主要内容

新时期推进理念创新的指导思想是:坚持以邓小平理论和"三个代表"重要思想为指导,全面贯彻落实科学发展观,深入实施"八八战略"和"两创"总战略,

以力争科学发展水平居全国前列和率先全面建成惠及全省人民的小康社会为标杆，以世界创新型国家和地区发展经验为借鉴，以科学发展为主题，以转型升级为主线，努力形成把握规律性、体现时代性、富有前瞻性的理念，为建设创新型省份、加快转变发展方式夯实思想基础。

在创新中具体把握以下四个原则：一是坚持解放思想，不断克服认识上的封闭性、守旧性和本本主义；二是坚持遵循规律，不断通过适应规律、运用规律来揭示规律；三是坚持传承扬弃，在继承中扬弃，在扬弃中发展，实现破旧立新有机统一；四是坚持引领发展，以是不是有利于解放和发展社会生产力、有利于促进经济发展与社会进步为衡量标准，为推进体制机制创新提供思想先导，为推进自主创新提供智力支持。根据上述指导思想和基本原则，结合浙江经济社会发展的实际情况，当前迫切需要树立一个基本理念和七个主要观念。

(一)基本理念

以科学发展观为统领，树立"创新发展、转型发展"的基本理念。创新是当今时代最鲜明的特征，转型是新时期经济社会进步最突出的标志，加快转变发展方式是当前推动科学发展的第一要务。"创新发展、转型发展"就是要摒弃粗放发展、低级发展的理念，摒弃故步自封、夜郎自大、停滞不前的思想，把创新作为推动发展的主要动力和根本途径，把转型作为创新发展的首要目标和核心任务，促进发展方式加快转变，努力走上创新驱动的科学发展道路。

1. 正确理解"创新发展"的基本内涵

创新是一个国家或地区挺进新时代的通行证。创新发展，就是要着力打造创新主导型的发展形态，使发展的主要动力和最大源泉来自于创新，使发展的主导优势和核心竞争力来自于创新；就是要不断解放思想、更新发展思路举措，不断摆脱惯性依赖和路径锁定，通过创新实现新的跨越式发展；就是要遵循和把握发展规律，切实提高创新实践与科学发展的耦合度，通过创新造就自主发展、内生发展的长效机制。通过创新发展，有效实现统筹发展、集聚发展、开放发展、人本发展、和谐发展、生态发展。

2. 深刻把握"转型发展"的时代要求

转型是当前浙江乃至全国和全球发展所处阶段的总体特点和最大主线。转型发展，必须更加注重以人为本，更加注重全面协调可持续发展，更加注重统筹兼顾，更加注重保障和改善民生，着力推进经济转型、社会转型和政府转型。具体就是要通过创新，在转变传统发展方式上下工夫，使得经济增长从主要依靠投资、出口拉动向依靠消费、投资、出口协调拉动转变，由主要依靠第二产业带动向依靠一、二、三产业协同拉动转变,由主要依靠增加物质资源消耗向主要依靠科技进步、劳动者素质提高、管理创新转变;就是要在转变经济社会运行状态上见实效,切实增强稳定性、协调性、普惠性和可持续性,实现资源节约、环境友好、经济高效、社会和谐的自由全面发展。

(二)七个主要观念

1. 摒弃城乡分割思维,坚持一体推进,树立城乡融合的统筹观

目前浙江城乡统筹工作正加快推进,"城乡二元分割"的状况已经得到了明显缓解,但城乡二元结构问题依旧突出,实现城乡一体发展仍任重道远。个别地方"去农村化、推城市化"思维明显,统农村的土地资源多、筹农村的公共服务少,统城市的建设项目多、筹农村的民生工程少;少数地方把城乡一体化视同城乡一样化,把城市的亮化、美化、绿化等同城市化,把农村建筑的城市化等同新农村建设。这些观念及做法偏离了城乡一体发展的宗旨,必须正确理解城乡"一体"的概念,科学树立城乡融合的统筹观,以"体制"的一体化为前提和保障,以新型城市化带动新农村建设,既要解决城市化的滞后问题,也要防止城市化的偏差问题,努力实现城市和农村建设相互促进、融合一体,确保大中小城市、小城镇和乡村有机整合、城市簇群化与城乡一体化有机统一。

(1)在城乡体制构建上,要坚持统筹发展、一体推进,以人口等要素的自由流动和公共服务的均等化为目标,按照完善体系、对接制度、并轨融合的步骤,重点建立城乡居民公民基本权利保障一体化的体制。逐步解决公共服务水平上的"城高乡低"和制度上的"城乡二元"问题,既使城乡居民均等享有在使用价值形态上大体相同水平的基本公共服务,又使居民在城乡间迁移时享有的公共服务能得到同步转换,最终实现城乡公共服务由接轨到并轨、融合一体。加快推进公共基础设施建设均等化,义务教育、职业教育等公共教育资源配置均等化,公共卫生和社会保障体系的均等化。以城乡居民财产的平等保护为重点,以深化农村产权制度改革为导向,推进农村土地承包经营权、宅基地使用权、集体财产收益分配权的物权化、市场化。要在经济发达地区率先开展城乡统一的公共服务体系建设试点并逐步推开,在经济欠发达地区加快开展城乡公共服务体系对接试点并逐步实现统一。

(2)在城市化与新农村建设互促共进上,要扭转把城市化与新农村建设割裂开来、甚至对立起来的思维,坚持双轮驱动,深入实施新型城市化战略,推进城市集约发展、组群发展,大力建设中心镇和中心村,实现城乡空间结构由点状孤立式扩张向组团式整体发展转变。着力形成大中小城市、镇、村之间分工明确、联系密切、优势互补、一体发展的均衡格局,实现要素流动由城际(大中小城市、小

城镇之间)、城乡(城乡之间)单向集聚向集聚与扩散并重转变。坚持保护与建设并重,使城镇与新农村在传统与现代之间持续传承、相互交融和不断超越。与体制推进的一体化相同步,以人口城市化为导向,着力提升城市综合服务功能,重点是加快综合交通枢纽、产业集聚区、自主创新体系和公共服务体系建设;以培育发展中心镇和中心村为引领和平台,科学编制"1+X"村镇布局规划,有预见、有重点地推进新农建设,加强农村社区综合公共服务中心和服务体系建设,推进农村人口、产业和公共服务的集聚。

(3)在推进农民城乡间转化与转业上,要强化同城同待遇意识,以破除体制障碍为先导,引导农民转移就业,促进在城镇有固定住所和稳定工作的农民真正转化为城镇居民,推进农民市民化进程;要坚持拓展就业渠道,立足浙江城镇工业化和块状经济发展优势,引导农民转产就业,促进农民在城镇从事二、三产业;要以加快现代农业建设为目标,大力发展规模化、标准化和经济生态化农业,促进农民转身就业,由"自耕农"向"经营大户"、"农业工人"转变,推进农民现代化进程。为此,一方面要深化城乡综合配套改革,建立城市"拉动"和农村"推动"的双向联动机制及城乡统一的劳动力市场,有效促进农村劳动力向城镇二、三产业转移,并在完善城市公共服务、放宽城市户籍准入、推进农村承包地和宅基地流转或置换、固化集体资产收益分配权等方面加大力度,促进在城镇有固定住所和稳定工作的农民真正转化为城镇居民;另一方面要充分发挥浙江农村工业化和市场化优势,大力发展农村现代商贸、物流、信息等服务业,引导农民在农村从事二、三产业,同步大力发展高效生态和特色精品农业,加快培育职业农民和新型农业生产经营主体,推动传统农民向现代农民转化。

2.转变增长优先思维,坚持富民惠民,树立和谐共荣的民生观

民为邦本、本固邦宁,"民生为本"是我党的执政基础和基本理念。通过"用发展的思路来解决前进中的问题",浙江民生事业取得了长足发展,但离群众的愿望和期待还有较大差距。"发展是硬道理,硬发展没道理",必须正确把握民生这一执政之基,科学树立富民惠民优先的和谐共荣观,克服发展与改善民生都要用钱、相互矛盾"两张皮"的观念及做法,推动"人本工具论"向"人本实质论"转变。目前,个别地方狭义理解"用发展的思路来解决前进中的问题",片面地追求GDP的增长,片面追求财政收入的增加,重经济项目、轻社会事业,重群众共建、轻群众共享,甚至在诸如征地拆迁、环境保护、公共事业收费等上,不顾群众意愿,不惜损害和牺牲群众利益,导致了经济增长与社会发展的失衡。"发展是硬道理,硬发展没道理",如果发展不能改善民生,那就不是"硬道理",而是"没道理"。

(1)坚持和谐增长,凝聚共建合力。既追求经济增长结果的效率,更追求增

长结构的公平,搞开发、上项目等建设不能以侵占和损害当地群众的利益为代价,要立足群众需求、广聚群众智慧,扩大群众尤其是与其切身利益直接相关群众的民主参与,充分保护其合法生存权和基本发展权,着力形成推进项目建设的社会共识和合力,确保实现包容性增长,使全体人民享有均等的发展权利和机会。首先,经济建设搞开发、上项目必须充分保护当地群众合法生存权和合理发展权,确保其生产生活水平不降低,并力求有所提高。其次,建设项目的决策要扩大群众尤其是与其切身利益直接相关群众的民主参与,形成社会共识。最后,要正确处理特殊群体、少数群体、弱势群体的发展问题,依法驳斥特权群体的不合理诉求,积极回应少数群体的正当关切,着力保护弱势群体的发展权利。

(2)坚持和谐发展,实现增长共享。抛弃"增长等于发展"的观念,着力把"经济增长成果主要用于再增长"转到"经济增长成果主要用于惠民富民"上来,以富民惠民工程为主要抓手,加大民生领域投入力度,确保新增财力的2/3以上用于民生支出,推动全体人民"学有所教、劳有所得、病有所医、老有所养、住有所居"向"学有优教、劳有多得、病有良医、老有善养、住有宜居"提升,不断提高民生保障水平。经济发展好了而民生却得不到改善,这样的发展有何用?等经济发展好了再来改善民生,这样的改善又有何意?当前,迫切需要做好就业帮扶、全民社保、住房保障、社会福利、教育公平、全民健康、文体普及、社区服务、环境整治、公共安全等十大民生工程。

(3)坚持和谐分配,开创共荣局面。坚持"初次分配"和"二次分配"并重,加快调整国民收入分配结构,建立健全企业职工工资正常增长机制和支付保障机制,提高居民收入在国民收入分配中的比重、劳动报酬在初次分配中的比重,力求居民收入和劳动者报酬与GDP同步协调增长;着力缩小收入分配差距,坚决杜绝"抽瘦补肥"现象,加大税收对收入分配的调节作用,调节高收入者收入,减轻中低收入者税负,建立健全"抽肥补瘦"政策;强化现代慈善理念,优化激励机制,加快社会公共慈善事业健康发展。提高城乡居民收入特别是农民和农民工的收入水平。通过改革集体建设用地使用制度和完善征地补偿制度,增加城乡居民财产性和投资性收入。

3. 跳出区域本位思维,坚持协同共赢,树立内外联动的开放观

浙江经济发展开放程度有了显著提高,但也暴露出不少问题:重对外开放、轻内部开放,行政区划导致的地域壁垒已成为区域协调融合发展的大障碍;重引进来、轻走出去,"走出去"利用资源和高级要素的能力还不强。为适应资源配置市场化、区域经济一体化全球化的深入发展,必须树立和强化协同共赢意识,进一步打破地区行政界线,提高引进来与走出去的质量,着力营造公平自由的市场环境,树立内外联动、开放一体的发展观。

(1)加快推进省内区域经济开放一体发展。尊重区域本身的市场属性,加强行政协调和区域合作,从省级战略层面统筹规划集聚区规模、布局和建设时序,明确功能定位和产业发展方向,推动行政区域经济向产业区域经济转变,以产业发展为纽带,统筹推进大项目、大企业、大产业、大平台建设,推动"行政分割、板块碰撞"向"市场分工、区域协同"提升。按照产业带、集聚区和城市群发展规划,引导地区政府间通过建立协调会议制度、联席会议制度、地区合作联盟等形式,定期开展对话与协商,交流区域发展思路,解决跨区域联动事宜。

(2)主动融入周边区域经济开放一体进程。充分利用"长三角"区域中心的辐射带动功能,主动接轨、融入经济合作区建设,积极发挥毗邻海西经济区的地理优势,加快推动浙台、浙闽经济合作,着力使浙江在长三角地区、海西经济区"两区"建设中比翼齐飞,着力提高对周边优质要素和产业的吸纳集聚能力,不断提升区域竞争力。加强协调协作,积极推进区域物流运输服务体系、市场体系、信息体系等重大基础设施网络化建设,加快促进融合互动。

(3)切实提升引进来与走出去的质量。一是要强化全要素的理念,创新利用外资(包括省外和国外)方式。在注重引资规模的同时,更要注重引"智",将引"智"放在比引资更为重要的地位,大力引进技术、管理、人才和研发机构,实现由引进资金向引进全要素转变;加强高附加值企业的引进,促使产业链向高端环节、研发和营销等高附加值环节延伸,增强其对本地要素、资源的优化整合功能。二是要确立全国全球理念,大力开拓省外、国外市场。引导本土企业抓住国内、国际产业结构调整的机遇,通过对外投资进行海内外战略布局,培育具有核心竞争力的本土跨省、跨国企业;拓展对外投资合作的领域和方式,鼓励企业参与对外资源项目合作开发,支持进行海内外并购、参股、合资合作等,提升对外经济技术合作层次。三是强化服务大局理念,在服务中集聚资源、拓展市场。积极参与西部大开发、东北振兴和中部崛起,进一步做好援藏、援疆、援川等对口帮扶工作。四是建设"省内浙江"与"省外浙江"互动机制。发挥浙商"走出去"的优势,实施"浙商回归工程",实现"浙江人经济"与"浙江经济"的良性互动。

(4)着力营造公平竞争的市场开放体系。加快形成公平竞争的市场准入机制,深化国有企业改革,明确界定政府和行政垄断型国企的投资范围,打破行业垄断和各种隐性壁垒,拓宽民营经济发展领域。一是要清理消除不利于民间投资进入的政策障碍,培育和维护平等竞争的投资环境。二是要加强对民间投资的服务和指导,建立健全投资信息平台和民间投资服务体系,引导民间资本更多地进入基础设施、社会事业、金融服务、市政公用等领域,进入浙江省重点发展的现代服务业和九大战略性新兴产业。三是要健全完善发展壮大中小民营企业的扶持政策,重点在金融、科技、人才、财税等方面的政策上取得重大突破。四是要公正司法,坚决打击侵犯民营企业财产和权益的犯罪行为,有效地保护民营企业的合法财产和合法权益,为民营经济转型升级营造更为公平公正的制度环境。

4.扬弃狭义生态思维,坚持环保高效,树立绿色低碳的生态观

传统思维认为建设生态文明仅限于消极被动式的、污染治理式的自然环境保护,甚至将生态文明与工业文明完全对立起来。推进经济转型升级、转变发展方式,必须树立广义的、现代的生态文明观,从传统的"向自然宣战"、"征服自然"向现代的"人与自然和谐相处"理念转变。为此,既要努力促进生产方式转变,又要促进生活方式转变,既要加强环境整治和保护,更要通过发展绿色低碳的生态文化、生态技术、生态产业、生态生活来防止环境破坏,实现人类的各种经济活动及社会文化活动与环境的协调和谐共生。

(1)要以建设现代生态文化为前提。加快培育以生态价值理念为核心的生态文化,既要"金山银山"和"绿水青山",更要强化"绿水青山"就是"金山银山"的意识,加强生态文化理论研究和宣传教育,加快建设生态文化载体,着力确立"天人合一"的生态观。制定和实施推进生态文明建设的道德规范,并把建设生态文明纳入国民教育体系和干部培训计划,引导社会公众牢固树立生态文明意识。建设一批宣传教育基地,创作一批生态文化作品,广泛开展群众性生态文明创建活动,创建一批绿色单位、绿色社区、绿色家庭。

(2)要以推进产业生态化发展为重点。按照绿色低碳的理念,坚持把培育"新"产业与提升"旧"产业有机统一起来,加快形成节约能源资源和保护生态环境的产业体系。一是坚持保护与开发并重,制定实施全省主体功能区规划和生态环境功能区规划,统筹优化经济发展布局。加大对生态经济地区、生态保护地区和禁止开发区域的生态补偿力度,健全生态屏障建设机制。二是按照功能区划分,积极发展高效生态农业、生态工业、生态旅游和现代服务业,加快淘汰落后产业,推动传统产业的低碳化发展,大力培育战略性新兴产业和现代服务业,努力构建附加值高、资源消耗低、环境污染少的绿色低碳产业格局。三是运用生态学原理打造产业体系,推动大项目、大企业、大平台、大产业建设,加快建设产业集聚区,积极打造现代产业集群。以集聚区建设为龙头,以循环经济试点省建设为抓手,推动建立全社会资源循环利用体系,培育一批循环经济试点基地,形成企业、园区、区域等不同层次的循环经济产业链。

(3)要以推进技术生态化发展为支撑。大力发展清洁生产、绿色低碳技术,强化绿色低碳产业发展的科技支撑。一是大力发展能源资源开发利用技术,加强能源资源的高效综合利用技术研发。二是大力发展先进制造技术,研发和推广清洁生产技术,促进制造业绿色化、智能化。三是积极发展先进育种技术,研发推广节约资源、减少面源污染、农业废弃物资源化利用等技术,提高农业可持

续发展能力。四是大力发展生态环境保护技术,发展节能减排和循环利用关键技术,提升生态环境监测、保护、修复能力和应对气候变化能力。五是优化科技资源配置,加强技术创新服务平台建设,开展多种形式的产学研合作,健全促进绿色低碳技术发展的支撑体系。

(4)要以推进生活消费生态化为基础。反对铺张浪费,推行健康文明的生活方式和消费模式,引导鼓励城乡居民广泛使用节能型电器、节水型设备,选择公共交通、非机动车等交通工具出行,使用具有环境标志的绿色产品,广泛开展爱国卫生运动。大力开展"节能减排家庭社区行动",在全社会倡导勤俭节约的低碳生活,抓紧开展垃圾分类处理试点并逐步在全省推广。积极引导鼓励绿色消费,提倡健康节约的饮食文化,抵制高能耗、高排放产品和过度包装商品,限制一次性用品的使用,着力形成生产引导消费、消费促进生产的绿色低碳社会建设体系。

5.更新人口红利思维,坚持以人为先,树立人才第一的资源观

我国人多地少,依靠人力资源丰富带来的低工资、低成本竞争优势,经济取得了快速发展。但由此造成的"人"就是"劳动力"的思维根深蒂固,往往比较重视物质资源、环境资源、资金资源以及其他资源开发,轻视人才资源开发;比较重视一般管理创新、工作创新,轻视人才制度创新。必须清醒地看到,浙江"人口红利"优势正在逐步减弱并即将不复存在,在发展赖以依存的各种资源中,人才资源最具根本性,不仅决定其他资源的开发利用程度,而且具有其他资源无法比拟的无限可开发性。为此,必须坚持人才是第一资源、第一生产力的观点,切实把人才优先发展的理念贯穿到实际工作中去,大力推进人力资本强省建设,推动发展依托主体从"物本导向"向"人本导向"转变,统筹抓好党政人才、企业经营管理人才、专业技术人才、高技能人才、农村实用人才、社会工作人才等人才队伍建设。

(1)多管齐下育人才。全面实施素质教育,完善考试评价制度,深化办学体制改革,加快建设现代教育制度。加快发展继续教育、成人教育、社区教育和现代远程教育,构建灵活开放的终身教育体系。优化各类院校人才培养结构,积极探索校企联合培养、订单培养等人才培养新模式,提高人才培养质量。大力实施优秀人才工程的培养计划,采取在职培训、脱产培训、岗位实习、基层锻炼、出国深造等多种方式,拓宽人才培养渠道。不断完善现代教育体系,促进人才自我培养、自我成长,逐步形成政府积极推动、学校企业大力实施、个人积极参与的人才培养长效机制,支持人人都能成才,促进人的全面发展。

(2)千方百计网人才。消除身份、学历、资历、职称等篱笆障碍,把引进和网络引领科学发展的高层次创新型人才、支撑产业转型升级的现代产业人才、推进

社会和谐的社会发展重点领域人才和实施创新创业的海外优秀人才作为"招才引智"战略重点,加快形成与转型发展相适应的人力资源结构。加强高新技术产业、现代服务业等专业人才和国际化人才队伍建设,大力引进高端人才和领军人才。大力吸纳海内外高层次人才资源和积极提升本地人才素质并举,进一步促进人才、教育、科技、产业的有机融合,建立健全政府引导、市场配置、单位主体的人才开发引进机制。

(3)不拘一格用人才。一是要创新人才评价发现机制,建立以岗位职责要求为基础,以品德、能力、绩效为导向的人才评价发现机制,克服唯学历、职称、资历、身份倾向。二是要创新人才选拔任用机制,改革各类人才选拔使用方式,促进人岗相适、用当其时、人尽其才,形成有利于各类人才脱颖而出、充分展示才能的选人用人机制。三是要创新人才流动配置机制,推进人才市场体系建设,完善市场服务功能,畅通人才流动渠道,纠正和避免学非所用、用非所学的现象,建立健全政府宏观引导、市场有效配置、单位自主用人、人才自主择业的人才使用机制,促进人才供求主体到位。四是要深化完善竞争性选拔干部方式,推广机关、(国)企事业单位领导干部公开选拔、竞争上岗、公推公选方式,提高选人用人公信度。

(4)多措并举励人才。建立健全分配、激励、保障制度,形成与工作业绩紧密联系、充分体现人才价值、有利于激发人才活力和维护人才合法权益的激励保障机制。注重物质激励与精神激励相结合,健全以政府奖励为导向、用人单位和社会力量奖励为主体的人才奖励体系。注重树立典型与营造环境相结合,激励人才争先创优。注重热情服务与强化管理相结合,建立健全人才扶持政策和管理考核办法,引导好、保护好、发挥好各类人才的积极性和创造性。注重搭建平台与保护成果相结合,积极提供创业创新、施展才干的机会和舞台,加强创新成果的保护,完善知识、技术、管理、技能等生产要素按贡献参与分配的制度。

6. 超越简单模仿思维,坚持自立自强,树立自主创新的创业观

浙江市场经济发展初期开始形成的以模仿为主要特征、以加工贴牌为主要形式的"浙江制造"模式一直延续至今,众多产业处在国际产业链垂直分工的末端,缺少自主技术和品牌,导致低水平、同质化的过度竞争。提高企业和产业的国内国际竞争力,必须走出模仿复制的路径依赖,强化自主自强意识,着力构建以自主创新、自主创牌为夺取发展制高点的核心竞争力,全面推进"浙江制造"向"浙江创造"转变。

(1)加强研发投入,着力打造自主技术。真正的核心技术是引不进来的,要冲破"凡是外国封锁的技术,自己就能搞起来;凡是能从外国引进的技术,自主创新就垮台"的魔咒,借鉴日、韩等国自主型技术立国经验,加快引导各类创业和创新主体加大研发投入,提升产业和技术自主进步的能力和意志,加快推动创业主

体形成"专、精、特、新"的自主技术优势,走出"装配车间"式的发展路径锁定。

(2)建设自主品牌,着力打造品牌浙江。品牌决定产品与消费者之间的距离,"离消费者越近,就离竞争者越远"。借鉴韩国"世界一流产品发掘与培养制度",狠抓企业自主品牌建设,不断提高法人企业商标拥有率和知名度,积极引导企业加快培育高精尖、名特优产品品牌,重点扶植几个优势产业、优势产区、产业集群进行重点突破。借鉴海外"创意英国"、"日本品牌"等建设经验,狠抓地区形象建设,以"品牌浙江"、"创意浙江"建设为载体,实施浙江企业、浙江产品的整体形象提升工程,通过在省外、国外举行各种丰富多彩的活动,着力推动全国和全世界人民了解浙江企业、浙江产品的创造力与吸引力。

(3)实施知识产权战略,着力打造自主知识产权。学习江苏省创建实施知识产权战略示范省的经验,坚持"激励创造、有效运用、依法保护、科学管理"的指导方针,重点创造一批拥有自主知识产权的关键技术和核心技术,重点培育一批拥有核心知识产权和自主品牌、熟练运用知识产权制度的知识产权龙头企业和优势企业,推动由注重知识产权量的扩张向注重知识产权量质并重转变,从突出知识产权创造向突出知识产权创造与转化应用相结合的转变,由被动应付向主动运用知识产权规则转变,大幅度提高知识产权的人均拥有量和保护水平,力争到"十二五"末全省主要知识产权指标达到中等发达国家水平,成为知识产权强省。

(4)实施标准化战略,着力打造自主标准。技术标准是贸易壁垒的主要内容和实施手段,是产品进入国际市场的通行证,事关产品的排他性和产业的安全性。适应国内国际市场需要,大力推进企业产品采用国家和国际先进标准,积极突破贸易中的技术壁垒。借鉴美国、欧盟、日本等发达国家"技术专利化、专利标准化、标准垄断化"的标准化战略,加快熟悉国际标准化活动的规则,以自主技术和自主品牌建设为基础,鼓励和扶持企业牵头和深度参与制定国家标准、国际标准,增强标准制定和运用中的自主权。

7. 摒弃全能管制思维,坚持转变职能,树立服务主导的治理观

当前经济体制已基本实现计划体制向市场体制的转换,但计划体制下形成的全能型、管制型思维和做法尚未根本转变,政府职能的"越位"、"缺位"、"错位"现象依然存在。必须树立有限政府、无限服务的理念,合理界定政府与市场、社会的边界,加快推进政府转型,切实强化政府在公共服务中的主体地位和主导作用。

(1)深化行政管理体制改革。深化行政审批制度改革,加快非行政许可审批项目规范清理工作,寓管理于服务中,推动政府从"管制型政府"向"服务型政府"转型。深入推进政企分开、政资分开、政事分开、政社分开,充分发挥市场主体、社会组织的作用,把政府不该管、管不好的事务交给市场主体和社会组织,推动

政府从"全能政府"向"有限政府"转型。积极培育和发展各类社团、行业组织和社会中介组织,发挥其代表、服务、自律、协调职能,使它们成为政府与市场、社会之间联系的桥梁纽带。

(2)加强政府自身建设。强化政府公共利益代表者角色,建设透明、廉洁型政府。采取综合措施削减行政成本,将行政成本控制列入政府绩效考核,解决社会反映比较强烈的突出问题。加强政府自身制度化建设,健全政务公开制度,深入推进预算和决算执行情况公开的具体化、明细化。强化行政问责制,加强公共政策从决策到执行各个环节的问责,提高政府运行效能和公信力。

(3)加强公共服务体制建设。借鉴国内外基本公共服务评估的指标体系,建立健全以公共服务为导向的政府目标责任制考核制度,完善政府履行公共职责的激励约束机制。建立省、市、县、乡四级规范的公共职责分工体系,完善财权与事权相对应的公共财政制度,明确各级公共服务主体的权利和义务,有效解决公共服务领域有责无权、有事无钱的矛盾冲突问题。

(4)进一步加强法治建设。深入推进法治政府建设,转变主要依靠批文、文件和突击运动式检查为主的治理方式,消除行政权力部门化、部门权力利益化的不良倾向,建立健全以法制为主要方式的长效治理体制,切实树立法律的权威性,强化管理的公平性、司法的公正性和执法的严肃性,畅通各种矛盾纠纷的诉讼渠道,切实提高以法治省、依法治省水平。

四、推进理念创新的对策建议

推进理念创新,必须紧扣主题、紧抓主线,围绕推动科学发展、加快转变发展方式这个中心任务来展开。要坚持主观能动、打开脑门,通过解放思想来引领,营造创新氛围来孕育;要坚持与时俱进、破旧立新,通过内省外鉴来把握,传承扬弃来超越;要坚持遵循规律、把握规律,通过弘扬创新文化来传导,健全激励机制来促进;要坚持系统协同、整体推进,通过结合创新实践来互动,推动体制机制创新和自主创新来实现。

(一)积极营造推进理念创新的良好氛围

1.大胆解放思想,为理念创新提供思想动力

各级党委政府尤其是各级领导干部要带头解放思想,坚持把创新作为推动发展的重要使命和根本途径,着力破除那些不符合创新要求的思想认识,带动全体干部和全社会树立养成创新进取的精神品质。破除安于现状的思想,强化奋

发有为、干事创业的意识；破除故步自封的思想，强化开拓进取、居安思危的意识；破除墨守成规的思想，强化改革创新、与时俱进的意识；破除怕担风险的思想，强化敢闯敢试、奋勇拼搏的意识。

2.建设学习型社会，为理念创新提供知识基础

坚持把建设学习型社会作为推动创新发展的重要方法和有效途径，分层分类深入开展学习型组织（党组织、机关、企业、社团等）建设，打造全民参与的学习型社会。在学习对象上，要向理论学习，向实践学习，向创新组织、创新人物学习；在学习内容上，做到有专有博、有精有泛；在学习接续上，及时追踪把握前沿新动态，与时俱进更新知识结构和思维方式。通过学习型社会建设，健全社会民众的创造性的心理（好奇心、求知欲、成就感）、创造性的知识结构（一专多通、一专多能）、创造性的思维方式（发散性、求异性、严密性）。

3.坚持和而不同，为理念创新提供宽松环境

坚持"实践检验"、"三个有利于"和"百家争鸣、百花齐放"的方针，大力建设"和而不同"的创新环境。积极营造生动活泼的政治环境，在对待推进创新的言论和建议上，既不因人废言，也不因言废人，为干部、群众提供宽松的思路创新和工作创新氛围，确保改革发展不断有新思路、新举措；积极营造尊重基层、尊重市场的发展环境，在对待其创新行为上，不预设框框，不求全责备，确保基于群众实践和市场内在规律的创举不断有新涌动、新迸发；建设百花齐放的理论研究环境，改变学术科研考核方式，为学术和理论工作者营造一个自由驰骋的思想环境和工作条件。

（二）着力提升推进理念创新的浙江文化

1.超越"自发创新"，走向"自觉创新"

面对转型发展的挑战，不陶醉于三十多年来改革开放的成功实践，不沉醉于经济实力名列前茅的喜人现状，加强自我反省，强化危机意识，推动不等不靠、自发式的生存型创新，向奔竞图强、自觉式的发展型创新转变，让自觉创新的精神真正融入浙江人的血脉里，体现在创业的行动中。弘扬开拓创新、勇于拼搏精神，做到自豪不自满、昂扬不张扬；以宽广的胸怀吸收借鉴其他国家和地区的先进文化和发展经验，发扬先人一步、高人一招的改革精神和胆略，推动创新由被动"倒逼"转向主动选择，从"适应性"改革向"预见性"改革转变。

2.超越"务一己一家之实"，走向"务天下国家之实"

三十多年来，浙江人靠着"务一己一家之实"的追求，造就了骄人的发展成就。但与此同时，浙江人逐渐习惯了把谋求公共利益、国家利益的任务交给政

府。必须协同政府、企业、个人之间的关系,推动浙江人在谋一己、一家、一企之利的同时,也谋公共利益、国家利益、全体民众共同的利益,把短视的工具理性的务实提升为廓然大公的务实。

3.超越"义利并举",走向"诚信为先"

坚持把诚信作为现代社会文明之基石,以"诚信"之"迂腐"规范"务实"之功利。把诚信作为公民安身立命之本,一手抓公民诚实守信的高尚道德建设,一手抓个人信用体系建设;把诚信作为企业兴旺发展之道,加强企业诚信建设,健全市场法制建设,增强企业规则意识;把诚信作为政府公正公信之源,大力建设信用政府,使政府以诚意的服务、透明的政务、高效的监督取信于民。

4.超越"经济人"发展,走向"和谐人"发展

要从以下几个方面加强"和谐人"建设:一是重视"自然人"修炼,做到人与自然和美与共,既要金山银山,又要青山绿水;二是完善"经济人"修炼,做到生产和消费均衡发展,既要加强生产、增加收入,又要促进消费、提高生活质量;三是加强"社会人"修炼,做到共享祥和生活,既相互自由独立,又相互尊重关爱;四是深化"文化人"修炼,强化人文修养,既提高自我心理承受力和自我调适力,又能享受创造乐趣、体验事业成就、实现人生价值。

(三)加快构建推进理念创新的工作机制

1.弘扬创新事业,建立健全理念创新的传导机制

加强理念创新的科学诠释,使全社会深刻认识转型期的时代特征和任务挑战,着力形成推动创新发展的思想共识。加强对创新思想的典型宣传,全面普及社会发展需要的、具有鲜明时代特征的新思想、新观念,着力形成创业创新思想、创业创新行为的扩散机制。深入基层提炼,挖掘创新主导、科学发展的实践源泉,及时总结实践创造的好做法、好经验,广泛向兄弟省区市、国外先进发达国家学习,虚心学习借鉴"它山之石",建立健全推动创新发展的吸纳集成机制。

2.集聚资源要素,建立健全理念创新的推进机制

一要建立健全创新要素配置机制。完善财政、税收、用地、信贷等引导扶持政策,围绕创新发展、转型发展的重点领域,加大引导支持力度,使资源、人才、服务等要素能便捷有效地向新的理念、向创新行为集聚,提高新思想、新创意转化为实践的便捷性和可行性。二要建立健全创新成果奖励机制。在省委、省政府层面创设令人崇尚的创业创新荣誉表彰制度,物质奖励和精神激励相结合,使创新者(组织)受到党和政府肯定以及社会的尊重崇尚,从而激励其再接再厉作出更大更多的贡献,并引导更多的人为了获取荣誉、实现自我价值而开展创新活动。

3.运用科学方法,建立健全理念创新的考核机制

树立创新实干的政绩观,用实践来检验认识创新的成果,把推动发展方式转变的实绩作为评判创新绩效的标准。首先,改进以 GDP 为主要指标的考核内容,把创新发展、转型发展的具体内容指标化,纳入政绩考核。其次,完善考核方法,既要看数字,也要看过程,综合考查实现政绩的思路、方法是否符合客观规律,是否提高了科学性、减少了盲目性、克服了片面性。最后,让群众参与评议政绩,即转变发展方式是否真正取得实效,不仅要让领导看到和评价,更要让群众看到和评价。通过考核,使沽名钓誉的伪创新自然淘汰,使富有成效的真创新脱颖而出。

(四)着力构建创新体系内部系统的耦合机制

1.系统整合创新工作体系,着力形成创新浙江建设合力

围绕"三位一体"创新体系建设目标,明确理念创新、自主创新、体制机制创新各自的目标任务,切实加强协同共进。要推动新理念、新观念深入人心,为自主创新、体制机制创新提供思想引领、社会认同、文化环境并贯穿全过程,引领自主创新、体制机制创新积极有效推进;自主创新、体制机制创新要紧紧围绕理念创新设定的总体要求来展开,明确目标,突出重点,增强科技创新和体制机制创新的针对性和有效性,确保理念创新落到实处。

2.不断吸纳实践创新成果,为理念创新注入活力

技术系统的发展不仅会改变经济发展结构,而且会改变社会文化观念结构,为此要充分运用已有科技成果开拓的新视野、引入的新方法,打破旧的思维方式和社会观念,以物质技术的更新推动思想观念的更新,不断激活与现代科技发展相适应的新思想,深入培育与科技创新品格相吻合的新精神。尤其是在宣传普及新理念、新观念中,要充分运用现代科学技术创造的新知识、新成效,使人们更科学地看待世界、看待发展,进而帮助其作出更加理性的思考和选择。及时总结体制机制创新的成功经验和存在不足,不断用体制机制创新的实绩来检验和证明理念的科学性和有效性,不断修正、丰富和提升理念的内涵形式,推动理念开展自省性的更新,使其更加符合实情、更加引领有效。

3.充分运用理念创新成果,为实践创新提供动力

发挥理念创新成果的作用,凝聚自主创新共识,引导集聚自主创新所需的资源要素和政策、体制支持,确保推动自主创新有科学的思路举措和必要的制度保障;改革完善科技政策和技术岗位分级制度,强调岗位的动态、需求属性,弱化其职称与功利属性,消除科技创新领域资源配置的论资排辈和对权威的盲目崇拜,

净化科技人才成长和事业发展的环境,矫正科技发展中出现的本末倒置的现象。运用理念创新的逻辑和成果,凝聚改革创新共识,突破传统思维束缚和既得利益集团阻碍,指导体制机制变革方案设计,创新变革方法和路径,有效避免体制机制创新的盲目性和随意性,增强科学性和可控性。

分报告一：理念创新的理论探索

所谓"理念创新"，很大程度上不是一个专属用语，没有清晰而具体的内涵（内容）指向。然而现实中，"理念创新"是一个被高频使用的词组，见诸各大报章和刊物，不少学术性文章也沿用此"名词"。"理念创新"所诠解的概念边界往往是模糊的①，从名词本身直观地看，"理念创新"意指一种思维、思路或者思想的改变与突破。本研究不在于对"理念创新"进行系统化的界定，而是从理论的视角，对"理念创新"的意蕴、定位进行梳理和阐述。

一、"理念创新"的意蕴

之所以使用"意蕴"这个词，是因为本研究所能勾勒的仅仅是"理念创新"的粗略概貌，并不能形成一个成熟而科学的理论或概念体系。作为诠释与分析的起点，我们需要对"理念创新"这一概念做一些"形式显现"或"语境缘起"的剖析，以期对这一概念在意象上达成基本共识。

(一)何谓"理念"

对于"理念"的诠释，相关字典中有解释。《新华字典》的解释很简单："理念：①信念：人生～。②思想；观念：经营～｜文化～。"《辞海》(1989年版)对"理念"一词的解释有两条：一是"看法、思想；思维活动的结果"；二是"观念(希腊文

---

① 边界模糊导致了泛滥地使用"理念创新"这一表述，进而又导致了概念边界模糊的加剧。

idea），通常指思想，有时亦指表象或客观事物在人脑里留下的概括的形象”。从《辞海》第二释义看，“理念”这一名词的滥觞，是源于西学东渐的思潮，其所表征的是一种哲学含义上的 idea/logos。从当前的语境互译看，被译为“理念”或“观念”的英文单词大致有以下几个（见表1-1）①。

表 1-1　“理念”或“观念”的英文单词

英文单词	英文翻译	中文翻译
idea	(1)a thought, plan, or suggestion about what to do (2)an opinion or belief (3)something that you imagine or picture in your mind (4)an understanding of something：knowledge about something (5)the idea：the central meaning or purpose of something	(1)想法、计划、建议 (2)观点或信念 (3)意象 (4)理解 (5)中心（核心）思想
notion	(1)an idea or opinion (2)an idea about doing something：a sudden wish or desire	(1)想法或观点 (2)心血来潮想做某一事情
concept②	an idea of what something is or how it works	对于事物本身及其内在机理的认识（看法）
philosophy	(1)the study of ideas about knowledge, truth, the nature and meaning of life, etc (2)a set of ideas about how to do something or how to live	(1)哲学 (2)关于如何做好某事，如何生活的一系列想法（哲理）
principle	(1)a moral rule or belief that helps you know what is right and wrong and that influences your actions (2)a basic truth or theory：an idea that forms the basis of something (3)a law or fact of nature that explains how something works or why something happens	(1)道德信条与信念 (2)基本的真理与理论：关于事物本质的一种想法 (3)自然的规律或事实
logos	哲学专有名词：逻各斯（或翻译成“道”）	

----

① 英文释义来自于韦伯思的学习字典（http://www.learnersdictionary.com/）。

② 上述三个词，是检索林语堂先生《当代汉语词典》获得。

从表1-1中，我们大致可以看出，"理念"所诠解的含义大致分为两个层面：一是哲学含义，由相对应的哲学理论作为支撑；二是一般含义，意指一种思想、思维、看法、观点，使用较为宽泛。从目前的用语习惯透析，"理念"已经演变为一种"大众文化"、"流行文化"，成为一个出镜率极高的词。可以说，"理念"一词已渗透至各个领域，如企业理念、办学理念、投资理念、教育理念、饮食理念等等。简单概括，大致有五种引申的现代含义：①愿景、共同遵循的目标，如企业理念；②构想、创意，如设计理念、建筑理念；③理想信念，如共产主义理念；④看法、态度，如生活理念；⑤原则、规则，如投资理念。

"理念"应用的泛化，使其纯粹意义上的边界显得越来越不明晰。从哲学的高度去审视，"理念"具有中国"道"的意蕴①，包含两层含义：从形而上的本体（存有）论的角度去审视，道是事物所蕴含的一种深层次的规律；从形而下的角度去看，道又是一种认识与趋入这一规律的路径。本研究旨在将这种深层的哲学含义与大众化的流行含义有机结合起来。本研究中所界定和涉及的"理念"主要集中在大众流行层面，意指"思维、思路"（即从过程上说，要突破发展思维的惯势与局限）、"构想、创意"（即从成果上说，要形成区域发展的一种创意与构想）。当然，本研究之所以用"理念"这一词，还包含了一种深层次的哲学含义，即要在思维突破与创意构想上充分把握事物发展的内在规律。

(二)何谓"创新"②

创新（innovation）从词源上分析，来自于拉丁字母 innovatio，原意为"更新与变化"。创新的中心思想是更新（革新）与改进，一般认为，创新的发生源于改变决策的方式或跳出常规模式进行决策。

将"创新"系统化纳入到经济学、管理学研究的视域中来，有赖于熊彼特的努力。熊彼特（1934）③认为"创新是改变系统中基础性的观念"。当人们改变了他们的观念，旧（经济）体系就会为新体系的形成提供空间。创新是推动经济增长与发展的内在动力，熊氏从经济学的视角将"创新"具体化为五种形式，即新产品的引入、新生产技术的引入、新市场的开辟、新原材料或新半成品的获得、改进产业的组织形态。熊彼特的思想被 Christopher Freeman、Giovanni Dosi 等"新熊

---

① 很多中国学者认为，logos、idea 等"理念"意味的西文概念，翻译为"道"，他们认为"道"能很好地诠解这些西文的蕴义。

② http://en. wikipedia. orgwikiInnovation.

③ Schumpeter J. *The Theory of Economic Development*. Boston：Harvard University Press，1934.

彼特主义"经济学家们所继承。在经济学领域,还有很多关于创新的研究,如企业家精神理论和罗默的新增长理论等。

除了熊氏是从经济学框架下对"创新"进行界定外,还有一种主流的视域是从组织学的角度来界定。如 Baregheh 等(2009)认为,"创新是一个多步骤的程序,组织将一些想法(主意)转变为改进的产品、服务与流程,提升其在市场地位中的优越性、竞争力和差异性"①。在组织学的视域中,创新的立足点从一种想法(主意)转向一种组织化的过程,即借由这一组织化的过程来实现创新。创新能够提升效率、生产力、品质、竞争地位以及市场份额。组织必须及时应对来自外部的环境变化,适时推动创新,才能保持持续的竞争力。所有的组织都可以创新,例如医院、大学、地方政府或者其他机构。组织学的相关文献对创造力与创新进行了区分,创造力是创新的基础,创新是创造力的实现,即通过组织化的运作,将这种创造性的元素转化为创新。创造力是组织的一种能力标准,创新则往往要有具体的产品、服务、工艺等作为载体。

创新在经济学、商业、企业家精神、设计、技术、社会学和工程等领域的研究中都是一个重要的主题。学术文献所诠释的创新与实际操作中的创新明显不同。在很多领域中,如艺术、经济和政府政策等,创新的具体形式是不同的。学术界对于创新的界定具有很广泛的视角。但是从整体而言,对于"创新"的关注还是更多地停留在"技术"层面,对于从创新机制层面的组织架构、系统架构中来研究创新,仍存在深化的余地。

"创新"在经济学、管理学的视域中有其较为成熟的理论体系,但现在大众媒体所沿用的"创新",主要是取其宽泛的"改变、革新"的含义。本研究所说的"创新"的内在含义,并不是以具体的产品、服务、工艺流程为导向的一种实体性的创新,对于创新的机制性建构,也不是本研究的核心焦点。本研究的导向旨在从传统的发展思路与当前的发展趋势中,梳理出一种对于近期(较远期)发展具有指导性的新的发展思路体系。

---

① Baregheh A, Rowley J, Sambrook S. Towards a Multidisciplinary Definition of Innovation. *Management Decision*,2009,47(8):1323-1339.

(三)何谓"理念创新"[①]

本研究视域下的"理念创新",简言之,即是通过发展思维、发展思路的改进与突破,形成一种新的发展构想(创意)[②]。从政府资政类研究的特点出发,我们将理念创新置于转型期与科学发展的视域下来考察,即以转型期发展的实际需求为研究背景,以科学发展的本质要求为研究基点,以浙江改革实践的历史与现状为研究立足点,探讨浙江省在后续发展(近期、较远期)的改变(变革)之道,并形成一种可供参考的以发展思路体系为成果的最终形式。

本研究力图突破当前发展中所存在的普遍的惯性思维与路径依赖,从更广的角度探索这种新型发展思路形成的内在逻辑与科学支撑。本研究所界定的"理念"是一种以"规律"为内核的思想(想法)形态,因此,本研究将这种思想(想法)的改变(创新)置于"普遍规律"的高度来进行系统研究,旨在形成一种具有普遍意义的借鉴与启示。

---

① "中国知网"题名检索(1994—2010)涉及理念创新累计777条,具体研究内容围绕经济社会政治文化发展各个方面。CNKI概念知识元库"学术定义"检索,得出理念创新的定义有如下几种:①理念创新主要是指指导社团发展的理念创新,它须具有时代意识,把时代的特色融入进去,顺应时代的发展。②所谓理念创新,是指经营理念和管理企业的思想观念不能总停留在计划经济时期,要适应新形势的发展,要有开拓性、超前性和预见性。③所谓理念创新,是指一种新观念(包括新认识、新思路、新思维、新思想等)应用于企业科研、生产、管理、经营等实践中,并使企业效益不断提高的动态发展过程。④理念创新是指要形成面向21世纪新的教师教育体制的办学观念,其核心是开放和平衡。⑤所谓理念创新,是指由行政指导协调转向全方位的服务,作为外贸中介组织,介于政府与企业之间,在协调、服务、沟通中,首先必须树立全方位的服务观念。⑥所谓理念创新,是指要形成效益和质量至上、以市场为导向、以客户为中心的经营理念。⑦所谓理念创新,是指人们在改造客观世界的过程中破除与现代化不相适应的旧观念,揭示事物的新性质和新规律的创造性思维活动。

可以看出,对于理念创新与理念创新的界定,基本上都是处在一种工作定义的层面,即根据实际工作所需,从不同的层面、不同的工作领域去界定。

② 下文中的"理念创新"即是这一简单的内涵指向。

二、"理念创新"的定位

"理念创新"很难形成一个清晰的内涵指向,更确切地说,"理念创新"本身很难形成一种系统化的自足理论,必须将其植于具体的研究情境中,导出对其特定的理解框架。为了更好地把握对"理念创新"的"工作性"界定(working definition),或者说为了更好地指明"理念创新"的理解架构(conceptual framework),本研究从三个层面来定位(focus)"理念创新",即发展指导层面的定位、发展背景层面的定位、发展要求层面的定位。通过这三个层面的阐释,形成本研究视野中的概念框架,使本研究的"理念创新"的内容指向更为明晰。

(一)马克思主义学习观与"理念创新"

在马克思主义哲学视域下,实践的观点是其首要的、基本的观点,实践的原则是其基本的建构原则。马克思主义哲学的本质与特点,即是从实践观视角去看待现存的世界,将人与世界、主体与客体、主观与客观关系置于实践之中进行考量,实践是连接人与实践、主体与客体的桥梁,马克思主义实践观本身已经蕴含了一种以"认识论"为导向的学习机制。"学习的本质就是人对客观世界所固有的客观规律的认识和把握,人对客观规律的认识和把握过程就是人的学习活动。"①因此,从广义上说,认识世界、掌握规律的学习过程即是一个实践过程,实践过程本身即是一个不断深化学习的过程。学习的核心是掌握客观世界的规律,其目的是在规律指导下更好地改造世界(实践)。在马克思主义哲学体系中,改造客观世界与改造主观世界是辩证统一的,在学习中实践,在实践中学习,以学习指导实践,以实践验证学习。可以说,改革发展的过程即是一个不断深化、不断创新的学习过程。因此,党的十七届四中全会要求将"建设马克思主义学习型政党作为重大而紧迫的战略任务抓紧抓好",党的十七届五中全会又将推进学习型党组织建设作为推动科学发展、促进社会和谐的重要保障。

贯穿于实践过程的学习机制,有其内在的逻辑层次——"思维革新—行动创新—再学习",这个学习机制是推进实践不断深化发展的内在动力。置于马克思主义学习观的情境中去考察,以"革新思维、梳理思路"为导向的"理念创新"是新一轮发展的前提与起点,要转变发展方式、推进又好又快发展,必须要有一个新思维、新思考作为其内在支撑,否则难以实现具体操作层面的行动创新。"理念

---

① 王伟光.树立正确的学习观 落实科学的发展观.学习时报,2004-08-30.

创新"的真正内涵要在这种实践观主导下的学习机制中才能够得以很好地展现。我们从以下三个方面来剖析马克思主义学习观下的"理念创新"：

第一，"理念创新"是对浙江过往改革实践经验的继承。浙江模式、浙江经验是马克思主义中国化的区域形态与区域成果。浙江的高速增长、改革突破、走在前列，其经验所在，即是始终保持一种科学的实践观以及能够在以这种实践观为导向的开放型学习机制中破解难题，迎难而上。内在的学习机制一直是推动浙江改革发展的强劲动力，也是马克思主义实践观在浙江的贯彻与落实。我们将浙江的改革发展上升为一种马克思主义中国化的区域性实践探索，若要继续保持马克思主义的内核精神，则必须要站在新的起点，展望未来，继承过往浙江改革发展的经验，适时地推进"理念创新"。

第二，"理念创新"是对具体领域"解放思想"的探索。所谓解放思想，就是在马克思主义指导下打破习惯势力和主观偏见的束缚，在研究新情况、解决新问题中进行"理念创新"，即要立足于浙江改革开放三十多年的历史经验，立足于当前改革攻坚的现实命题，展望未来时代变化的发展趋势，以"破与立"的胆略、"革与创"的气魄、"闯与干"的勇气和积极稳妥的科学态度，来推动认识升华。可以说，"理念创新"是对"解放思想"的实践机制、实践内容的一种探索。

第三，"理念创新"是对改革发展行动创新的引领。革新思维、创新理念是具体领域创新的必要前提，创新行为的开展必须置于一种系统性理念框架的指导下，才能够获得预期的效果。"理念创新"的基调，绝不是凭空构想出一系列的"时髦名词"，或是凭空构思出一套时尚的发展思路。"理念创新"是以改革实践为立足点，以支撑与指导推动改革发展为其价值取向，以促进经济社会又好又快发展为其根本目标。因此，"理念创新"是对于新一轮改革实践的先行引导。

(二)转型期背景与"理念创新"

转型期已经成为一个流行的媒体热词。但什么是转型，如何转型，还有待于我们去深入探讨。"转型"从这一词语本身去解读，我们可以知道这个词隐含了两个"型"："旧"与"新"，转"型"即是要从"旧"型转向"新"型。先于行为转变的发生，则必须对什么是转型所要扬弃的"旧"型与所要趋入的"新"型有一个较好的理解与把握。转型中的所谓的"型"本身很复杂，目前对转型的"型"的理解，大概有三种指向：①体制。如计划经济体制转变为市场经济体制，以及伴随这种体制转型的政府管理体制转变。②结构。如城乡结构的转变，以及伴随这种结构转变所带来的文化、产业、空间结构的转变。③形态。如传统社会形态转向现代社会形态，以及相应的观念、文化形态的转变。换句话说，这种"型"往往是综合的，既有体制，又有结构，还包括形态。转型的三种指向中，对于"新"形态的把握(即形成对于区别于传统的"现代性"的系统认知)具有全局性与统领性,体制与结构可以被视为这种"新型"形态的具体表征或内容形式。

本研究的"理念创新"侧重于思想(思路、思维)层面的梳理,旨在勾勒转型所要楔入的"新型"形态(即关于未来发展的一种思想构思),旨在宏观层面上形成战略愿景与基本发展架构(思路),区别于落实到具体层面的体制机制创新与结构调整,旨在对浙江未来的发展作一个系统性的展望,并较为明晰地勾勒出浙江未来发展的"形态"模型,从而统领结构、体制机制的"中观"层面的转型,推进行为层面的改革创新。从转型的视域看,"理念创新"具备三方面的特性:①涵括对转型期所处阶段的判断。"理念创新"是在对当前发展所处阶段的一个科学、全面、系统判断基础上建构起来的,如此则必须对于"旧型"形态有一个较好的认识与把握,深刻分析"旧型"存在的缺陷与不足,剖析造成这种缺陷的深层原因,并且对目前所处阶段的内外部环境有一个客观的评价。②包含已有发展的前沿做法与经验。"新型"的建构,是以国际国内的前沿理论与经验做法作为参照体系,从事物发展的内部规律出发,树立学习标杆,找准自身定位,确定"新型"形态。③描绘转型导向的战略愿景。从发展战略高度而言,"理念创新"的成果展示了未来发展的整体愿景,即较为直观地谱写未来发展的全息图景,以作为整个战略的核心灵魂,同时,还将形成发展思路方面的指导性架构,以指导操作层面的战略实施。

(三)科学发展观与"理念创新"

科学发展观的第一要义是发展,核心是以人为本,基本要求是全面协调可持续性,根本方法是统筹兼顾。科学发展观指明了进一步推动中国经济改革与发展的思路和战略,明确了指导经济社会发展的根本指导思想,标志着中国共产党对于社会主义建设规律、社会发展规律、执政规律的认识达到了新的高度,标志着马克思主义的中国化,标志着马克思主义和新的中国国情的结合达到了新的高度和阶段。有学者①从国家与区域发展战略的高度,对科学发展观进行了具有深意的诠解:科学发展观,几乎是全方位地涵盖了"自然、经济、社会"复杂系统的运行规则和"人口、资源、环境、发展"四位一体的辩证关系,并将此类规则与关系在不同时段或不同区域的差异表达,包含在整个时代演化的共性趋势之中。科学发展观指导下的国家战略,必然具有十分坚实的理论基础和丰富的哲学内涵。面对实现其战略目标(战略目标组)所规定的内容,各个国家和地区,都要根

---

① 牛文元. 创立中国科学发展的新模式. http://theory.people.com.cn/GB/49167/4192155.html.

据自己的国情和具体条件,去制定实施战略目标的方案和规划,从而组成一个完善的战略体系,在理论上和实证上去寻求国家战略实施过程中的"满意解"。

科学发展观具有共性与普遍的指导意义,但涉及具体的发展阶段、发展区域,其表达形式则有所差别,即在科学发展观指导下还要探索适合具体区域发展状况的地区性战略。浙江省域的理念创新,其目的就是在科学发展观指导下,在共性与个性交融之中,研究具有浙江特色的核心发展战略架构,这是贯彻落实科学发展观的具体表现,也是推动科学发展的必然要求。科学发展观指导下的"理念创新",具有三方面的特征:①以发展规律的共性为指导,探索区域实践的个性。发展的共性是一个客观的规律,对这种共性的认知是基于历史经验与现实标杆之间的深度考量而获得的,科学发展观即是对这种共性认知的一种科学表达。共性的认知,是一种经验与理性的集聚,具有普遍的指导意义,在这种认知框架下,来系统考察区域的发展现状,建构区域发展的现实战略,并从中体现区域特色的个性。②以区域实践的特性,完善和丰富对发展共性的认知。共性的认知是基于现实个体经验的理性考察而获得的,即通过对个性的综合而获得对共性的认识。浙江"走在前列",即是以浙江的个性来完善与丰富对整个国家发展共性认识的一种外在表现。浙江若要继续在改革攻坚上开拓进取、走在前列,则必须具备以浙江经验、浙江做法来引领其他区域发展的能力。因此,"理念创新"不仅要在科学发展观的统筹下来开展研究,还要从区域个性(特性)出发,将完善与丰富科学发展观的理论与实践体系作为其研究出发点。③从实践层面看,理念创新要形成科学发展观统领下的区域发展战略的理念体系。从直观的角度上说,理念创新的成果形式即是一种文字化的科学发展战略理念体系,以备浙江的发展决策部门参考。

总之,就马克思主义学习机制而言,"理念创新"是"思维革新—行动创新—再学习"的内在发展逻辑的本质诉求,是浙江省域深化发展的必然路径。就转型期现实状况而言,"理念创新"是突破传统制约、梳理新发展思路的一种系统性认知,是避免盲目发展的重要保障。从深入贯彻与实践科学发展观的角度看,"理念创新"是形成浙江科学发展战略思路体系的内在要求,也是完善与丰富科学发展观理论与实践体系的一种有益探索。

三、"理念创新"的路径^①

关于"理念创新"的具体路径,首先是要探索思维、思路创新的内在规律机制。这种规律机制即是一种广义的学习机制,以"思维革新—行动创新—再学习"的逻辑脉络为基本架构来探索"理念创新"的具体路径。因此,"理念创新"必须是以过去的成就与经验为基点,以当前发展的瓶颈与制约为切点,以国际国内的发展前沿为标杆,进行系统性、全面性、可持续性的发展战略、思路(架构)研究。

(一)"理念创新"必须以发展实践的客观规律为准绳

从马克思主义学习观的视角出发,"思维革新—行动创新—再学习"是一个永续的过程,也是推进事物发展的内在动力机制。"理念创新",从狭义上看,即指"思维革新"阶段,但从广义上看,则是嵌入于整个实践过程之中。因此,本研究的主要聚焦点在于:突破发展思维的局限性,寻找一种发展战略上符合客观规律的思路体系。

聚焦本身即是从实践观的过程架构中来切入对具体阶段的研究,因此,对于"理念创新"所要把握的内在规律要从三个方面去了解:

从纵向延续性上说,"理念创新"是一个"否定之否定"的过程,它必须建立在对于过往成绩与经验基础之上,有所破立,既有扬弃,又有继承,不是为了创新而创新或肆意进行理念的再造。"理念创新"不仅是以过去为基点,还要对未来有一个较好的判断与把握,对于发展的前沿与趋势有较好的预计,才能跳出"现状"而言"现状",将当前问题的破解置于过程体系中予以解答,避免问题解答中的"短视",能从较为长期的绩效预期中进行统筹考虑。"理念创新"的自身也是一个永续的过程,本研究形成的成果也仅是阶段性的,只适用于某个阶段,或者说当外部环境中某些要素变化时,形成的理念框架就会减弱其指导作用,甚至失效,所以"理念创新"还要在实践中不断地校正、检验。

从横向延展性上说,"理念创新"要兼顾到事物发展的方方面面,如果说延续

---

① 基于本研究的聚焦,主要是形成具有指导意义的战略思路,理念从实际的含义上而言,即是一种发展理念(思路),所以"理念创新"的具体指向即是"发展理念(区域发展观、发展战略)"的创新。因此,为便于读者理解及考虑语境要求,行文中主要使用"发展理念"这一提法。

性所考虑的是事物的运动规律，而延展性则是要考虑事物之间的联系。联系是普遍的，如"十二五"期间经济发展方式的转变仍是主线，那么这种经济发展方式转变的实现需要嵌入到经济、社会、政治、文化、生态的大发展体系中去通盘考虑，一套简单的经济理论已经难以维系对于经济转型的具体指导。"理念创新"所要关注的领域也显得日益宽泛，必须深度挖掘事物之间联系的内在规律性，什么是主要矛盾，什么是次要矛盾，什么是矛盾的主要方面，什么是矛盾的次要方面，需要有一个系统全局的把握，这样才能保证这种理念思路系统在指导实践中不失效。

从内部的协调性上说，"理念创新"本身需要一个载体，一套机制，不是闭门造车所能达成的。可以说，"理念创新"所达成的结果是具有时空限制的，但是"理念创新"的行为本身是一个长效机制。因此，在进行"理念创新"研究中，还需兼顾考虑这种理念创新"生发机制"的科学性。在实际研究中，如何整合各类研究资源，如何进行有益的头脑风暴，如何进行可行性的分析，则能令"理念创新"更接近事实、更接近客观规律本身。

（二）"理念创新"必须以省域改革开放的成就与经验作为基点

"理念创新"要置于历史的延续过程中去考察，必须以历史的成绩与经验作为基点，这种基点不仅要有物质层面的要素资源支撑，而且也要有精神层面的制度性、文化性的支撑。要在历史基点中发现问题，查找不足。

1. 浙江模式（经验）的主要特征

韩芳（2009）[①]整理了浙江模式研究的诸多观点，具体如表 1-2 所示。

表 1-2　关于浙江模式研究的诸多观点

作　者	主要观点
刘吉瑞（1997）	从经营主体和资源配置方式特征出发，把"浙江模式"概括为"小企业、大市场、具有完全竞争特性的初级市场经济模式"
方民生（1997）	从市场化过程和市场结构的特征出发，把"浙江模式"概括为"结构多元的、贸易主导型的、诱致性创新为主动力的市场化模式"
陆立军等（2000）	在中国特色社会主义市场经济和制度变迁宏观背景、发展环境下，浙江农业、农村领域由内源性力量推动的市场化变革带动工业化和城市化，并逐步走向国际化的道路
史晋川等（2006）	以市场为导向，以民间诱致型制度创新为动力，以农村工业化和小城镇发展为主线的内发型区域经济发展模式

---

① 韩芳."浙江模式"研究综述.中共贵州省委党校学报,2009(3).

续表

作　者	主要观点
刘迎秋（2007）	"思维创新、重构市场主体、加速要素流动、区域特色经济、民众与政府形成合力"的内源自力型模式
陆立军（2007）	"科学发展、和谐发展、创业富民、创新强省"为核心内涵的"新浙江模式"概念

不同省域有不同的省情，其在发展路径的选择上往往是不一致的。从表层看是省域模式发展路径（方式）的不同，而从深层次看，则是一种发展理念的差异。我们需要从发展模式的研究转向更为深层次的发展逻辑的梳理，进而从一种内在规律（逻辑）的遵循上导出一种新型的"发展理念"，最终指导新浙江模式的形成。

2. 浙江发展理念创新的内在逻辑

韩芳（2009）[1]在综合各家的观点之后，将浙江模式的成因概括为：①区域文化；②制度创新；③政府有限干预；④市场机制；⑤工业化；⑥城市化。我们从中可以解读：浙江的发展理念创新一直是引领浙江经济社会发展的内在动力。如果我们将发展文化视为一种广义上的制度，则浙江发展理念的创新，可以视为是一种制度创新，而这种制度创新必须具备一整套完整的创新体系。我们可以说，区域文化是一个外围的制度；制度创新、政府有效干预是作为一个中间层面的制度；市场是经济发展的内部制度；工业化与城市化是经济发展的命题，同时也是发展的机遇。浙江的发展创新是一个系统性的创新，始终以理念创新为其内在前提，并用发展理念的创新将创新系统内部的各个环节串联在一起成为一个有机体。继续推进发展理念创新，同样要重视这种理念体系的层次性：①市场的创新主体是企业；②政府与市场是相互补充的；③外围的文化是有传统依赖的，文化不是外生的，而是行为主体在不断的互动中逐步形成的，需要在制度性的建构中引导一种符合经济发展的文化形态。浙江发展理念的创新，仍然需要以"政府"的创新为重要引擎，积极按照系统创新的要求，有层次地进行引导、规范与支撑。

3. 浙江发展理念创新的主要来源

浙江发展的理念创新有三个主要来源：①中央发展战略的短期、长期调整所提出的新理念，浙江省根据自身的发展特点进行的相应理念创新，如"生态浙江"；②浙江改革发展过程中遭遇阶段性、现实性的重大问题而出现的理念创新，

---

[1]　韩芳."浙江模式"研究综述.中共贵州省委党校学报,2009(3).

如"信用浙江";③浙江在改革实践中逐步积累起来的发展优势、发展经验,进行提炼升华,形成具有推广意义的发展理念创新,如"两创"战略。当前的发展理念创新也必须立足于此三者,特别要从强化自身的发展优势(经验)角度进行创新,力促形成"新浙江模式",如表1-3所列。

表1-3 2001—2010年浙江省理念创新列表

时期	年份	新观念、新提法
"十五"时期	2001	①建设文化大省;②"四个一百"、"五个一批"、"六个一千";③推动经济发展由量的扩张向质的提高转变,实现经济的持续快速增长和社会的全面进步;④浙江精神:"自强不息、坚忍不拔、勇于创新、讲求实效";⑤科教强省;⑥"十年绿化浙江"、"浙江秀美山川";⑦"开拓、务实、高效、廉洁"的政府
	2002	①全面启动实施建设文化大省纲要;②全国率先建立土地收购储备制度;③建设生态公益林、万里绿色通道和平原、城镇绿化工程;④"八个一百"工程;⑤"百乡扶贫攻坚计划";⑥"数字浙江";⑦"信用浙江"
	2003	① 五大百亿"工程,即"百亿基础设施建设"工程、"百亿信息化建设"工程、"百亿科教文化设施建设"工程、"百亿生态环境建设"工程、"百亿帮扶致富建设"工程;②"五个一批"企业,即一批大企业集团、一批小型巨人企业、一批高新技术企业、一批名牌产品企业、一批外向型企业;③"山海协作工程"活动;④文化大省;⑤信用浙江;⑥数字浙江;⑦绿色浙江
	2004	①"八八战略";②"清醒有为、团结高效、勤政廉洁、一心为民"政府;③"千村示范、万村整治";④"千万农民饮用水";⑤"百亿生态环境建设"工程;⑥建设学习型、创新型、服务型政府
	2005	①"平安浙江";②"欠发达乡镇奔小康";③"百亿帮扶致富";④"千万农村劳动力素质培训";⑤"乡村康庄";⑥"千万农民饮用水";⑦"万里清水河道"
"十一五"时期	2006	① 立足科学发展、促进社会和谐、实现全面小康、继续走在前列;②深入实施"八八战略"全面建设"平安浙江",加快建设文化大省,坚持依法治省;③"内聚外迁"和生态经济先行;④文化"八项工程"和"四个一批"建设;⑤卫生强省"六大工程";⑥小康健身工程
	2007	全面落实科学发展观,加快构建社会主义和谐社会,深入推进"八八战略"实施和"平安浙江"、文化大省、"法治浙江"建设,着力调整经济结构和转变增长方式,着力加强资源节约和环境保护,着力推进改革开放和自主创新,着力促进社会发展和解决民生问题,努力实现速度、质量、效益相协调,消费、投资、出口相协调,人口、资源、环境相协调,推动全省经济社会又好又快发展……

续表

时期	年份	新观念、新提法
"十一五"时期	2008	①……深入贯彻落实科学发展观,全面落实"八八战略"和建设"平安浙江"、文化大省、"法治浙江"四位一体的总体布局,深入实施"创业富民、创新强省"总战略,继续解放思想,坚持改革开放,推动科学发展,促进社会和谐,全面建设惠及全省人民的小康社会,为加快构建和谐浙江、率先基本实现社会主义现代化打下坚实基础。 ②要始终坚持创新驱动,大力弘扬浙江精神,切实转变不适应不符合科学发展观的思想观念,加强理论创新、制度创新、科技创新、文化创新和其他各方面创新,充分激发人民群众创业潜能,以思想大解放促进各项事业大发展,以改革开放突破体制机制障碍,以创业创新为浙江发展注入蓬勃生机和活力。 ③"全面小康六大行动计划"
	2009	①深入贯彻落实科学发展观,全面实施"创业富民、创新强省"总战略,扎实推进"全面小康六大行动计划",着力保增长、抓转型、重民生、促稳定,努力推动经济社会又好又快发展。 ②坚持标本兼治,保稳促调;坚持民生为本,企业为基;坚持改革创新,克难攻坚;坚持统筹兼顾,协调发展
	2010	①深入贯彻落实科学发展观,深入实施"八八战略"和"创业富民、创新强省"总战略,扎实推进"全面小康六大行动计划",坚持调结构促转型谋发展、抓统筹惠民生保稳定,加强大平台大产业大项目大企业建设和培育,统筹城乡发展、区域发展、经济社会发展、人与自然和谐发展,增强综合竞争力、可持续发展能力和抗风险能力…… ②更加注重结构调整和发展方式转变,更加注重改革开放和自主创新,更加注重改善民生和社会稳定,更加注重选准和抓好工作突破口,更加注重发挥政府主导作用和企业主体作用

三、"理念创新"必须以突破省域发展制约与瓶颈为切点

发展是一个持续的过程,发展中出现问题是一种客观的现象,但必须正视问题。只有正视问题,才能够寻求问题的破解机制。"理念创新"的目的就是要破解发展中的制约与瓶颈,因此,要将发展中的制约与瓶颈作为"理念创新"的切入点。

(一)当前我国所面临的机遇与挑战①

当前和今后一个时期,世情、国情将继续发生深刻变化,我国经济社会发展

---

① 摘录自《中共中央关于制定国民经济和社会发展第十二个五年规划的建议》。

正呈现出新的阶段性特征。综合判断国际国内形势，我国仍处于可以大有作为的重要战略机遇期，既面临难得的历史机遇，又面临诸多可以预见和难以预见的风险与挑战。

当今世界，和平、发展、合作仍是时代潮流，世界多极化、经济全球化在深入发展，世界经济政治格局出现新变化，科技创新孕育新突破，国际环境总体上有利于我国和平发展。同时，国际金融危机影响深远，世界经济增长速度减缓，全球需求结构出现明显变化，围绕市场、资源、人才、技术、标准等的竞争更加激烈，气候变化以及能源资源安全、粮食安全等全球性问题更加突出，各种形式的贸易保护主义和保守主义在抬头，我国和平崛起的外部环境趋向复杂。

从国内看，一方面，我国工业化、信息化、城镇化、市场化、国际化在深入发展，人均国民收入稳步增加，经济结构转型加快，市场需求潜力巨大，资金供给充裕，科技和教育整体水平提升，劳动力素质改善，基础设施日益完善，体制活力显著增强，政府宏观调控和应对复杂局面能力明显提高，社会保障体系逐步健全，社会大局保持稳定，我们完全有条件推动经济社会发展和综合国力再上新台阶。但另一方面，我们必须清醒看到，我国发展中的不平衡、不协调、不可持续问题依然突出，主要是：经济增长的资源环境约束强化，投资和消费关系失衡，收入分配差距较大，科技创新能力不强，产业结构不合理，农业基础仍然薄弱，城乡区域发展不协调，就业总量压力和结构性矛盾并存，社会矛盾明显增多，制约科学发展的体制机制障碍依然较多。

（二）浙江省面临的机遇与挑战①

未来五年，国际国内宏观环境将继续发生深刻变化。经济全球化深入发展，经济增长模式面临深度调整，科技创新孕育新突破，抢占战略制高点的竞争更加激烈。同时，国际金融危机影响深远，制约世界经济增长的因素增多，各种形式的保护主义抬头，气候变化、能源资源安全等全球性问题日趋突出。我国工业化、信息化、城镇化、市场化、国际化深入发展，国内需求不断扩大，经济结构加快转型，体制活力显著增强，社会大局保持稳定。国家批准实施一系列区域发展规划，各省（区、市）你追我赶、竞相发展。浙江经济发展进入加速转型期，社会建设进入整体推进期，体制改革进入攻坚突破期。《长江三角洲地区区域规划》的全面实施和浙江被列为全国海洋经济试点省等，为浙江加快经济转型升级创造了更加有利的条件。但也要看到，浙江发展中的产业层次低、创新能力不强、要素

---

① 摘录自《中共浙江省委关于制定浙江省国民经济和社会发展第十二个五年规划的建议》。

制约加剧、社会矛盾明显增多等问题十分突出,过多依赖低端产业、过多依赖低成本劳动力、过多依赖资源环境消耗的增长方式难以为继。综合判断国内外形势,浙江发展仍处于可以大有作为的重要战略机遇期,既面临难得的历史机遇,也面对诸多风险和挑战。我们必须进一步增强推进科学发展的自觉性和坚定性,进一步增强转型升级的机遇意识和忧患意识,进一步增强实现富民强省的责任感和紧迫感,始终保持开拓进取、奋发有为的精神状态,始终坚持干在实处、走在前列的工作要求,努力开创具有浙江特点的科学发展新局面。

(三)当前国家及省域发展现状的简要概括

国家与省域对发展问题的罗列,概而言之,即是要解答科学发展所遭遇——不全面、不可持续、不协调的问题。从深层次看,当前的发展问题是一个系统性的问题,各个发展要素、任务、内容之间互相交叉、互相依存,不可能依靠闭门造车的单一政策安排解决,必须将问题置于发展的大框架中,从其内在的系统性高度去深入分析、破解,找出系统性的解答之策。因此,"理念创新"要从事物内部规律与外部联系中进行全面系统的研究,进而形成一种系统化的认知,使其成为具体的体制机制创新、具体的政策安排创新的前导。

四、"理念创新"必须以国际国内发展前沿为标杆

法国经济学家佩鲁在《新发展观》中指出,经济社会发展是围绕着整个人类发展而展开,发展是整体性的,发展的具体指向是受到各个人类共同体知识的、社会的和道德的约束。进一步说,发展是一个哲学问题。发展是伴随着"现代化"而推进,发展命题的概念与外延必须是在具体的时空框架中才能得以界定,而很难剥离或者抽象出一种堪为定论的发展理念范式。发展理念具有情境性,并没有一个普世意义的发展范式,因此,我们对于其他地区的发展理念的考察,更多的是应持"他山之石可以攻玉"的态度。其中,先进的地区对于我们发展理念的创新,更具有导向性的启示意义,值得我们深入学习与借鉴。

(一)国外前沿发展理念

詹宏伟(2008)[1]在综合国外文献的基础上,提炼和总结了六种"发展观"。①公平发展观。这种发展观是直接针对传统发展观严重忽视社会公平、无力解

---

① 詹宏伟.当代国外发展观的演进述评.毛泽东邓小平理论研究,2008(3).

决贫困问题的缺陷而提出来的。以达德利·西斯尔的《发展的意义》为代表。②增长极限论。其中心论点是,人口增长、粮食生产、投资增长、环境污染和资源消耗具有按指数增长的性质,但人类生活的空间与资源是有限的,地球吸纳消化污染的能力也是有限的,如果按目前的趋势继续增长下去,将使世界面临一场"灾难性的崩溃",其解决问题的办法是停止增长即零增长。这一观点以罗马俱乐部《增长的极限》一书为代表。③循环经济发展观。其主要观点是要把传统的依赖资源消耗增长的经济,转变为依靠生态型资源循环来发展的经济。这一观点以美国经济学家 K. 波尔丁(K. Boulding)为代表。④综合发展观。综合发展观的著名代表人物是法国经济学家弗朗索瓦·佩鲁,他从理论上系统地表达了综合发展观的观点。他在《新发展观》一书中提出了"整体的"、"综合的"、"内生的"新发展观。⑤自由发展观。这种发展观的代表人物是 1998 年诺贝尔经济学奖得主阿马蒂亚·森,他认为"自由"是人们享受他们有理由珍视的那种生活的可行能力(capabilities)。⑥可持续发展观。其思想包括:肯定发展的必要性;强调发展与环境的辩证关系;以公平看待发展。

(二)国内前沿发展理念

杨多贵等(2002)[1]认为,从发展思想的演进来看,经历了从"注重财富增长"到"注重能力建设"的转变;从发展强调的内容来看,经历了从"一维"发展观(强调经济发展)到"二维"发展观(强调经济与环境协调发展),再到"三维"发展观(强调经济、社会与环境协调发展),最后再到"多维"发展观(强调可持续发展)的演进历程;从评判发展的指标来看,目前或将要经历从"GDP"到"绿色GDP",再到"扩展的财富",最后再到"可持续发展能力"的演进过程。

李兴江等(2005)[2]认为,发展是当今世界最主要的问题,是研究人类与环境生存、协调、持续发展的永恒的主题。发展理论产生于第二次世界大战后,是指关于发展中国家如何从不发达阶段过渡到发达阶段的学说。发展观的发展至今已经历了一个从单一到全面、片面到完整的过程。发展理念的演变过程经历了以下阶段:①以经济增长为核心的发展观;②包含社会经济结构变化的发展观;③可持续的发展观;④科学发展观。

漆思(2009)[3]认为,改革开放 30 年来,中国一直在探索适合自身国情、具有

① 杨多贵,周志田,陈劭锋.发展观的演进——从经济增长到能力建设.上海经济研究,2002(4).

② 李兴江,孟秋敏.发展理念的演变及启示.生产力研究,2005(12).

③ 漆思.改革三十年中国模式的发展理念与发展共识.社会科学战线,2009(3).

中国特色的发展模式,形成了以科学发展观为主导的发展共识。从发展哲学的视野来反思,中国模式体现了发展的主体性自觉、改革的循序性安排、开放的全球性视野、发展的人民性立场、发展的和谐性追求,形成了自主发展、渐进改革、开放兼容、以人为本、和谐发展的发展理念,人本和谐发展观正在成为推动中国模式走向完善的主导性发展理念。

王桂英等(2009)①认为,我国"八五"期间的发展理念是"发展就是硬道理";"九五"期间的发展理念是"可持续发展";"十五"、"十一五"期间的发展理念是"科学发展观",十七大进一步阐明了科学发展观的核心是以人为本。她还认为,我国社会经济发展观的转变,经历了经济发展观、经济社会发展观,再到以人为本为核心的科学发展观这样一个过程,这是我国发展理念的升华。

(三)发展理念与创新应注意的问题

丁素(2007)②认为,发展理念的核心问题是其自身应有的问题意识、有无创新的能力以及实现的程度和水平。他同时指出,现代发展理念,从根本上讲是对现代化的发展意义、本质、特点以及先进性作用和价值取向的基本认识和体悟。它至少应包括两方面的基本内涵:一是要有对传统发展理念的时代性突破;二是要有从相对单一、教条、僵化和模式化理念的盲从或非理性化的认识中脱解出来。

周宏等(2001)③认为,理念创新需要处理以下几个关系:①理念创新与观念继承;②个体理念创新与群体理念创新;③中心突破与四周扩散;④理念创新与尊重规律;⑤理念创新与社会实践。

(四)其他发达省份的前沿发展理念

1.省域发展理念创新模式比较

发展理念创新在具体省域的形态与形式有所不同,各具特色,可以互相吸收借鉴。程启智等(2009)④对省域经济发展模式做了以下分类:①从推动省域经济发展的主导资本性质出发,可以将省域经济发展模式分为公有资本推动型模式、民有资本推动型模式和外来资本推动型模式;②从聚集经济的角度看,有中

---

① 王桂英,吴春玲.我国社会经济发展理念的转变历程及其意义.商业时代,2009(18).
② 丁素.发展理念与意识创新.岭南学刊,2007(2).
③ 周宏,张成岗.正确认识理念创新中的几个关系.湖北社会科学,2001(1).
④ 程启智,汪剑平,李华.省域经济发展模式分析:概念与类型.当代经济,2009(12)(上).

心外围开发模式、点轴开发模式、网状交织模式、圈层开发模式等；③从对区域内外生产要素和产品市场依赖程度的角度看,有外源主导型发展模式和内源主导型发展模式；④从地缘经济的角度看,有珠三角模式、长三角模式等。这一研究成果的分析,使我们更为明确浙江发展观念创新所必须要考虑的省域特色。

2. 省域发展理念创新的提法

不同省域发展理念创新的提法,如表 1-4 所列。

表 1-4　省域发展理念创新的提法①

省份	发展理念创新新提法
北京	人文北京、科技北京、绿色北京战略； 国际活动聚集之都、世界高端企业总部聚集之都、世界高端人才聚集之都、中国特色社会主义先进文化之都、和谐宜居之都
天津	科学发展、和谐发展、率先发展
重庆	走民生导向发展之路……
上海	创新驱动、转型发展
广东	加快转型升级、建设幸福广东
江苏	创新驱动、协调发展、绿色增长、惠民优先
山东	科学发展、和谐发展、率先发展

① 摘录自各省份的"十二五"规划纲要。

分报告二:理念创新与"系列浙江"

科学发展观是关于发展的本质、目的、内涵和要求的总体看法和根本观点,它指导着发展的道路、发展的模式和发展的战略,引导和推动着发展的实践朝着科学的方向前进,对于整个国家的经济和社会发展起着全局性和根本性的作用。科学发展观的第一要义是发展,核心是以人为本,基本要求是全面协调与可持续发展。这三个方面相互联系、有机统一,其实质是实现经济社会又好又快发展。科学发展观提出以来,在全党全国人民中形成了广泛共识,在国际上引起了广泛关注。广大干部群众衷心拥护科学发展观,深入学习科学发展观,认真实践科学发展观,形成了推动中国特色社会主义事业发展的强大动力。

浙江,在经历了 20 世纪后 20 余年的快速发展之后,逐渐成为了城市化、工业化和市场化都先行一步的发达省份,站在了一个较高的发展平台和新的历史起点上。然而,发展中的不协调,尤其是城乡发展不协调、区域发展不协调、人与自然的发展不协调等问题日趋显现,成为率先全面建成小康社会、提前基本实现现代化进程的挑战。新世纪以来,为促进经济社会全面、协调、可持续发展,浙江相继作出了创新强省、人文浙江、山上浙江、海上浙江、开放浙江、绿色浙江、法治浙江、平安浙江、信用浙江等"系列浙江"建设的战略部署。"系列浙江"建设,立足省情实际,紧扣发展目标,是不断总结经验、深入破解制约瓶颈的提升发展,充分体现了科学发展观的理念引领。

一、坚持以人为本的发展理念,大力实施创业富民、创新强省总战略,努力促进民生全面改善

以人为本是科学发展观的核心。坚持以人为本的理念,就是要以实现人的全面发展为目标,从人民群众的根本利益出发谋发展、促发展,不断满足人民群众日益增长的物质文化需要,切实保障人民群众的经济、政治、社会和文化权益,让发展的成果惠及全体人民。为贯彻落实以人为本的理念,浙江省先后作出"坚持科学发展 促进社会和谐全面建设惠及全省人民的小康社会"、"坚定不移地走创业富民、创新强省之路"、"全面改善民生、促进社会和谐"等决策部署。

(一)全面建设惠及全省人民的小康社会

党的十六大确立了全面建设小康社会的奋斗目标,提出要在 21 世纪头 20 年,集中力量,全面建设惠及十几亿人口的更高水平的小康社会。同时提出,有条件的地方可以发展得更快一些,在全面建设小康社会的基础上,率先基本实现现代化。从浙江小康社会建设进程看,始于 20 世纪 80 年代初期,经过近三十年的快速发展,浙江提前实现了由温饱到总体小康的跨越。根据国家统计局等 12 个部门在 20 世纪 90 年代初确定的经济发展、物质生活、人口素质、精神生活和生活环境等 5 个方面 16 项指标的小康标准,到 1995 年浙江总体小康实现程度达到 95 分以上,全省基本实现总体小康,比全国平均水平提前五年。到 1999 年,所有指标全部达到或超过总体小康的目标值,总体小康实现程度达到 100 分。从国家统计局 2003 年提出的"全国农村全面小康指标体系"评价来看,浙江 2003—2005 年农村全面建设小康实现程度,连续三年在全国各省区市中排名第四,在各省区中排名第一。应该说,浙江全面建设小康社会已经具备了良好的基础和条件。

基于这一判断,2007 年 6 月,省第十二次党代会的主题就是"坚持科学发展 促进社会和谐全面建设惠及全省人民的小康社会"。会议提出今后五年浙江要全面建设小康社会。这是浙江现代化建设进程中的一个重要战略目标,也是浙江推进科学发展、和谐发展进程中的一个阶段性目标。全面建设小康社会,就是在圆满完成"十一五"规划的基础上,建设惠及全省人民的小康社会。具体来说,就是要实现"六个更加",即经济更加发展、政治更加文明、文化更加繁荣、社会更加和谐、环境更加优美、生活更加宽裕。在经济更加发展中,报告还提出了人均生产总值超过 5 万元的量化目标,这是一个综合性的指标,体现了建设

更高水平小康社会的要求；在生活更加宽裕中，会议提出要努力缩小收入差距，促进共同富裕，使全面建设小康社会的成果惠及绝大多数老百姓。

近年来，省委、省政府围绕全面建设惠及全省人民的小康社会的战略目标，一项一项深入推进，一件一件狠抓落实，切实做到深化细化具体化，工作成效正在逐步显现。

(二)走创业富民、创新强省之路

省第十二次党代会提出，要"全面贯彻落实科学发展观"，"坚持以又好又快发展、全面改善民生为主线"，"坚定不移地走创业富民、创新强省之路"，这既是浙江继续走在前列的战略思路，也是对"浙江经验"的创新发展和运用。2007年11月，省委十二届二次全会审议通过《中共浙江省委关于认真贯彻党的十七大精神　扎实推进创业富民创新强省的决定》。

从创业富民、创新强省的基本内涵看，就是按照科学发展观的要求，在新时期新阶段，全面推进个人、企业和其他各类组织的创业再创业，全面推进理论创新、制度创新、科技创新、文化创新、社会管理创新、党建工作创新和其他各方面的创新，形成全民创业和全面创新的生动局面，使全省人民收入水平持续提高，家庭财产普遍增加，生活品质明显改善，走共同富裕道路；使全省综合实力、国际竞争力、可持续发展能力不断增强，加快建设富强民主文明和谐的新浙江。

从创业富民、创新强省的总体要求看，就是要深入贯彻落实科学发展观，大力培育创业创新主体，积极弘扬创业创新文化，不断健全创业创新机制，加快完善创业创新政策，着力优化创业创新环境，把创业富民、创新强省落实到经济建设、政治建设、文化建设、社会建设和党的建设各个方面，贯穿于改革开放和现代化建设全过程，加快建设全民创业型社会，努力打造全面创新型省份，确保实现全面建设惠及全省人民的小康社会、继续走在前列的奋斗目标。

从创业富民、创新强省的主要任务看，一是要坚持把支持人民群众干事业、干成事业作为创业富民、创新强省的根本之举，大力推进全民创业和全面创新。二是要坚持把解放思想、改革开放作为创业富民、创新强省的动力源泉，进一步解放和发展社会生产力。三是要坚持把转变经济发展方式作为创业富民、创新强省的主攻方向，促进经济又好又快发展。四是要坚持把实现好、维护好、发展好人民群众的根本利益作为创业富民、创新强省的出发点和落脚点，加快构建社会主义和谐社会。五是要坚持把人力资源建设作为创业富民、创新强省的关键环节，开创人才辈出、人尽其才新局面。六是要坚持把建设先进文化作为创业富民、创新强省的重要支撑，推动文化大发展大繁荣。七是要坚持把加强党的领导作为创业富民、创新强省的坚强保证，以改革创新精神全面推进党的建设新的伟大工程。

走创业富民、创新强省之路,是科学发展观以人为本的核心理念的体现,它突出强调了浙江一贯坚持的经济发展以富民为宗旨,指明了浙江继续走在前列的根本保证是创新。

(三)全面改善民生,促进共建共享

走创业富民、创新强省之路,就必须以又好又快发展、全面改善民生为主线,以改革开放、自主创新为动力,不断创新发展举措。2008 年 4 月,省委十二届三次全会通过《中共浙江省委关于全面改善民生促进社会和谐的决定》。

《中共浙江省委关于全面改善民生促进社会和谐的决定》指出,当前和今后一个时期全面改善民生的总体要求是,全面贯彻落实科学发展观,按照构建社会主义和谐社会的要求,深入贯彻党的十七大和省第十二次党代会精神,紧紧围绕"创业富民、创新强省"总战略,以实现好、维护好、发展好最广大人民利益为出发点和落脚点,以解决人民群众最关心、最直接、最现实的利益问题为突破口,以完善为民办实事长效机制为保障,以实施"基本公共服务均等化"、"低收入群众增收"、"公民权益依法保障"等行动计划为主要抓手,确保全省人民学有所教、劳有所得、病有所医、老有所养、住有所居,不断丰富城乡居民物质生活和精神文化生活,使全面建设小康社会的成果惠及全省人民。

全面改善民生工作坚持以人为本、重在民生,突出重点、统筹兼顾,尽力而为、量力而行,科学发展、共建共享的原则,采取的主要措施有:一是优先发展教育,二是积极扩大就业和促进创业,三是增加城乡居民收入,四是完善社会保障体系,五是提高城乡居民健康水平,六是加强公共文化建设,七是优化人居环境,八是切实维护社会和谐稳定。

全面改善民生是深入贯彻落实科学发展观的内在要求,是构建社会主义和谐社会的关键环节,也是全面建设小康社会的题中之意。近年来,浙江各级各部门从各自职能出发,陆续出台了一系列全面改善民生的实施意见,竭尽全力解决好人民群众最关心、最直接、最现实的利益问题,取得了明显的阶段性成效,广大人民群众在经济发展中得到了更多实惠。

二、树立全面均衡发展的理念,积极推进人才强省、科教强省、文化大省建设,大力打造人文浙江,努力促进经济社会全面进步

全面发展的理念,就是坚持以经济建设为中心,实现经济发展和社会全面进

步。为统筹经济社会发展,浙江在大力推进经济发展的同时,更加注重社会发展,积极推进人才强省、科教强省、文化大省建设,大力打造人文浙江,加快科技、教育、文化、卫生、体育等社会事业发展,不断增强发展的协调性,不断满足人民群众在精神文化等方面的需求,把加快经济发展与促进社会进步有机结合起来。

(一)建设人才强省

人才是关系经济社会发展的决定性因素。当前,经济全球化趋势不可逆转,新技术革命迅猛发展,知识和人才已成为经济发展和社会进步的主要推动力,人才资源已成为最重要的战略资源。新世纪头十年,浙江处于加快全面建设小康社会、提前基本实现现代化的重要历史时期,推动新一轮跨越式发展,关键在人才,希望在人才。

为培养和造就一支宏大的高素质人才队伍,适应浙江加快全面建设小康社会、提前基本实现现代化战略目标的需要,2004 年 1 月,省委、省政府出台《关于大力实施人才强省战略的决定》,大力实施人才强省战略,坚持党管人才原则,以人才资源能力建设为核心,以改革创新为动力,抓住培养、吸引、用好人才三个环节,着力建设党政人才、企业经营管理人才、专业技术人才队伍,培养了一大批高技能人才和农村实用人才,为浙江加快全面建设小康社会、提前基本实现现代化提供坚强的人才保证和智力支持。

推进人才强省战略,采取的主要举措有:一是以能力建设为核心,加大人才培养力度;二是立足于用好现有人才,积极吸纳海内外高层次人才和紧缺急需人才;三是推进干部人事制度改革,形成有利于优秀人才脱颖而出、充满生机和活力的选人用人机制;四是完善人才评价和激励机制,进一步发挥人才的积极性、主动性、创造性;五是加强人才市场体系建设,发挥市场机制在人才资源配置中的基础性作用;六是优化人才环境,为各类人才创新创业提供良好条件;七是完善政策,推进非公有制经济组织和社会组织人才资源开发;八是加大支持力度,进一步推动欠发达地区人才工作。

这些年来,浙江紧紧围绕经济社会发展大局,全面推进人才强省战略,探索走出了一条人才培养、引进、使用的有效途径。特别是深入实施省 151 人才工程,以此为龙头推进高层次人才队伍建设,每五年在国内层次、省内层次、年轻后备层次中各培养 100 名、500 名、1000 名人才。到 2009 年年底,省 151 人才队伍中已有省特级专家 29 人、"百千万人才工程"国家级人选 87 人、长江学者 27 人、钱江学者 20 人,他们在促进浙江经济社会发展中发挥了重要作用。

(二)建设科技强省

改革开放特别是"十五"以来，浙江深入实施科教兴省战略和人才强省战略，深化科技体制改革，加快发展科技事业，有力地促进了经济发展和社会进步。但与此同时，浙江经济社会发展面临日益严峻的资源、环境等要素的制约和科技、市场等竞争的挑战，要解决新问题、应对新挑战，必须立足科学发展，着力自主创新，依靠科技进步。为此，省委于2006年决定推进创新型省份和科技强省建设，出台了《关于加快提高自主创新能力，建设创新型省份和科技强省的若干意见》和《浙江省科技强省建设与"十一五"科学技术发展规划纲要》。

建设创新型省份和科技强省的总体思路是：认真贯彻"自主创新、重点跨越、支撑发展、引领未来"的科技发展方针，深入实施"八八战略"，紧紧围绕经济社会发展的迫切需要，充分发挥企业作为自主创新主体的作用，集聚创新要素，激活创新资源，转化创新成果，加快建设创新型省份和科技强省，为浙江全面建设小康社会、提前基本实现现代化提供强大的科技支持。建设创新型省份和科技强省的基本原则是：坚持科技进步与经济社会发展相结合，坚持市场导向与政府扶持相结合，坚持原始创新、集成创新和引进消化吸收再创新相结合，坚持大力发展高新技术产业与全面改造提升传统产业相结合，坚持科技创新与体制创新相结合。

建设创新型省份和科技强省的政策措施有：一是深化改革，建立健全以企业为主体、产学研紧密结合的开放型区域创新体系；二是大力发展高新技术产业，培育新的经济增长点；三是积极运用高新技术全面改造提升传统产业，加快产业结构优化升级；四是加快农业科技进步，促进社会主义新农村建设；五是加快环境、资源和社会发展领域的科技进步，促进全面协调可持续发展；六是实施知识产权和标准化战略，增强全社会创新动力；七是加强科技创新人才队伍建设，提高公众科学素质；八是增加财政科技投入，加大金融支持力度。

近年来，浙江省以建设创新型省份和科技强省为目标，以推动经济转型升级为重中之重，积极实施自主创新能力提升行动计划，重大科技专项全面实施，创新平台和载体建设取得重大突破，知识产权、标准化、品牌和人才战略深入实施，为经济社会发展提供了强有力的科技支撑。

(三)建设文化大省

在现代化进程中，经济发展为文化发展提供必要的物质基础，文化发展为经济发展提供强大的推动力量。贯彻落实科学发展观，必须坚持"两手抓、两手都要硬"的方针，促进经济文化协调发展，实现社会全面进步。

1.与时俱进的浙江精神

在改革开放的伟大实践中,浙江人民之所以能创造全国瞩目的"浙江现象",其中一个重要的原因就是浙江精神的支撑。世界在变化,时代在进步,形势在发展。浙江面对全球化的新挑战、推进浙江发展的新实践、中央对浙江走在前列的新期待,迫切要求浙江人民在全面建设小康社会、加快推进社会主义现代化建设的不懈追求中具有现代的思想观念、价值取向、心理状态和社会道德标准。为此,更需要作为文化核心价值观的浙江精神的引领和激励,支撑浙江在未来的实践中奋发图强,励精图治,与时俱进。

2006年3月,省委出台《关于进一步培育和弘扬与时俱进的浙江精神的通知》,指出要坚持和发展"自强不息、坚忍不拔、勇于创新、讲求实效"的浙江精神,与时俱进地培育和弘扬"求真务实,诚信和谐,开放图强"的精神,以此激励全省人民"干在实处,走在前列"。进一步培育和弘扬遵循规律、崇尚科学的"求真"精神。进一步培育和弘扬真抓实干、讲求实效的"务实"精神。进一步培育和弘扬诚实立身、信誉兴业的"诚信"精神。进一步培育和弘扬和美与共、和睦有序的"和谐"精神。进一步培育和弘扬海纳百川、兼容并蓄的"开放"精神。进一步培育和弘扬励志奋进、奔腾不息的"图强"精神。

2.文化建设"八项工程"

经济文化一体化是现代经济社会发展的重要趋势。自新世纪初省委制定实施《浙江省建设文化大省纲要》以来,全省各级党委、政府不断巩固马克思主义在意识形态领域的指导地位,大力发展社会主义先进文化,积极有效地推进文化大省建设,有力地促进了经济社会的协调发展。但与此同时,浙江的文化建设与人民群众日益增长的精神文化需求不相适应,与经济全球化、世界多极化、社会信息化和文化多样化的客观现实和发展趋势也存在不相适应问题。城乡之间、区域之间的文化发展还不够协调,文化体制改革有待进一步深化,文化事业有待进一步繁荣,文化产业有待进一步壮大,教育、科技、卫生、体育等社会事业有待进一步加强。

2005年7月,省委第十一届第八次全体会议通过《中共浙江省委关于加快建设文化大省的决定》,要求按照落实科学发展观和构建社会主义和谐社会的要求,着眼于经济、政治、文化和社会建设四位一体的整体推进,坚持以经济建设为中心,围绕实施"八八战略"、建设"平安浙江"、加强党的执政能力建设的具体实践,大力发展社会主义先进文化,全面推进各项社会事业,以人为本,不断满足人民群众的精神文化需求,提高人民群众的思想道德素质、科学文化素质和健康素质,促进人的全面发展和社会的全面进步,增强文化软实力,为在加快全面建设小康社会、提前基本实现现代化进程中走在前列,提供思想保证、精神动力、智力支持和舆论力量。加快建设文化大省的核心内容是实施"八项工程",即文明素质工程、文化精品工程、文化研究工程、文化保护工程、文化产业促进工程、文化阵地工程、文化传播工程和文化人才工程。

3. 建设教育强省

教育是文明传承、知识创新和人才培养的主要途径,在现代化建设中具有基础性、先导性作用。大力发展教育事业,普遍提高全民教育水平,切实加强人力资源开发,是浙江率先建成小康社会、基本实现现代化的必然选择。为加快实现教育现代化,制定了《浙江省教育强省建设与"十一五"教育发展规划纲要》。

教育强省建设要求全面贯彻党的教育方针,坚持科教兴省和人才强省战略,始终把教育放在优先发展地位,着眼于提高教育质量、培养高素质劳动者和创新人才,着眼于提高教育的知识贡献、科技创新和社会服务能力,着眼于社会主义新农村建设与和谐社会建设,促进各级各类教育健康发展,争取经过较长时期努力,建成体制富有活力、水平适度超前、结构基本合理、总量相对充足、内涵和谐发展,与经济社会发展水平相协调的现代教育体系。教育强省建设针对不同领域制定了不同的抓手,具体表现为:对基础教育抓均衡,对高等教育抓质量,对职业教育抓结合,对终身教育抓体系,对教育国际交流与合作抓重点,对教育信息化抓普及。

4. 建设卫生强省

健康是人的基本权利,是人类社会发展的重要基石,是人类活动最基本的价值取向。没有健康,就没有小康;没有卫生现代化,就没有整个社会的现代化。卫生事业的发展在整个经济社会活动中占有十分重要的位置。为促进卫生事业的全面、协调、可持续发展,省政府制定实施了《浙江省卫生强省建设与"十一五"卫生发展规划纲要》。

建设卫生强省要求坚持卫生事业发展与国民经济和社会发展相协调,人民健康水平与经济发展相适应,以增强卫生公共服务能力为方向,构建现代化医疗卫生服务体系;以提高城乡居民卫生服务水平为重点,提高卫生服务绩效水平;以增强卫生整体创新能力为先导,全面提升卫生综合实力;以增强卫生文化和谐能力为主题,大力培育卫生人文精神,为浙江加快全面建设小康社会、提前基本实现现代化提供有力的卫生保障。为推进卫生强省建设,浙江重点实施了六大工程,即农民健康工程、公共卫生建设工程、城乡社区健康促进工程、科教兴卫工程、"强院"工程和中医药攀登工程。

5.建设体育强省

体育是社会发展与人类文明进步的重要标志。加快体育发展、建设体育强省,是浙江加快文化大省建设、全面建设小康社会的重要内容;是增强人民体质、提高生活质量、促进人的全面发展的需要;也是发展第三产业、调整和优化产业结构、拉动经济增长和促进社会进步的需要。为促进体育事业发展,加快体育强省建设,2006年,省政府出台了《浙江省体育强省建设与"十一五"体育发展规划纲要》。

体育强省建设要求以满足广大人民群众日益增长的体育文化需求为出发点,以增强人民体质、提高全民整体素质为根本目标,紧紧围绕提高体育发展水平和综合竞争力,以实施"小康健身工程"、"奥运争光工程"和"体育产业培育发展工程"为主要载体,以加强政府推动、深化体制改革、强化科教支撑、加快法规完善为重要手段,促进浙江体育事业全面、协调、可持续发展。

这些年来,浙江省在文化建设方面取得后来居上的成就,其根本原因是抓住了"文化大省建设"和"文化体制改革",有序推进教育强省、卫生强省、体育强省建设,在文化基础设施建设、文化队伍建设和文化产业发展等方面取得了显著成效。在可持续发展、构建和谐社会、建设"平安浙江"的背景下,浙江公共文化服务体系也逐步有效地构建起来,公共文化投入和市场经济互动互补、相辅相成。

三、树立城乡统筹发展的理念,不失时机地推进城市化,加快实施城乡一体化战略,努力促进城乡协调发展

为深入贯彻中央提出的"统筹城乡发展"要求,近年来浙江更加注重发展、解决好"三农"问题,坚决贯彻工业反哺农业、城市支持农村的方针,坚持以城带乡、以工促农、城乡互动、协调发展,逐步改变城乡二元结构,逐步缩小城乡发展差距,实现农业和农村经济社会繁荣发展。

(一)走新型城市化道路

改革开放以来,浙江经济焕发出勃勃生机,城乡集市贸易的开放和迅速发展,使得大量农民进入城市和小城镇,出现大量城镇暂住人口。一大批乡镇企业的崛起又进一步促进了浙江小城镇的发展,成为浙江城市化发展的重要推动力。1998年,省第十次党代会明确提出"不失时机地加快推进城市化进程",这是促进经济和社会发展的突破口。

为积极有序地推进全省城市化进程,1999年12月,省委、省政府印发《浙江

省城市化发展纲要》，要求城市化发展以现代化战略为导向，以制度创新为动力，加快城市化进程；遵循城市化发展的客观规律，规划先行，有序推进，强化杭、甬、温等中心城市功能，积极发展中小城市，择优培育中心镇，完善城镇体系，走大中小城市协调发展的城市化道路；全面提高城市整体素质，增强城市要素集聚和经济辐射功能，充分发挥城市在区域经济和社会发展中的核心作用，实现城乡协调发展。

全省各级各部门认真实施《浙江省城市化发展纲要》，城市基础设施建设不断加强，中小城市快速发展，城镇体系趋于合理，初步形成了城乡互动、协调发展的格局。但与此同时，城市发展中还存在许多矛盾和问题，突出表现在城市功能建设相对滞后，农民非农化进程相对缓慢，"以城带乡、以工哺农"的体制机制不健全等方面。为了推进浙江城市化从注重规模扩张、形态建设向注重功能提升、内涵式发展转变，2006 年 8 月，省委省政府出台了《关于进一步加强城市工作走新型城市化道路的意见》，在全国率先提出走新型城市化道路的战略部署。

走新型城市化道路，要求围绕统筹城乡经济社会发展、促进社会主义新农村建设，进一步优化城镇体系，完善城乡规划，提升城市功能，加强城市管理，创新发展机制，走资源节约、环境友好、经济高效、社会和谐，大中小城市和小城镇协调发展，城乡互促共进的新型城市化道路。

(二)推进城乡一体化

为牢固树立和认真落实科学发展观，进一步加大统筹城乡发展力度，在加快城市化发展和走新型城市化道路的战略提升的间隙，省委、省政府于 2004 年印发了《浙江省统筹城乡发展推进城乡一体化纲要》。该纲要要求认真落实以人为本、全面协调可持续的科学发展观，以完善城乡规划为先导，以深化城乡配套改革为动力，坚定不移地推进工业化、城市化和市场化，加快农业农村现代化，进一步优化生产力和人口空间布局，努力打破城乡二元体制结构，推动城乡资源要素合理流动，形成以城带乡、以乡促城的发展新格局，努力缩小城乡差别、工农差别和地区差别。

统筹城乡发展、推进城乡一体化，就是要把城乡经济社会作为一个整体统一筹划，打破城乡二元结构，整合工业化、城市化和农业农村现代化建设的各项举措，着力解决好"三农"问题，缩小城乡差距，充分发挥城市对农村的辐射带动作用和农村对城市的支持促进作用，实现城乡互补、协调发展和共同繁荣。

统筹城乡发展、推进城乡一体化的主要任务包括：一是统筹城乡产业发展；二是统筹城乡社会事业发展；三是统筹城乡基础设施建设；四是统筹城乡劳动就业和社会保障；五是统筹城乡生态环境建设；六是统筹区域经济社会发展。《浙江省统筹城乡发展推进城乡一体化纲要》明确了建立健全城乡一体化规划体系、深化城乡配套改革、加快推进产业升级、大力推进城市化、加快转移农村劳动力、加快农村新社区建设、加大统筹城乡发展的投入等政策措施。

(三)发展高效生态农业

自 20 世纪 90 年代末农业取得全面丰收后,浙江一些农产品出现局部性和结构性过剩,农产品"卖难"问题日益突出。1998 年,省委、省政府果断作出了大力发展效益农业的决策,加快推进农业产业、产品和区域结构的调整,在不放松粮食生产基础上,引导农民"什么来钱种什么",大力发展高附加值经济作物、畜牧业、水产养殖业、旅游观光农业和绿色食品产业,努力形成平原、山区、海岛、滩涂和城郊等各具特色的效益农业新格局。

进入新世纪后,随着社会主义市场经济体制不断完善和农业综合生产能力不断提高,农产品大市场大流通格局逐步形成,买方市场开始显现,农产品市场竞争日趋激烈,城乡居民对农产品消费、农业功能的要求更趋多样。为推进新时期"三农"发展,省委、省政府审时度势定位农业、规划农业。2003 年,省委、省政府提出了大力实施以"高效"、"生态"为目标,以增强农业的市场竞争能力和可持续发展能力为核心,经济高效、产品安全、资源节约、环境友好、技术密集、凸显人力资源优势的高效生态农业战略,并于 2006 年印发了《浙江省高效生态农业发展规划》。

为全面深入推进高效生态农业发展,各级政府和部门认真分析农业产业发展现状和优势劣势,区分战略产业、主导产业、新兴产业,分类指导产业发展目标、重点和措施,着力培育产业竞争新优势。大力创新农业经营体制机制,稳定完善家庭承包经营责任制,推进农业规模化、合作化、产业化经营发展。2008 年12 月,浙江省委出台了《关于认真贯彻党的十七届三中全会精神 加快推进农村改革发展的实施意见》,进一步加速了城乡统筹发展进程,农业领域的改革创新迈出了新的步伐,农业创业创新呈现了新的起色。加大农业支持保护力度,出台一系列包括扶持粮食、主导产业、农机化等发展的改革措施,强化农业投入。加强农业社会化服务,改革基层农技推广体系和畜牧兽医体系,培育社会化服务组织,解决农业生产实际困难。严格保护基本农田,加强标准农田建设,广泛推广先进适用技术,治理农业面源污染,保护农业生态环境,增强农业可持续发展能力。

四、树立区域统筹发展的理念，充分发挥区位与资源优势，积极构筑山上浙江、海上浙江、开放浙江，努力促进区域协调发展

坚持统筹区域的发展理念，就要充分发挥各个地区的优势和积极性，通过健全市场机制、合作机制、互助机制、扶持机制，逐步扭转区域发展差距拉大的趋势，形成各个地区相互促进、优势互补、共同发展的新格局。

(一)实施山海协作工程

"山海协作工程"启动于 2002 年，旨在帮助省内欠发达地区加快发展。2003 年 8 月，省政府出台《关于全面实施"山海协作工程"的若干意见》。"山海协作工程"的总体思路是，围绕 2020 年全省提前基本实现现代化的目标，按照省委、省政府扶贫攻坚的要求，遵循市场经济规律，以项目合作为中心，以产业梯度转移和要素合理配置为主线，坚持政府推动、部门协调，企业为主、市场运作，逐步形成多渠道、多形式、多层次、全方位的区域经济合作格局，促进沿海发达地区与浙西南欠发达地区的协调发展、共同繁荣。

自 2002 年全面实施山海协作工程以来，各地坚持政府推动与市场运作相结合，深入推进发达地区与欠发达地区开展多领域、多层次合作，有力促进了欠发达地区的跨越式发展，为全省产业布局优化和区域协调发展发挥了积极作用。

为进一步发挥山海协作工程在推进经济转型升级中的作用，提高浙江区域协调发展的层次和水平，省政府于 2009 年决定实施新一轮山海协作工程，出台了《关于实施新一轮山海协作工程的若干意见》。新一轮山海协作工程，拓展了山海协作工程的领域和内涵，创新了山海协作工程的推进机制，进一步加大了政策扶持力度，提高了浙江区域统筹发展水平。

(二)建设山上浙江和海上浙江

浙江的基本省情是"陆小海大"、"山多地少"，有海域面积 26 万平方千米，大陆海岸线和海岛线居全国首位，陆域七山一水二分田。为充分挖掘山上资源和海上资源，促进全域发展，省委、省政府于"十一五"期间作出了建设"山上浙江"和"海上浙江"的重大战略决策。

建设"山上浙江"，就是要着眼于浙江推进科学发展和现代化建设的全局，发挥山区的资源优势和比较优势，强化集聚发展、差别发展、开放发展、循环发展、

协调发展和全民创业的理念,建立健全政府主导下的区域统筹发展机制、山区内部生产力与人口优化布局机制和公共资源倾斜配置机制,促进区域间的产业流动和资本重组,把山区建设成为空间布局合理、基础设施完善、经济特色鲜明、社会文明进步、人民生活富裕、生态环境优越、人口经济资源环境相协调的现代化区域。

建设"海上浙江",就是要按照科学发展观的要求,以更大的气魄、更宽的视野、更新的思路、更高的标准,进一步创新海洋开发理念,完善海洋开发规划和措施,以科技进步和体制创新为动力,以港口航运和临港产业为突破口,以沿海产业带建设为主战场,坚持以陆引海、以海促陆、陆海联动,坚持集约用海、科学用海、合理用海,不断增强海洋经济综合实力和竞争力,显著提高海洋经济对浙江经济发展的贡献率,使浙江沿海地区成为环太平洋经济圈的重要一环。

从今后浙江发展的战略布局看,发展的战略重点要转到建设"山上浙江"和"海上浙江"上来,大力发展山区"绿色产业"和海洋"蓝色产业",把建设"山上浙江"和"海上浙江"作为实施"创业富民、创新强省"总战略的重要内容,列入"十二五"发展规划,制定相关政策措施,创新发展体制机制,重点加以推进。这是推动浙江经济转型升级、实现全面协调可持续发展的优势所在、潜力所在和希望所在。

(三)构筑开放浙江

加快发展开放型经济是国际、国内经济发展的必然选择,是浙江提前基本实现现代化的客观要求。只有充分利用两种资源,拓展两个市场,积极参与国际分工,才能加快国民经济发展;只有通过扩大对外开放,积极发展对外进出口贸易,积极有效地利用外资,广泛开展对外经济技术合作,积极引进和认真借鉴国外的先进技术和成功的管理经验,才能形成浙江经济发展新的比较优势。为此,2000年,省委省政府提出发展开放型经济,出台《关于进一步扩大对外开放,加快发展开放型经济的决定》,提出要实现外经贸的经营主体多元化、贸易方式多样化、经营发展集约化和管理方式市场化,促进外贸、外资、外经"三外"结合,协同发展。

面对经济全球化浪潮的冲击,省政府于2001年于9月出台《关于加快实施"走出去"战略的意见》,大步实施"走出去"战略。浙江实施"走出去"战略,按照国家和浙江"十五"计划纲要的要求,以体制创新、结构优化和提高效益为重点,充分发挥浙江比较优势,鼓励多种所有制主体采取多种方式,更好地利用国内外资源和市场,推动产业升级和结构优化,增强国际竞争力,建立符合国际规则的经济运行机制,再创经济发展新优势,为全省提前基本实现现代化作出贡献。

随着经济全球化的加快,2003年,省政府又明确提出了"主动接轨上海、积极参与长三角合作与交流"的战略决策,并于同年 5 月印发了《关于主动接轨上海、积极参与长三角合作与交流的若干意见》,对接轨与合作工作进行了全面部署。主动接轨上海、积极参与长江三角洲地区合作与交流工作,以提高区域经济综合实力和国际竞争力为着力点,按照"虚心学习、主动接轨、真诚合作、实现共赢"的总体要求,根据"市场主导,政府推动,优势互补,互惠互利,突出重点,分类指导,整体规划,有序推进"的基本原则,积极参与长江三角洲地区的合作与交流,推进长江三角洲地区经济一体化,进一步提高对内对外开放水平,加快全面建设小康社会,提前基本实现现代化。

五、树立绿色生态发展的理念,大力创建生态省,积极打造绿色浙江,努力促进人与自然协调发展

统筹人与自然和谐发展,就要高度重视资源和生态环境问题,处理好经济建设、人口增长与资源利用、生态环境保护的关系,增强可持续发展的能力,推动整个社会走上生产发展、生活富裕、生态良好的文明发展道路。

迈入新世纪后,浙江进入了加快工业化、城市化、信息化、市场化和国际化,全面建设小康社会,提前基本实现现代化的新阶段。走生产发展、生活富裕、生态良好的文明发展道路,是经济社会发展的迫切要求。2002 年,省委十一届二次全会明确提出"积极实施可持续发展战略,以建设'绿色浙江'为目标,以建设生态省为主要载体,努力保持人口、资源、环境与经济社会的协调发展"。

建设生态省是全面建设小康社会,提前基本实现现代化的战略决策,是立足省情,把握规律,走新型工业化道路,实施可持续发展战略的重大举措。2003 年 8 月,省政府颁发《浙江生态省建设规划纲要》。该纲要指出,浙江创建生态省,以人与自然和谐为主线,以加快发展为主题,以提高人民群众生活质量为根本出发点,以体制创新、科技创新和管理创新为动力,在全面建设小康社会、提前基本实现现代化的进程中,坚定不移地实施可持续发展战略,加快新型工业化步伐,统筹城乡经济社会发展,大力发展生态经济、改善生态环境、培育生态文化,全面推进"绿色浙江"建设,走生产发展、生活富裕、生态良好的文明发展道路。

为全力打造"绿色浙江",2004 年 10 月,省政府召开全省环境污染整治工作会议,部署全面开展"811"环境污染整治行动。"811"中的"8",是指浙江八大水系及运河、平原河网,"11"则既指 11 个设区市,也指 11 个省级环境保护重点监管区,它包括椒江外沙、岩头化工医药基地,黄岩化工医药基地,临海水洋化工医药基地,上虞精细化工园区,东阳南江流域化工企业,新昌江流域新昌嵊州段,衢

州沈家工业园区化工企业,萧山东片印染、染化工业,平阳水头制革基地,温州电镀工业,长兴蓄电池工业。

为更好地建设节约型社会,实现经济社会的可持续发展,2005 年 6 月,省委省政府召开全省循环经济工作会议,省政府于同年 8 月印发《浙江省循环经济发展纲要》。该纲要指出,要按照"干在实处、走在前列"的要求,以提高资源利用效率、转变经济增长方式、建设节约型社会为目标,以技术创新和制度创新为动力,健全法律法规,完善政策措施,通过政府、企业与公众的共同努力,走出浙江特色的循环经济发展之路,实现经济与环境的协调、人与自然的和谐发展。

近年来,浙江以科学发展观为统领,围绕生态省建设,狠抓节能减排,加强污染防治,发展循环经济,培育生态文化,生态环保各项工作走在了全国前列。可以说,这些年是浙江生态环保投入最大、组织动员面最广、政策措施最有力、成效最明显的时期,突出表现在:一是深入实施"811"环境污染整治行动,生态环境持续改善。二是把节能减排作为倒逼机制,加快调整优化经济结构。三是加快环境保护基础设施建设,污染治理能力明显增强。

2010 年 6 月,省委十二届七次全会作出《关于推进生态文明建设的决定》,对发展生态经济、优化生态环境、建设生态文化作出了新的全面部署,努力向建设全国生态文明示范区的目标迈进。

六、树立平安和谐发展的理念,有序推进信用浙江、平安浙江、法治浙江建设,努力促进社会和谐发展

崇尚和谐,企盼稳定,追求政通人和、安居乐业的和谐社会,这是中华民族文化的重要组成部分。保持浙江和谐稳定的社会环境,是利用好、维护好重要战略机遇期的必然要求,是全面建设小康社会的重要内容,也是实现浙江在新世纪新阶段经济社会发展目标的重要前提和保证。

(一)建设信用浙江

信用是公民的安身立命之本,是企业的兴旺发展之道,是政府的公正公信之源。进入 21 世纪后,信用已成为一个地区经济社会发展最为宝贵的战略资源和精神财富。2002 年,浙江省第十一次党代会作出了建设"信用浙江"的重大战略决策。2002 年 6 月,省政府下发《关于建设"信用浙江"的决定》,要求各地加强政务诚信、商务诚信、社会诚信建设,建立健全社会信用体系。

建设"信用浙江",是关系浙江提前基本实现现代化目标的一件大事,是事关

浙江发展全局和长远的一项战略任务。建设"信用浙江",从主体角度看,主要有政府、企业、个人三大主体,其中政府信用是关键,企业信用是重点,个人信用是基础,三大主体相互作用和影响;从工作角度看,主要是规章制度、道德文化和监督管理三大建设,其中法制是外在约束,道德是内在要求,监管是执行保障,三大建设缺一不可。三大主体和三大建设,构成"信用浙江"的基本内涵。建设"信用浙江",就是要通过政府、企业、个人三大信用主体的互促共进,法规、道德、监管三大体系建设的相辅相成,使"诚实、守信"成为浙江人民共同的价值取向和行为规范,使浙江省成为诚信社会的典范。

三大主体和三大建设的提出和定位,明确了"信用浙江"的科学内涵,构成打造"信用浙江"的基本框架。自作出"信用浙江"决定以来,在省委、省政府的领导下,浙江在尊重国际惯例、符合市场规律、兼顾地区实际的前提下,围绕政府、企业、个人三大信用主体和法规、道德、监管三大体系建设做了大量的工作,总体进展比较顺利,取得了较好成效。

(二)建设平安浙江

安全是人的基本需求之一,安居乐业是人民群众世世代代的普遍愿望。党的十六大把"坚持稳定压倒一切的方针,正确处理改革发展稳定的关系"作为我们党的一条基本经验,把"社会更加和谐"作为全面建设小康社会的重要目标之一,并告诫全党要"倍加维护稳定"。

按照党中央的要求,浙江省委始终强调:"发展是硬道理,是解决所有问题的关键;稳定是硬任务,是改革和发展的前提""富裕与安定是人民群众的根本利益,致富与治安是领导干部的政治责任"。2004年5月,省委十一届六次全体(扩大)会议审议并通过了《中共浙江省委关于建设"平安浙江"促进社会和谐稳定的决定》,要求各地牢固树立和认真落实全面、协调、可持续的科学发展观,紧紧围绕深入实施"八八战略"这条主线,扎实推进"平安浙江"建设,有力促进社会和谐稳定,切实推动浙江物质文明、政治文明、精神文明协调发展,努力实现经济更加发展、政治更加稳定、文化更加繁荣、社会更加和谐、人民生活更加安康的总体目标。

"平安浙江"中的"平安",涵盖了经济、政治、文化和社会各方面宽领域、大范围、多层面的广义"平安"。建设"平安浙江",创造一个和谐稳定的社会环境,体现了立党为公、执政为民的要求,是加强党的执政能力的重要举措,是浙江省全面建设小康社会的必然要求,是贯彻落实科学发展观的实际行动。"平安浙江"建设通过近几年的努力,"平安省会"、"平安市县"、"平安海岛"、"平安单位"、"平安乡镇"、"平安村社"、"平安社区"、"平安开发区"、"平安海防线"、"平安旅游风景区"建设热潮澎湃、成效斐然。

（三）建设法治浙江

依法治国是人类文明进步的成果和发展的不懈追求。依法治国在地方行政区域的具体体现是依法治省、依法治市等。2006 年 4 月，省委十一届十次全会围绕落实科学发展观和构建社会主义和谐社会的要求，坚持社会主义法治理念，总结近年来依法治省的实践经验，全面分析面临的形势和任务，着重研究了建设"法治浙江"的若干重大问题，并作出了《中共浙江省委关于建设"法治浙江"的决定》。

建设"法治浙江"是建设社会主义法治国家在浙江的具体实践，是依法治省的深化和发展。建设"法治浙江"，致力于构建社会主义和谐社会，牢固树立社会主义法治理念，坚持社会主义法治正确方向，以依法治国为核心内容，以执法为民为本质要求，以公平正义为价值追求，以服务大局为重要使命，以党的领导为根本保证，在浙江全面建设小康社会和社会主义现代化建设进程中，通过扎实有效的工作，不断提高经济、政治、文化和社会各个领域的法治化水平，加快建设社会主义民主更加完善、社会主义法制更加完备、依法治国基本方略得到全面落实、人民政治经济和文化权益得到切实尊重和保障的法治社会，使浙江法治建设工作整体上走在全国前列。

建设"法治浙江"是一项长期任务，是一个渐进过程，是一项系统工程。建设"法治浙江"，要求坚持和改善党的领导，坚持和完善人民代表大会制度，坚持和完善共产党领导的多党合作和政治协商制度，加强地方性法规和规章建设，加强法治政府建设，加强司法体制和工作机制建设，加强法制宣传教育，确保人民的政治、经济和文化权益得到切实尊重和保障，为实现全面建设小康社会目标提供法治保障。

科学发展观要求全面推进经济、政治、文化建设，形成物质文明、政治文明、精神文明相互促进、共同发展的格局，实现社会全面进步。它要求既要考虑当前发展的需要，满足当代人的基本需求，又要考虑未来发展的需要，促进人与自然的和谐，实现经济发展和人口、资源、环境相协调。"系列浙江"建设充分体现了这些理念和要求，是科学发展观在浙江的创造性的贯彻落实。

"系列浙江"充分体现了以人为本的核心理念，从人民群众的根本利益出发，实施创业富民、创新强省总战略，使全体人民越来越充分地享受到经济和社会发展的成果，实现人的全面发展；"系列浙江"突出了统筹经济社会发展的理念，通过推进科教兴省、人才强省，加快建设文化大省，充分发挥浙江的人文优势，推动文化与经济的相互交融、相互促进，促进社会全面进步；"系列浙江"突出了统筹城乡发展的理念，通过制度创新，撤除城乡分割的体制性壁垒，加快推进城乡一体化,实现以城带乡、以工哺农,城乡互动、工农联动,优化农业和农村经济结构,逐步提高农村居民的物质文化生活水平和质量;"系列浙江"突出了统筹区域发展的理念,主动接轨上海、积极参与长江三角洲地区合作与交流,充分发挥山海资源优势,推动欠发达地区跨越式发展,努力使海洋经济和欠发达地区的发展成为浙江经济新的增长点;"系列浙江"突出了国内发展和对外开放协调发展的理念,积极推动境外投资和对外经济技术合作,充分发挥浙江的体制机制优势,推动国有经济不断发展壮大,推动个私经济不断上规模、上水平;"系列浙江"突出了统筹人与自然和谐发展的理念,围绕生态省建设的主要工作任务和建设目标,加快构建以循环经济为核心的生态经济体系,努力把浙江建设成具有比较发达的生态经济、优美的生态环境、和谐的生态家园,人与自然和谐相处的可持续发展省份;"系列浙江"还突出了经济社会发展需要的软硬环境建设,不断增强环境吸引力,提高要素集聚能力,着力构建全国一流的投资环境、人居环境和发展环境。

分报告三:理念创新与人文社会

文化是人类独有的生存方式,是人类的精神活动及其产品的总称。它是一个国家或地区集体理性和智慧的历史结晶,源远流长,影响深远。作为一种无形的力量,文化无处不在,渗透在人类活动的各个方面,是规制和导引人们行为的深层因素,因而深深熔铸在民族的生命力、创造力和凝聚力之中。理念创新不仅受既有文化的约束,在一定程度上,其本身也属文化创新的范畴,深入分析浙江理念创新实践的人文背景、文化动因与制约因素,是持续推进浙江理念创新的一个重要前提和关键环节。

文化创新主要包括文化观念的创新和文化软实力创新这两个方面。一是文化观念的创新,它包含了对文化本体地位和作用的认识,以及文化本身包含的精神层面的内容,如道德伦理、价值取向等。创新对文化的认识,就是充分认识和发现文化在物质文明建设和政治文明建设中所产生的能动作用,就是要充分发挥文化对经济社会发展与进步的积极的推动作用。文化不仅是社会意识形态的组成部分,而且是综合国力的重要组成部分,包括对民族精神的培育与弘扬,正确的世界观、价值观和人生观的确立,先进的科学技术和教育水平对人的素质的提高和对生产力的推动,文化自身所创造的经济价值和发挥的意识形态作用,等等。二是文化软实力的创新,它包括了文化产业培育、文化体制改革、文化事业建设、文化人才队伍建设、文化管理、文化政策等多方面。创新是文化的核心竞争力,任何一种文化的发展演化,其本质就是回应历史挑战的过程。凡是对新挑战作出创新性回答的文化,就能兴旺发达、后来居上;反之,文化就要走向衰落。

浙江文化内部蕴藏着强烈的创新冲动,这种冲动是对匮乏的资源条件的不气馁,是对历史成就的不满足,是对条条框框、清规戒律的不屈服。这种创新的冲动如涌动的活水,跳跃、翻腾在整个浙江的历史过程中,表现出旺盛的生命力,构成了与时俱进的浙江精神的基本内涵。进入 21 世纪,面临新形势、新任务、新要求,浙江精神需要进一步与时俱进,引导浙江创新发展理念、引领增强发展劲力。

一、浙江历史文化与推进理念创新

任何形式的创新,都基于一种既有的文化传统和历史资源。在历史长河中,浙江文化经历了成长、变迁和飞跃,在各个历史阶段,不断适应新的外部挑战和内部嬗变,实现了多向度的展开,从而写就了一部气象万千、流光溢彩的浙江文化史。在历时态的自我演进与共时态的结构展开中,浙江文化逐渐形成了特定的哲学思维、价值关怀、自我实现、精神气质,进而形成了自己的内涵。对浙江文化进行历史总结,科学地总结成功经验,理性地反思不利因素,无疑对探索推进当代浙江理念创新的内在机制具有极其重要的意义。

(一)浙江文化具有理念创新的悠久传统

文化是创造性的精神劳动。在继承的基础上不断创新,是文化发展的生机所系。一个没有创新能力的民族,难以屹立于世界先进民族之林;一种缺乏创新意识的文化,不可能保持其先进品格。文化有先进与落后之分,先进文化是人类文明进步的结晶。顺应历史潮流、体现时代精神、反映人民群众根本利益的文化,才是先进文化。先进文化总是同落后文化相比较而存在、相斗争而发展。①浙江文化在不同历史时期体现或代表了中国先进文化,主要表现在以下几个方面。

1.爱国主义是贯穿浙江文化始终的生命线

爱国主义是对自己祖国的忠诚和热爱。这种感情集中地表现为人们为争取自己祖国的独立富强而英勇献身的奋斗精神。在民族危亡的历史关头,爱国主义精神就是先进文化的代表。"夫越乃报仇雪耻之乡,非藏污纳垢之所。"在浙江文化的哺育下,爱国英雄层出不穷。他们有的在民族危难、大厦将倾之时,挺身而出,最终以身殉国;有的在重重困难之中,不放弃信念和理想,知其不可而为之。陆游"位卑未敢忘忧国",于谦为了力挽狂澜于既倒,不惜葬送一己的仕途乃至性命。抗倭名将戚继光在浙江招募和训练"戚家军",在台州九战九捷,平定了

---

① 任仲平.创造更加灿烂的先进文化.人民日报,2004-04-16.

倭患。近代浙江在反封建反侵略斗争中前赴后继,可歌可泣,鸦片战争中壮烈殉国的"定海三总兵"彪炳千秋。"鉴湖女侠"秋瑾"夜夜龙泉壁上鸣"的诗句,激励了无数中华儿女以天下兴亡为己任。这些浙江先贤刚健有为、坚贞不屈的崇高气节,谱写了中华民族爱国主义正气歌中的华彩乐章。

2. 浙江文化曾经代表了中国自然科技发展的先进方向

自然科学技术是先进文化的一个重要指标。在中国古代科技史上,浙江人占据了非常重要的地位。在宋代,浙江出现了中国传统科技巨匠沈括,他的《梦溪笔谈》内容博大精深,包括了故事、辨证、乐律、神奇等 17 门之多,许多内容皆能发前人所未发。他首创隙积术和会圆术,取得了等差级数求和与球面三角学的突破性进展,发现了地磁偏角的存在,用实验揭示了共振原理,为石油命名,正确分析日月食的成因,甚至在地学、医药、工程技术方面都有独到创见。明末清初,浙江学者对西方的科学思想表现出了极大的热情,李之藻、杨庭筠、黄宗羲、李善兰等都是当时积极介绍、吸收西方科学思想的引领者。他们的视野超越了自己所处的时代,他们播下的近代文明的种子有的要在两百多年后才能发芽。近代以来,浙江率先开始建立本省近代教育体系,重点发展了中小学教育和师范教育。浙江近代新式学校教育成为浙江近代化的重要途径,深刻改变了人们的价值取向、道德规范、思维行为方式,对于更新民族心理素质,改良文化土壤结构产生了深远的影响,同时,也为近代中国输送了大量科技专才。①

3. 浙江文化代表了中国近代启蒙思潮的先锋

中国近代启蒙思潮的两大主题是科学与民主。早在东汉,王充针对当时散布虚妄迷信的谶纬之学、虚论惑众的经学之风给予了严厉批判和抨击,"疾虚妄"、"重效验",主张认识必须以事实为对象,同时以效验来证明,要能够"订其真伪,辨其虚实",使主观认识与客观事实相符合。当程朱理学在明代越来越失去活力,成为人们思想与实践的束缚时,王阳明创立心学,鼓励人们摆脱理念的束缚,对主体精神和人的自我意识大加肯定和崇仰,主张知行合一、反对"冥行妄作、悬空思索",表达了对理性自由和人性解放的要求,彰显了浙江精神中蕴含着的务实自觉的理性。黄宗羲在《明夷待访录》中对君主体制的批判,龚自珍对君主专制体制摧残人的本性、压抑人的创造力的深入揭露,章太炎对袁世凯称帝丑剧的无情批评,无不显示了浙江文化在近代启蒙运动中的先锋地位。

---

① 白锦表. 浙江教育近代化的影响因素与浙江近代教育的特点. 浙江教育学院学报,2002(3).

(二)理念创新的文化动因

1.浙江文化的竞争力是推进理念创新的动力

在浙江文化的早期,生产力水平低下、劳动力不足是浙江发展的主要障碍;而到了后期,人口稠密与生产资料稀缺成了主要矛盾。可以说,浙江文化始终处于环境的"铁砧"与人口的"铁锤"的夹击之中,从而锻炼出了强大的竞争力。

宏观政治格局的变化也考验着区域文化的竞争力。浙江长期以来不处于政治中心,因此只能被动地适应全国宏观的政治变动,如清代康熙、雍正、乾隆三期对江浙文人采取的高压式的文字狱文化政策,曾给浙江文化造成了很大的伤害。但是浙江知识分子选择了其他路径开展文化生产、再生产活动,创造性地将政治风险较小的经史考据之学融于经世致用之学之中,因此在嘉庆、道光年间贡献了龚自珍这样的思想先驱。他通过边疆史地之学,提出了巩固边防、新疆建行省的远见卓识,显示了经过文字狱摧残后的浙江文化仍然具有不落伍于时代的竞争力。

可以看出,浙江文化竞争力的精髓在于——与天争、与地争、与宏观政局争,走出了一条有浙江特色的文化发展之路。

2.浙江文化的内部多样性为理念创新提供了条件

浙江文化是中国主流文化与浙江地理环境相结合的产物。由于地利之便,浙江文化天然具有开放的海洋性格,同时又是以大陆型文化为主体的中国文化的子集,在幼年期受到中华文明主流文化的哺育,在成熟起来以后反哺主流文化,从而丰富了中华文明。这两种特质在浙江文化的碰撞、融合,才形成了今天浙江文化的格局。

浙江文化还是一个有机整体,从不同角度观察,浙江文化有以下几对关系:大众文化/精英文化,传统文化/当代文化,海洋文化/大陆文化,四对关系构成一个有机整体。从表面上看,每一对关系内部都存在着矛盾,不能共存,但深入研讨历史,可以发现浙江文化内部的异质性和多元性。

浙江文化内涵在历史上的作用,赋予了浙江文化以相对于主流文化的自主性。文化内涵使得浙江文化与主流文化保持一种"同中有异"的距离,对于中央集权"大一统"根深蒂固的中国文化,区域文化的内涵避免中国文化的各个组成部分高度同质化,从而起到了保持多元化的作用,构成了中国文化的内在多样性。

由异质性和多元性产生的浙江文化内部的张力,是推进理念创新的动力所在。

(三)浙江文化中几个重要的基本特征与理念创新的关系

1. 求真务实是理念创新价值关怀

求真务实是浙江文化的重要价值关怀,蕴涵着"追求真理"、"实事求是"两层内涵。"追求真理"是目的,"实事求是"是手段,用"实事求是"破除一切教条迷信、经验迷信、先验论,以实践检验理论学说。

浙江历史的客观条件,培养了浙江文化反对空言说教、注重社会实际、尊重规律、追求真理、重实践、讲实效的理性思维。汉代王充批判天人感应的神秘空洞说教,主张凡事应讲"证验"和"实效";宋代陈亮、叶适的事功学主张"事上理会,步步着实",讲求实事、事功,主张关心百姓日用和国家社稷,并对朱熹理学忽视功利、专尚义理,只教学者空谈性命、"穷理修身,学取圣贤事业"作了批判;舒璘、沈焕等四明心学"所论常平、茶盐、保长、义仓、荒政,皆凿凿可见之行事,而言学者寡",注重学术的社会功用和目的;章学诚则提出了"史学所以经世,固非空言著述"等主张,都无不充分体现了浙江文化深富实事求是、讲求实效的理性精神。

求真务实是浙江文化的灵魂,贯穿于浙江文化的自我实现、精神气质、哲学思维之中。历史证明,不以求真务实为价值关怀的创新,是虚假的创新,不以求真务实为方法的创新,必然走向离经叛道、标新立异。从这个意义上说,求真务实不但是理念创新的起点,也是理念创新的终点,从而贯穿了理念创新的始终。

2. 审时度势、达观通变是理念创新的自我实现

浙江文化求真务实的价值关怀,决定了浙江文化能够根据客观条件与外部环境的变化发展,积极给予回应,从而保持生机勃勃的活力,这也是浙江文化自我实现的方法论特点。中国文化有着十分发达的重视"变易"的思想。早在《周易》(包括经、传)中,对"变易"、"通变"的探讨就已经十分深刻,老子则从辩证法的角度阐述对立面相互转化的"变易";以孔子、孟子为代表的先秦儒家则提出了"时中"、"经、权"理论,阐述了变与不变的辩证关系。浙江文化秉承了中国文化的这一特点,在实践中发展出了自己的"审时度势、达观通变"的方法论。这主要表现在以下三个方面。

(1)积极回应自然环境的变迁。浙江有漫长的海岸线,在潮汐侵蚀之下,海岸线处在变化之中。今日的西湖就是海侵之后形成的。海岸线的变化、台风的侵袭就是大自然向浙江人民发出的一次次挑战。浙江文化就是在这种变动的自然环境中成长起来的。为了降伏不羁的大自然,浙江人民修建了庞大、复杂的水利系统,浙江文化也孕育了发达的水利文化。

以杭州为例,宋以前的杭州居钱塘江北岸,是可以通航的海口,但岁月变迁,由于钱塘江江口的泥沙壅塞,到了南宋,杭州已经失去通航价值,而与此同时,明州(今宁波)却迅速上升为浙江对外海上贸易的主要窗口。从唐代后期开始直到宋代,浙江人民就不断修建、完善连接钱塘江与姚江两条潮汐河流的浙东运河,把杭州与宁波联系起来。因此,杭州虽然不再是港口,其对外交流的纽带依赖浙东运河延伸到了明州,成为内河转运的重要节点,其枢纽地位并未有下降,且在整体上提升了交通水平。浙东运河的修建,是浙江文化善于回应自然变迁的绝好例子。

(2)积极利用宏观政治格局的变化。浙江在历史上善于应变的另一个方面,是在面对无法左右的全国宏观政治格局变化时,都能够以"以民为本、富民兴邦"、"经世致用、求真务实"的价值关怀,理性地主动适应之。

在历史上,由于中央政权的分崩离析,黄河流域多次处于战乱之中,浙江因地处东南,没有卷入,因此经济社会发展获得了迎头赶上的良机。唐代安史之乱之后,藩镇格局、农民起义造成了频繁的战乱,原来经济社会水平在两浙之上的江淮各州郡,处在风暴的中心而惨遭毁灭。著名都会如扬州、苏州多次焚毁,户口锐减,市井萧条。而杭州的区域经济继续保持着蓬勃向上的势头。在江淮地区被彻底摧毁后,杭州作为一块环境相对安定的经济高地成为江南地区人流、物流的中心。① 五代的钱氏吴越政权,审时度势,根据自身力量强弱,没有无原则地参与军阀混战,也没有与当时强大的中原政权直接对抗,而是采取了"保境安民"的战略,因此社会经济文化实力在数十年内迅速缩小了与北方的差距。到了北宋灭亡、宋室南迁之际,杭州又承担起了作为南宋首都的使命,两浙地区抓住这一机遇实现了跨越式的发展。

(3)"达观通变"的核心是创新。如果说,回应自然变迁与宏观政局变化还只是被动的"挑战—回应"模式的话,浙江文化中的创新则是质变,是飞跃,是打破旧的范式跃进到新的范式的划时代的变化。

首先是生产关系的创新。宋元以后,长途贩运在浙江兴盛起来,浙江作为粮食、纺织品的主要原产地,成为全国客商趋之若鹜的货物集散地,促进了区域之间的经济交流,扩大了商品的流通,促进了商人货币资本的大规模积累。明代中叶以后,雇佣大量工人的手工作坊与手工工厂开始普遍,每坊雇工多达四十多人,这些雇工不同于被土地束缚的传统农民,具有一定的自由流动性,同时,在某些市镇还出现了自由劳动力市场。这些现象,虽不足以定论说出现了资本主义

---

① 周祝伟. 7~10世纪杭越易位与区域中心的转移. 上海:上海古籍出版社,2005;周祝伟. 浙江区域史研究. 北京:社会科学文献出版社,2005.

萌芽,但毫无疑问,相对于封闭的自然经济,是一个重大的突破。

其次是思想的创新。浙江在历史上盛产具有创新思想的思想大师,如陈亮、叶适的事功之学,王阳明的心学,黄宗羲的政治学说,章学诚的方志理论,等等,都是浙江文化富于创新性的表现。以明清之际三大思想家之一黄宗羲为例,他在《明夷待访录》中对整个封建君主专制制度进行了批判和否定,破天荒喊出了"为天下之大害者,君而已矣"的口号。他指出,封建君主是"以我之大私为天下之大公"的民贼,是使天下不得安宁的罪恶之源,人民是不应该为君主一人一姓之私利奔走效劳的。他还提出了用"天下之法"(公法)代替君主"一家之法"(私法)的法律平等原则(《原法》),提出了"人各得自私自利"(《原君》)、"贵不在朝廷,贱不在草莽"(《原法》)的人权平等等原则,还提出了由宰相和"政事堂"掌管行政权(《原相》),又"公其非是于学校"(《学校》)的近似近代议会民主的政治理想,这都反映了黄宗羲政治思想的民主主义倾向。[①] 这些思想在明清之际的中国,真可谓空谷足音,成为清末维新志士的思想武器,而且也是现代革命者用以反对、批判封建专制制度的精神武器。

可以毫不夸张地说,在每一次发生突破性进展的前夜,浙江文化的思想创新都起到了"导夫先路"的先锋作用。

3. 自强自立的文化品格是理念创新的冲动

众所周知,自强自立、坚忍不拔是中国传统文化的优秀品质,如《周易·乾·象传》"天行健,君子以自强不息",浙江文化作为中国文化的子系统也秉承了这一品格。但应该看到,由于所产生的自然环境和人文环境的特殊性,浙江文化中自强自立的精神气质也有自己的特点。浙江所处的特殊的自然环境和人文环境对塑造这一精神气质的关键作用,这可以概括为资源匮乏的先天劣势和资源分配的人为劣势。

从中国政治地理版图看,浙江在历史上就远离中央政权的首都,除了杭州曾经是南宋都城外,只有少数偏安朝廷短期定都浙江。因为这个原因,当中央政权在分配资源(财政资源、行政资源、文化资源、军事力量)的时候,浙江的优先排序是相当靠后的。南宋以后,由于经济迅速成长,浙江日益成为中央政权的重要财源,浙江在各个行省中的地位也有所上升。即使如此,浙江的繁荣是内源性的,主要依靠浙江自身生产力的积累和生产方式的创新,有别于依赖王朝政治中心而产生的奢侈型、消费型的繁荣。从江南区域内各城市地位的比较看,杭州在政治上的重要性不能与南京(江宁)相比。

---

① 吴光. 黄宗羲与清代学术. 孔子研究,1987(2).

从自然条件看,浙江主要为丘陵地形,在史前时代沼泽纵横,只有少量互相割裂的小块平原,这意味着浙江的先民在耕地开垦时面临更加恶劣的自然条件,需要付出更加艰苦的努力,这成了浙江地区在南北朝以前发展不快的客观因素。明清以后人口与耕地的压力日益突出,成为制约浙江发展的一个瓶颈。同时因为濒临大海,沿海地区又常年受到风灾、潮害、盐碱侵蚀的威胁。可以说,浙江这块土地并不受大自然的青睐。

在资源分配的人为劣势和资源匮乏的自然劣势两个劣势的制约下,浙江人逐渐形成了不等不靠、立足自身、自强自立的精神气质,这种气质可以从以下两个方面加以理解。

(1)由于资源匮乏的先天劣势和资源分配上的人为劣势,浙江文化的自强自立精神气质具有突出的竞争冲动和强烈的危机意识。竞争由稀缺性导致,在资源稀缺的压力下,浙江人相信竞争是自我完善的最优化途径,因而渴望竞争,主动参与竞争、主动引发竞争,由此获得一线生机,险中求胜。这种精神气质反映在行为模式上,往往表现为"虽千万人吾往矣"的"拼劲"、一往无前的"冲劲"、无孔不入的"钻劲",这与中国传统文化中影响很大的老庄学派"夫唯弗居,是以不去"的思想有着不小的区别。

(2)浙江文化具有强烈的主体意识。自强自立的精神气质,必然导致对个人奋斗的崇拜和信仰,高度肯定个体的独立性,肯定个体的欲望与利益,进而在衡量个体与社群的关系上,把个体的努力放在第一位。黄宗羲在《明夷待访录·原君》中说:"有生之初,人各自私也,各自利也。"他承认利己是人的天性,人的一切行为方针与价值取向,应以利己为前提,私利的实现就是个人欲望的满足。中国传统文化的主流则强调个体的"义务"本位,强调个体承担着对家庭、社群、国家的责任与义务,强调在家庭、社群、国家内部的个体的等级结构,并以这种等级结构来定义个体,因此相对淡化了个体本身的权利以及个体之间的平等地位。浙江文化这种自强自立的精神气质,对中国传统文化是一种很好的补充与丰富。

4.知行合一的哲学思维是理念创新的抽象原则

浙江文化具有自己独特的哲学思维。一般来说,哲学是关于世界观的学说,是理论化系统化的世界观,哲学的基本问题是思维与存在的关系。"知行合一"作为浙江文化的哲学思维,也试图对思维与存在的关系进行探索。"知行合一"是明代伟大的思想家王阳明(1472—1529)的基本哲学观点,可以从三个层次加以分析。

第一个层次,思维与行动是合一的。用王阳明的原话说是:"知者心之始,行者知之成,圣学只一个工夫,知行不可分作两事。"①这句话可以解释为,思维是行动的开始,行动是思维的实现,这并无新奇之处。但王阳明进一步说,知与行是一体的,知即是行,行即是知,便具有突破性意义了。为此,王阳明的弟子曾提出这样的问题:以吃饭为例,必须先懂得饭可充饥,然后才有吃饭果腹的"行",若"知即是行",则懂得"饭可充饥之理"即可果腹,无须吃饭,然而,想吃饭和吃到饭是不能互相代替的;同理,以出门旅行为例,知道路线和道路状况是"知",出门上路则是"行",然而不能因为对道路状况和路线十分了解而等同于旅行,这说明知与行仍然是两事。对此,王阳明的回答是,从想吃饭那一刻起,"行"就已经开始了("行之始"),因此说行即是知;人关于食物的是否可吃的知识,必须是亲口尝一下才能验证确实,因此说知即是行。关于行路的例子也是如此,人们对路线的认识必须亲自旅行过才能证实,而整个旅行的过程从人萌发要旅行的念头之时就已经开始。因此,"知行合一"强调人不仅对自己的行动负责,而且要为自己的思维(甚至是一闪念)负责,"勿以恶小而为之,勿以善小而不为",所谓极小之恶,就是心中一闪念,只有建立了"知行合一"的信念,才不会因为一闪念的邪恶没有付诸行动而忽视之,如此不断反省自己的恶念,才能达到"致良知"的效果。显然"知行合一"是儒家修身工夫论的一个推进。

第二个层次,"行者知之成"。这是说正确认知的最终确立,是以付诸实践检验为终点的,只有认知得到了实践的检验,认知的过程才算完成了。

第三个层次,"事上磨练"。在"知是行之始"的指导下,捕捉、反省自己的一闪念的行为,仍然是在一种个体状态下进行的,怎样才能确认自己的反省行为是沿着正确的方向进行呢?这就必须把这些自我反省的成果放在生活世界中加以检验,就是所谓的"事上磨练"。个体状态下的"致良知"是"知",个体的"知"在生活世界中与事事物物发生关系,是"行",通过与事物的复杂的关系展开,体验情绪的冲击、思维的跳跃,在一种跃动不安的状态下检验"致良知"的进展与效果,只有经得起这种检验的"知",才是真"良知"。

由此可见,尽管王阳明的"知行合一"主要是在道德修养的范畴内展开的,其本体论也是儒家所追求的形而上的道德本体,却可以从中引申出认识论的原则来。"知行合一"是浙江文化在哲学层面上的思考,因此也是最高、最抽象、最具有概括力的思考,它对于理念创新的作用是决定性的。

这是因为,实践是理念创新的源泉,只有在科学真理的指导下的实践才不是盲目的实践;实践中总结、摸索出的真理,就是一种生机勃勃、与时俱进的理念创新。只有牢牢把握实践这一认知的源头活水,才能有效地应对客观环境的变化,

---

① 王守仁.王阳明全集传习录(卷一).上海:上海古籍出版社,1992:15.

通过实践不断修正对客观环境认识,避免经验主义、独断论、教条主义的干扰,从而保障理念创新的科学性。

二、浙江历史文化中制约理念创新的因素

不可否认,历史上的浙江文化走出了一条光辉灿烂的理念创新之路,但是历史在发展,时代在进步,世情、国情、省情都发生了巨大变化,浙江改革开放和现代化建设有很多新的进展,实践的内容大大拓展,认识也有新的提高。因此,在自豪之余,当代浙江人应该正视浙江文化内部存在的缺陷与不足,用更宽广的眼界,大力弘扬改革开放的时代精神,进一步丰富和发展浙江文化中有助于推进理念创新的元素,克服那些不利于理念创新的元素,在推进文化创新中同步推进理念创新。

(一)相对淡薄的规则意识不利于为理念创新提供良好的制度环境

规则意识是成熟、开放的市场经济体系的基础。只有参与者普遍地遵守游戏规则,游戏才能展开、进行。由于长期的自然经济的束缚,浙江文化中的市场规则意识相对淡薄,突出表现在法治观念不强,诚信程度不高。法治观念不强的主要表现是,相信"规则是死的,人是活的",相信任何规则可"变通"、"网开一面",相信"火到猪头烂,钱到事情办"。由于我国法制不完备、市场发育不成熟、政府职能尚未完全转变等客观原因,加之自身规则意识的淡薄,浙江经济、尤其是浙江民营经济在飞跃过程中,滋生出了一种对"租"的超常敏感性,在行为模式上倾向自觉寻租、主动寻租,乃至主动制造"租"。而"租"之所以产生,是因为规则没有得到公开、公平、公正的执行,规则的严肃性受到普遍的怀疑。因此有了相应的被扭曲的"潜规则",在经济活动中规则与"潜规则"提供的价格是有落差的,因此寻租成了获取利润的重要手段。从某种意义上说,寻租曾经是浙江经济的"原罪"。在 WTO 规则日益深入人心,我国统一市场体系发育日益成熟、全民法制观念规则意识日益增强,政策法规日益完善健全的情况下,浙江文化也要急起直追,虚心学习市场规则、法律法规,真正树立规则至上、遵守规则、运用规则的意识,消除逃避规则的侥幸心理。

长期以来,规则意识淡薄被很多人看做是浙江敢想敢干的奥秘,无视清规戒律才能大胆创新,因此规则意识反而是创新的绊脚石。事实上,这是因为在改革开放的初期,规则意识淡薄的恶劣后果没有显露,而造成的一种假象。随着宏观的市场经济体系日益健全,规则意识的淡漠不但不是创新的助推器,相反,创新

成果(知识产权)将无法得到有效保护,使得创新由于轻易遭到剽窃而被抑制,而低水平的重复模仿则成为主流。从这个意义上说,规则意识淡薄所导致的不健全的制度环境,已经严重抑制了创新动力的充分迸发。

(二)官本位思想根深蒂固

理念创新意味着对权威的否定,意味着旧有图腾的倒掉,因此创新需要一个公平的体制环境、开放的社会环境,而传统社会中的身份差别、职业歧视、城乡差异,都会对理念创新造成间接的损害。而官本位思想是其中特别显著的一种差别意识。

官本位思想是中国传统主流文化的一大特色,并非浙江文化的特产。中国的官场文化本质是不鼓励创新,而以一种权威崇拜和等级秩序为主导,只唯上、只唯书、不唯实的官场习气在今天仍然有相当的市场。创新要求资源按照公开的市场规律分配,而官本位则将资源按照官位高低、官位有无来分配。浙江的特殊之处在于,与一般人的印象相反,浙江市场经济的发达并没有减弱浙江文化中官本位思想的负面因素。其表现就是当第一代浙江人在商业上取得成功后,普遍地不希望下一代经商,而是谋求其进入政府机关、成为公务员,若不能考取公务员,退而求其次,争取进入事业单位、垄断行业等,由此取得"体制内"的身份。反之,对自己从事的工商业缺乏自豪感,自我评价低下,认为其只是谋生的手段,不能称为"事业"。这种思想的根源十分复杂,可以从很多方面来说。

第一,浙江文化内部的构成具有复杂性,毗邻富饶的长三角、苏、锡、常的杭嘉湖地区,自古为富庶的鱼米之乡,安土重迁,较多地具有小富即安的思想,因此"体制内"相对稳定的工作环境十分吸引人。在其他地区,亦或多或少有此思想。

第二,从社会思潮和价值体系来看,全社会对商人的评价在过去二十多年中已经发生了根本的变化,普遍地承认商人、企业家对社会的正面贡献,传统的商人为"四民之末"的思想已经很少有市场了,但破除传统思维定势不可能一蹴而就。

第三,我国是以公有制为基础的社会主义国家,商人、企业家对于私有财产的合法性始终存有疑虑,担心政策会"变",而进入体制内,成为"官家人"后,捧上铁饭碗,才能确保自己这一代所获得的货币资本得到保障,由下一代合法地继承下来。

第四,由于社会主义市场经济发育不成熟、民主法制建设不健全,升官发财的思想仍然深入人心,商人、企业家普遍相信,通过权力能够获得从市场中无法获得的超级利润,因此千方百计进入官僚体系,成为其中的一分子。

第五,官本位思想发达,是与市民社会的不发达息息相关的。由于作为"第三种力量"的社会中间组织不发达，主体面临的是家庭和国家两个极端，因此国家的吸引力是非常大的。本来应该成为社会重要组成部分的市场体系也很不成熟、健全，因此企业的经济活动也受到家庭和国家两极的"磁化"。这突出表现在，当前我国的私营经济中家族制企业占了很大部分，而国有企业中效益最好的企业又是垄断行业（能源、石化、通信等），因为垄断行业实际上获得了国家权力的授权。

总之，官本位思想事实上已经在削弱理念创新的动能。把社会精英从官本位思想的束缚中解放出来，投入更加广阔的社会领域创新活动之中，尤其是打造一支数以百万计的企业家队伍，才有可能支撑理念创新。从这个意义上说，打破官本位意识是推进理念创新的重要保障。

（三）社会化意识、现代化意识水平低

浙江经济在启动过程中，经济活动的发起点往往是小城镇、行政村、自然村，浙江文化中开放图强的精神赋予了浙江人从农村直接走到城市里大展拳脚的勇气和魄力。经济飞速发展的同时，城市化的进程并未相应加快，社会化程度低、现代公民意识缺失的问题长期以来没有受到重视。

何谓"社会化"程度低？众所周知，浙江经济在发展过程中，具有十分可贵的自主性和自组织性，即不等不靠，主动出击，不借外力，自己组织起来，浙江人的地缘关系十分紧密，十分团结，这是浙江人成功的一大法宝。但是这种自主性和自组织性，具有浓厚的血缘性质和地缘性质，而且地缘性质往往依附于血缘性质。弗朗西斯·福山曾指出："高信任度及以此为基础的自发性社会交往，往往造就出发达的社会中间组织——教会、商会、工会、俱乐部、民间慈善团体、民间教育组织，以及其他自愿团体——无力营造一般意义的社会中间组织的社会，自然也不善于造就非血亲的私营企业。"[1]当代浙江"社会中间组织"发育不良，就是社会化水平低下的表现。反之，浙江民营经济始终十分依赖家族企业这一体制。家族企业就是以血缘关系取代了对市场规则、法律法规、经理人职业道德等现代市场经济要素的信任，因此是一种低信任度的经济组织形式。而信任度高低往往决定了企业的规模和成长性，进而影响其参与全球经济的程度。[2]

城市化水平低与社会化水平低是直接相关的，城市化是社会化的组织基础，不同于大多数省份是以比较不富裕的农村人口为主的情况，当代浙江是以比较富裕的农村人口为主体的。由于城市化进度缓慢，城市生活方式、行为方式和城

---

① 福山. 信任——社会美德与创造经济繁荣. 海口：海南出版社，2001：序 5.

② 应焕红. 家族企业制度创新. 北京：社会科学文献出版，2005：141.

市文化对浙江人的浸润还比较肤浅,缺乏培育健全的现代公民观念的合适的气候与土壤。具体表现在,缺乏公民的身份意识,公民道德素养不足,公众科学文化素养普遍不高。对文化财富的认知度比较低,社会公道意识和社会责任意识比较弱,追求"光宗耀祖"、"给活人建房,给死人造坟"奢侈浪费,产业价值观和财富价值观扭曲。比较现代化的物质生活水准,与比较不现代化的价值观念、科学文化水平、道德水平形成了鲜明的反差。

社会化意识、现代化意识水平低,对理念创新造成了制约。这是因为,理念创新本身就是属于工业化时代、后工业化时代的理念,不可想象,小农经济意识以及这种意识为主导的社会共同体内部,创新能够达到很高的水准,能够产生强烈的创新意愿。

(四)短视的功利主义

功利主义在浙江改革开放进程中发挥了不可忽视的作用。从积极意识上说,功利主义是求真务实的一种表现。多年来,浙江人理解的"实"就是"利",就是谋一己、一家、一村、一厂之利,就是解决一己、一家、一村、一厂的生存发展问题,这种成千上万的以自我为中心的逐利行为,形成合力,就造就了今天浙江骄人的发展成就。浙江现象的产生,是在无数这样的个人意愿形成的合力作用下完成的。但与此同时,浙江人逐渐习惯了把谋求公共利益、国家利益、人类共同利益的任务交给政府,又要求政府对谋一己、一家、一村、一厂之利采取无为而治的态度;而由于第一代浙江企业植根于农村,小农意识仍然深刻地影响着浙江人,朴素的功利主义在小规模的乡镇企业和私人小厂的经营中可以大行其道,但在产业结构升级的过程中,光靠朴素的功利主义已经显得急功近利。这种态度和朴素的功利主义对理念创新的抑制作用体现在以下两个方面。

1. 不利于理论思维的发达

由于务实思维过于发达,浙江人不尚空谈、不争论、不张扬,而擅长埋头苦干。但是,这种务实思维抑制了浙江人理论思维的发达,浙江人善于梳理现象,而不擅长抽象的分析;善于总结本省经验,而不善于将其提升至国家战略的层面;善于模仿、学习,而不善于原创的理论思维;善于虚心接受别人对浙江模式、浙江现象的"命名"、定性,而不善于自我提炼。而理论思维是理念创新不可或缺的一个要件。

2. 具有急功近利一面

功利主义追求立竿见影、低投入高产出,浙江经济更是以"船小好调头"见长。越是复杂的创新,越是具有投入大、周期长的特点,如果说,技术创新还是可见的物质形式的话，理念创新则属于意识层面的创新，更加看不见摸不着。因此，功利主义的急功近利行为模式对于这一形式的创新具有一定的抑制作用。

三、创新浙江文化，推进理念创新

拥抱 21 世纪的浙江，根本途径在于创新。创新是挺进时代的通行证，也是文化发展的本质特征。扬弃浙江文化、推进理念创新，要在以下六个方面下工夫。

(一)超越"自发求真"，走向"自觉求真"

"求真"就是追求真理、遵循规律、崇尚科学。"求真"，就是求理论之"真"，坚持不懈地用发展着的马克思主义最新成果武装头脑、指导实践，创造性地开展工作。"求真"，就是求规律之"真"，更自觉地认识规律、遵循规律、运用规律，使主观的努力进一步体现时代性，把握规律性，富于创造性。"求真"，就是求科学之"真"，在科学精神、思想、方法的指导下，充分尊重群众的首创精神，激发和支持人们在实践中创新、创业、创造的智慧和勇气。要让自主创新的精神真正融入浙江人的血脉里，体现在创业的行动中，以自主技术争先，以先进科学制胜。

当前浙江文化最大的威胁，在于自我陶醉于三十多年来改革开放的成功，沉醉于经济实力名列前茅的喜人现状。在成绩面前，要十分清醒地认识到 20 世纪 70 年代以来三十多年自发摸索到的发展之路，是浙江文化的宝贵财富，由自发上升到自觉，是一个艰苦的过程，付出了沉重的代价。历史的教训证明，自发的主体并不一定能最终自觉地发现规律，因此，任何自恋都是十分危险的。尤其是进入 21 世纪以后，原有的模式必然暴露出不适应、不理性的一面。因此，既要珍惜、总结三十多年的实践经验，更要用科学的精神及时总结反思，与时俱进，更要以广阔的胸怀，实事求是地吸收其他地区好的发展经验，因地制宜地引进世界先进科学技术、先进管理模式、先进发展理论，为我所用。

(二)超越"务一己一家一乡之实"，走向"务天下国家之实"

"务实"精神在浙江文化中源远流长，是浙江文化软实力引领浙江经济腾飞的一大法宝，三十多年的实践证明，浙江人靠着务实精神勘破了教条主义、极左思想的迷雾，创造了辉煌的业绩。恩格斯说："历史是这样创造的：最终的结果总是从许多单个的意志的相互冲突中产生出来的，而其中每一个意志，又是由于许多特殊的生活条件，才成为它成为的那样。这样就有无数互相交错的力量，有无数个力的平行四边形,由此就产生出一个合力,即历史结果。"①浙江现象的产生,就是在无数这样的个人意愿形成的合力作用下完成的。但单靠这样的"意愿"形成的"个体理性",在发展到一定程度后,往往难以有效形成"集体理性",进一步提升和发展"浙江现象",必须完善"个体理性",以达成"集体理性";即浙江文化的创新,要求浙江人从自发地谋一己、一家、一村、一厂之利,上升到自觉地谋求公共利益、国家利益、全人类共同的利益。把目光短浅的工具理性性质的"务实",提升为廓然大公的"务实",尤其是在落实科学发展观,保护环境,倡导企业社会责任方面"务实"。

(三)以"诚信"之"迂腐",规范"务实"之"功利"

"诚信",就是重规则、守契约、讲信用、言必信、行必果。要把诚信作为现代社会文明之基,不仅要弘扬传统的"诚信"美德,更要大力推进以个人为基础、企业为重点、政府为关键的现代"信用"建设。

要把诚信作为公民安身立命之本,着力培育公民高尚道德良知。引导人们诚实立身,诚实为人,诚实做事,做到心底真诚、行为守信,成为具有强烈社会责任感的"诚信"公民。建立个人诚信,不能完全依赖个体的道德自觉性,要建立个人信用体系,重点是在金融、人力资源领域建立完备的个人信用档案,让不诚信的行为承担应有的后果。

要把诚信作为企业兴旺发展之道,视诚信为"最好的竞争力"。要充分认识到企业的诚信建设,与宏观的市场体系发育的成熟程度和法制建设的完善程度是成正比的,市场体系越成熟、越发达,游戏规则越完备、越科学,企业诚信程度越高,反之亦然。

要把诚信作为政府公正公信之源,牢固树立建设信用政府的理念。强化公共服务意识,按照为民、务实、清廉的要求,切实转变政府职能,严格依法行政,真心诚意为民服务,努力增加政务透明度,使政府真正成为法治政府、有限政府和服务型政府,以为民服务的高质量和高效率来取信于民。充分发挥媒体舆论的社会监督作用,也鼓励公民个人对政府行为的批评、建议,坚持在党的领导下不断改进和加强人民代表大会制度的监督职能。

(四)以发展实现"和谐",以"和谐"保障发展

"和谐"就是民主法治、公平正义、诚信友爱、充满活力、安定有序、人与自然

---

① 恩格斯.致约·布洛赫(1890年9月21—22日)//马克思恩格斯选集(第四卷).北京:人民出版社,1995:697.

和谐相处。要有和美与共的情怀,努力实现人与自然的和谐相处。要进一步树立生态意识,深刻认识自然是人类生存的空间,是人类创造生活的舞台。自觉地关爱自然,保护自然,做到既要"金山银山",又要青山绿水,构建人与自然和谐相伴的生态文明。要有和衷共济的情志,共同创造和睦相处的美好家园。妥善处理和化解利益冲突,促进不同利益群体平等友爱、相互协调、良性互动,为促进社会的公平正义提供有效的制度保证。要以共同目标为价值追求,和而不同,求同存异,共同构建和谐社会。要有和悦自适的情操,不断促进人的自我超越与全面发展。

要从满足"经济人"生存和安全的需要出发,使广大人民群众在普遍富裕起来的同时,不断改善生活质量。要从满足"社会人"交往和尊重的需要出发,营造相互尊重、相互理解、相互关爱的氛围,使广大人民群众共享祥和的社会生活。要从满足"文化人"自我发展与实现的需要出发,加快建设文化大省,努力构建学习型社会,提高心理承受能力和自我调适能力,享受创造乐趣,体验事业成就,实现人生价值。

应该看到,浙江文化中最不缺乏的是改革、创新、突破的精神,张扬个性,甚至可以说浙江文化是一种"破大于立"的文化。在这样的文化背景下,强调和谐会不会倒退到小农经济条件下的"退一步海阔天空,忍一时风平浪静"、"多一事不如少一事"、"乡愿作风",会不会削弱浙江文化的冲劲和斗志,扼杀浙江文化的生机呢?解决这一矛盾的出路,是要正确认识到当前浙江经济、社会、文化领域出现的不和谐的现象,是发展中产生的问题,只能用发展来加以解决。因此,只有继续加大力度推进理论创新、制度创新、科技创新、文化创新,才能化解这些不和谐因素,才能逐步解决不和谐的矛盾冲突,才能保证社会长治久安、文化欣欣向荣、经济健康发展。

(五)国门已开放,体制需开放,心灵更需开放

"开放",就是全球意识、世界胸襟,就是海纳百川、兼容并蓄,以我为主,为我所用。"开放",就要进一步树立开放理念和兼容胸怀。要在高度的自省中虚心汲取全人类创造的一切文明成果,使浙江文化的思想观念、生活习惯、行为方式和精神素质不断适应开放的世界和全球化竞争的需要,让开放的精神结出更多惠及浙江千万人民的硕果。"开放",就要进一步增强全球眼光和战略意识。要有跳出浙江发展浙江的大手笔,具备积极参与全球化合作与竞争的勇气和胆略,在更大范围、更广领域、更高层次参与国内外的经济技术合作和竞争,努力提高对外开放的水平。"开放",还要进一步提升做世界公民的文明素质和人文情怀,关心全人类的文明进步和共同发展。

浙江文化创新中的"开放",不仅是单纯地引进、吸收、包容,而是双向互动地交流。浙江文化要从对外开放中实现自我创新,而不是在对外开放中、在全球化浪潮中迷失自己、解构自己。浙江文化在与世界文化的碰撞、交流中,要进一步明确优势、发现劣势,更加科学地定位自己的核心价值观,更加直观地发现自我作为"地方性知识"的独特性和不可复制性。因此,浙江文化要在开放中积极地推销自我、宣传自我、展示自我,尤其是要加快打造浙江文化传统的世界名片——世界文化遗产,强化浙江文化的国际影响力,树立浙江文化的国际新形象。人是文化的主体,也是文化的载体,人的行为是区域文化核心价值观的呈现与实践,外部世界往往或者只能是通过具体的人的言谈举止来了解当地文化,在对外交往中,每一个浙江人都要像爱护自己的眼睛一样自觉地爱护浙江文化的整体形象。

培育和弘扬"开放"精神,实现浙江文化创新,需要文化体制改革力度更大、决心更大、步伐更大。在文化产业的外资准入方面,目前浙江省没有大的动作、大的亮点。实际上,外资全面开放的时代必将来临,以目前浙江文化产业"小、散、弱"的格局,与国际传媒巨头相比差距很大。因此,要在全面开放到来之前,积极尝试与国际传媒合作,引进先进技术、吸纳先进管理模式、研究先进业态,熟悉国际先进水准的文化产业运作模式。这种对外合作,不但是文化体制改革的需要,也是做大做强文化产业,增强浙江文化国际影响力的需要,可谓一举三得。

培育和弘扬"开放"精神,实现浙江文化创新,需要浙江虚心向国内其他省份学习,学习他们在文化创新方面的好思路、好办法、好经验,尊重其他区域文化,取长补短,共同进步。浙江人素来具有强烈的乡土意识和高度的区域文化认同感。浙江经济腾飞之后,不少中西部省份来浙江取经,学习如何用文化软实力引领经济发展。在一片赞美声中,一部分浙江人不禁飘飘然,自觉不自觉地把经济强势等同于文化优势,用庸俗的社会达尔文主义看待经济水平不如浙江的区域文化,认为这些地方经济不发达,是因为他们的区域文化不能够带动经济发展。这种自大的心理逐渐成为阻碍浙江文化进一步开放的瓶颈。实际上,浙江文化在某些方面是落后于全国平均水平的,在因地制宜做大做强文化软实力方面,一些经济水平不如浙江发达的省份,反而思路更加开放,手法更加多样、经验更加宝贵。因此,面向21世纪的文化创新,大力培育和弘扬海纳百川、兼容并蓄的"开放"精神实在是迫在眉睫、时不我待。

(六)"图强"无止境,改革无禁区,创新无预设

"图强",就是勇于拼搏、奔竞不息,就是奋发进取、走在前列。要始终保持昂扬向上、奋发有为的精神状态,认清目标不动摇,抓住机遇不放松,坚持发展不停

步,把浙江的各项事业做好做强,创造出不辜负时代、不辜负人民的一流业绩。"图强",就要树立忧患"兢慎"的意识。要弘扬卧薪尝胆、勇于拼搏的精神,始终保持谦虚谨慎、不骄不躁的作风,切实做到自豪而不自满,昂扬而不张扬,务实而不浮躁。要"兢慎"做工作,"兢慎"干事业,审时度势,逆进顺取,不断前行。"图强",就要继续发扬"先人一步"、"高人一招"的改革创新精神和胆略,化挑战为机遇,转潜力为实力,变困境为佳境。由被动倒逼转向主动选择,从"适应性"改革向"预见性"改革转变,加快经济结构调整和增长方式的根本转变。"图强",就要具有甘于奉献的胸襟。在阔步迈向全面建设小康社会、提前基本实现现代化的康庄大道之际,应该"致富思源、富而思进"。浙江人应该有为全国大局作贡献的宽广胸襟,为全面建设小康社会、构建和谐社会奉献智慧和力量,真正干出有利于党和人民事业发展的实事,真正建立经得起历史检验的实绩。

分报告四：理念创新与农业现代化

理念是发展之魂，发展之本。本分报告旨在全面总结浙江农业农村领域理念创新的实践历程，认真分析新时期推进理念创新的必要性和重要性，深入研究新时期农业农村发展需要树立怎么样的理念，以不断增强其发展动力，保证其健康快速发展。

一、过去三十多年的农业农村改革历程是理念不断变革创新的过程

农业是国民经济的基础，农民是最主要的劳动力群体，农村是最大的社区。因此，"三农"问题关系到国民素质、经济发展，关系到社会稳定、国家富强、民族复兴。改革开放以来，浙江的"三农"工作一直走在全国的前列，取得了令人瞩目的成绩，农村繁荣，农业发展，农民人均纯收入突破万元。回顾改革开放以来的浙江农业农村发展历程，解放思想、改革创新一直是推动"三农"事业快速发展的主要动力。解放思想与改革创新，其首要的落脚点在于理念的创新。纵观三十多年来的浙江"三农"改革历程，其实也是理念不断创新的过程。

三十多年的改革，推动了农业农村生产经营理念的创新。十一届三中全会之后，浙江逐步探索定额计酬和联产计酬的经营体制，推行集体统一分配下的生产责任制，打破了高度集中的计划管理和生产劳动方式，并最终建立了以农户家庭经营为基础、统分结合的双层经营体制。家庭承包责任制的推行，打破了"一大二公"的人民公社体制，确立了农民生产经营主体地位，使农业生产经营理念得到变革，农业生产力获得空前解放，极大地提高了农民生产经营积极性，也奠

定了农村改革的基石和农村基本经营制度的基础。

三十多年的改革,推动了农业农村市场理念的创新。改革开放以来,浙江逐步调整农副产品收购政策,取消派购制度,放开粮食生产购销政策,并于2001年在全国率先推行粮食购销市场化改革,有力促进了农产品市场经营理念的创新,促进了农民分工分业,使农民享有充分的生产经营自主权,创业热情和创新活力明显增强。同时,以放手发动、放水养鱼、放权松绑、放宽政策等做法,发展多种所有制经济,率先推动乡镇企业发展,率先探索小城镇建设,率先发展专业市场,率先推进农业的适度规模经营、股份合作制,率先建立支持农业发展的基金制度,形成了乡镇企业异军突起、小城镇欣欣向荣、专业市场蓬勃发展的新格局;并主动适应形势变化,及时调整农业发展思路,先后作出发展"一优两高"农业、效益农业和高效生态农业的决策部署,这些都使得浙江的农业市场理念得到了升华。

三十多年的改革,推动了农民发展理念的创新。从20世纪90年代中期开始,浙江逐步清理面向农民的行政事业性收费,减少项目,控制标准,采取各种行政措施减轻农民负担,保护农民既得利益。2005年,领先全国一年全面取消农业税,至此,面向农民固定收取的税费全面取消,实现了政策意义上的零税赋。率先制定《统筹城乡发展推进城乡一体化纲要》,推行了城乡配套改革,建立农村义务教育"两免一补"、新型农村合作医疗和被征地农民养老保障制度,为改善农民生产生活条件创造了良好的制度环境。同时,贯彻多予少取放活方针,完善以城带乡、以工补农机制,逐步建立粮食直补、农资综合直补、良种补贴、农机具购置补贴等制度,加大对农业生产扶持力度,使保障农民、发展农民的理念得到了进一步深化。

三十多年的改革,推动了农村治理理念的创新。改革开放来,通过废除人民公社三级所有制为基础的基层政体,改为村级基层民主政治的推进,建立村民自治制度,实行民主选举、民主决策、民主管理、民主监督,使农民获得了村级公共事务的民主决策权。积极推行村级集体经济改革,推进股份制、股份合作制改造,理顺集体经济管理的分配方式,明晰村级集体经济产权。引导农民合作组建专业合作社,鼓励专业大户、农业企业和农民走向联合,不断完善农业和农村组织体系。进入新世纪后,率先开展了城乡统筹就业试点,率先启动基本公共服务均等化行动,率先推进城乡养老保险全覆盖,率先制定实施农民专业合作社条例,率先开展了城乡统领发展水平综合评价,使农村治理理念得到不断更新。

浙江在过去三十多年的发展历程中,特别在"三农"发展上,始终敢于突破传统"三农"发展的思维模式、生产方式,勇于跳出"三农"看"三农",跳出"三农"抓"三农"。能够把贯彻中央的方针政策与浙江实际紧密结合起来,不拘泥于传统习惯,少争论、不空谈,敢于大胆试、大胆闯。说到底,这是理念创新在发挥作用。

二、推进理念创新是新时期实现农业农村新发展的必然要求

理念创新是突破发展困境的主要动力。当前,浙江"三农"正面临新的发展阶段、新的发展环境和新的发展趋势,需要有更大的创新与突破,使其能够在新的机遇与挑战中继续引领发展前沿。

(一)推进农业农村发展理念创新,是深化实施"两创"战略的必然要求

改革开放三十多年来,浙江在原来经济总量比较小、资源短缺、国家支持不足的条件下,抓住改革开放大好机遇,坚持敢为人先、勇立潮头,不等不靠,铸就了以创业创新为核心的浙江精神,造就了一支充满活力的创业创新大军,激发了创业创新的巨大潜能。农业是浙江经济的重要组成部分,农民是农业创业创新的主体力量。新时期我们仍然需要不断地深化实施创业富民、创新强省战略,突出理念的引领作用,进一步激发浙江"三农"发展的内在动力。

(二)推进农业农村发展理念创新,是推进生态文明建设的必然要求

省委十二届七次全会已经对生态文明建设作出了全面部署。农业农村是生态文明建设大局的重要阵地,也是生态文明建设的关键环节。农耕文明达成了一种人与自然生态、社会生态之间良好互动的传统文明形态。解决新时期"三农"问题日显复杂,这就需要我们进一步确立"三农"的定位与发展理念,使其能够有机地融入到生态文明之中,并充分认识到生态文明不是单纯的生态回归,而是一种新型的整合范式,工业与农业、乡村与城市、自然与社会需要在环境友好的前提下进行系统化的有机融合。

(三)推进农业农村发展理念创新,是推动"三农"转型发展的必然要求

转变经济发展方式,促进转型升级,是人类社会面临的共同课题,也是当今世界各国总结经验教训做出的普遍选择。随着经济发展和社会进步,必然要求经济增长由粗放型向集约型转变。十六大以来,我们党正确把握经济社会发展规律,深刻分析我国发展阶段变化,提出了科学发展观的重大战略思想,强调要转变发展方式。"三农"直接与间接关系着整个经济转型的大局,农业发展是经济结构调整的组成要素,农村消费是经济结构优化的内在动力,城乡融合是经济结构转型的全新契机。只有不断解放思想,推进理念的创新,才能适应经济建设的新要求,走出一条具有浙江特色的"三农"转型发展之路。

(四)推进农业农村发展理念创新,是继续走在全国前列的必然要求

新中国成立以来特别是改革开放三十多年来,浙江农业农村依靠大胆改革创新,赢得了发展先机,走在了全国前列。但浙江农业产业结构不尽合理,还处在较低层次,附加值和集聚度偏低;生产主体素质亟待提高,生产经营较为分散,组织化程度不够高;农业生产没有从根本上摆脱粗放型增长轨迹,受资源环境约束进一步加大。当前,全国农业加快发展,形成了你追我赶、竞相发展的态势。浙江农业农村的先发优势逐步弱化,并由于资源约束、市场约束、生态约束等日益明显,比其他地方更早、更多地遇到了成长"烦恼"。如果浙江不在理念上创新,没有积极的措施加以应对,就会在新一轮发展中落伍,这逼着我们要在发展理念上进行创新。

三、大力推进理念创新,增强农业农村发展动力

理念是行动的指南。新中国成立以来特别是改革开放三十多年来,我国传统农业得到改变,城乡割据开始突破,农村民主法制取得进展。但随着农村改革发展的不断推进,当前已有的一些制度、政策和理念已不适应,而新的制度、政策和理念尚未建立和完善,作为经济社会相对发达、走在改革开放前沿的浙江,更是首当其冲,导致农业发展微观基础缺乏活力、新农村建设缺乏后劲、农村治理缺乏保障。为此,必须从浙江"三农"实际出发,以理念创新为引领,创新发展思路和举措。具体要确立科学的均衡发展观、差异发展观、集聚发展观、内生发展观、人本发展观、绿色发展观、和谐发展观、整合发展观。

(一)树立产业融合的均衡发展观

均衡性是农业健康发展的重要标志。实现农业发展的均衡性,需要借助统筹协调的方法理念,强调"三农"工作的整体性,产业体系的协调性,产品供求的平衡性和市场消费的安全性,努力使各环节各方面相适应。

增强工农产业间的交融发展意识。一直以来,农业为工业化发展提供原辅材料和要素支持,为经济社会发展作出了重要贡献。工业化的加快兴起,也为工业反哺农业创造了条件。这就需要统筹农业与工业的关系,实行双轮驱动,做到工业自觉反哺农业,农业主动接受工业辐射,努力形成工农互利互动新局面。

增强农业内部间的协调发展意识。浙江的农业产业链还不很完善,存在一个产业单兵独进、配套产业跟不上,从而产生木桶的短板效应的现象。这就需要

我们统筹农业内部的产业关系,在巩固粮油战略产业的前提下,强化主导产业,培育新兴产业;并充分考虑种植业与养殖业之间、产品生产与加工流通之间、种养业与种子种苗之间、农业与农机工业之间的相互衔接,通过接长腿、补短腿,使产业整体优势尽情显露。

增强生产市场间的统筹发展意识。农业的生产能力影响着市场消费的水平,反过来讲,市场消费的能力对农业生产起着重要的反作用。当前,农产品已经进入买方市场,人们消费在逐步升级,市场对生产的影响程度加深,生产与市场的有机对接显得更加重要。要坚持以市场为导向组织生产,增强生产的针对性、有效性,以便于实现产品的经济价值。要保持产品产量的均衡,防止生产量忽小忽大、与市场容量和消费需求脱节。否则,产量忽大,容易滞销,挫伤农民积极性;产量忽小,将使产品供不应求,容易盲目扩大生产,忽视产品质量。

(二)树立特色错位的差异发展观

取得市场竞争优势,主要有两条途径:一是走低成本扩张的路子,二是走差异化竞争的路子。相对于低成本竞争优势,差异化竞争优势更依赖于先进理念、技术和管理来实现。强化农业的差异化竞争理念,就是要充分利用区域特色农业资源,在产业、品种、质量、营销等方面积极创造差异优势,不断满足人们的个性化、多样化和特色化需求,从而取得竞争优势。

增强争创特色的意识。发展特色农业是实施农业差异化竞争的基础。浙江气候资源多样,土壤肥沃,适宜多元化种植。名特优品种丰富,不少农产品具有较高的知名度和市场占有率,发展特色农业优势明显。如浙江的绿茶出口量和创汇额均占全国50%以上,列全国第一。实施产业差异化竞争战略,就是要依据不同区域的自然资源,大力发展真正具有市场竞争力的特色产业,加强特色产业强县强镇建设,使产业体系既能充分利用自身的资源优势,又能区别于其他地方的产业布局,使资源优势转化为产业优势,使产业优势转化为经济优势。

增强种苗为先的意识。品种在农业生产中具有特殊地位和作用。农产品市场竞争力的提高在很大程度上取决于品种的改良与优化。当前,浙江大多数农产品已经由长期短缺变为供求基本平衡,有些农产品则供过于求,由卖方市场变为买方市场,并出现了部分农产品卖难现象。究其原因,主要是由于区域产品结构雷同,同类产品低水平重复建设。打好品种差异牌,就需要大力实施种子种苗工程,为农业主导产业提供更好更多的优良品种,使农产品在市场上达到以质取胜,以精取胜。

增强错位竞争的意识。农业生产具有鲜明的季节性和周期性。目前,大部分农产品都在其生产周期的收获期集中上市销售,容易形成激烈的市场竞争。

实施时间错位的差异化竞争,就是要改变农产品上市和销售时间,避免激烈的市场竞争,并充分挖掘农产品生产季节性与市场差价蕴藏着的商机。实施错位竞争,可以考虑两条途径:一条是运用设施栽培技术和温室效应,通过人工创造农产品的生长环境,使农产品提前或延后上市;另一条途径是运用现代科技,改进对农产品的保鲜、贮藏,使农产品拉长销售期,变生产旺季销售为生产淡季销售或消费旺季销售。

(三)树立精品高效的集聚发展观

从粗放经营向集约经营转化,是提升农业生产水平与效率的必然要求,也是农业生产发展的客观规律。农业的集约发展程度主要取决于社会生产力和科学技术的发展水平,也受自然条件、经济基础和劳动力素质的影响。结合浙江"三农"实际情况,迫切需要通过粮食生产功能区、现代农业园区"两区"建设平台,整合、加大物质与资本投入,优化产业布局,提升物质装备,强化组织管理,进而提升农业生产率。

增强规模化生产意识。如果没有一定的农业生产规模,生产主体就没有提高生产水平的动力和能力,就不能使各种资源和要素得到充分利用。浙江农业生产经营主体规模偏小,组织化程度低,不仅对土地产出率构成制约,还制约优质资源导入农业。这就需要在稳定完善家庭承包制度的基础上,积极推进土地承包经营权流转,促进土地等要素向专业大户、农民专业合作社等现代新型农业生产经营主体集中。

增强集群化发展意识。产业集群是现代工业领域探索出来的集约发展路子。产业集群在降低生产成本和市场交易费用、强化品牌效应、提高产业竞争力等方面具有十分重要的作用。发展现代农业,需要像发展新型工业化一样,将生产、加工、营销等各环节在一定地域内聚合成一个有机统一的整体,走产业集群的发展道路。当前,浙江农业已经形成一批基础较好的优势产业带,逐步呈现块状经济的发展态势,但大部分地方在同一区域内往往发展很多主导产业,块状经济的版图偏小,造成产业集群水平不够。必须进一步整合农业资源要素,加快建立一批区域性的大产业集聚带,促进产业结构升级和产业集群。

增强设施化操作意识。当前,浙江不同区域、不同主体之间的农业经营效益差别比较大,一般来讲,农业设施化、精准化水平越高的地方,其收益往往也越可观。同时,近年来,浙江农业企业、农民专业合作社经常碰到劳动力紧缺的状况,这也从侧面反映了农业物质装备的配套不足,迫切需要提高农业设施装备水平。为此,要以"农机化促进工程"为抓手,着力提高粮油全程机械化、茶叶机采机制、设施畜牧业等装备水平,从而为提升农业资源利用率和劳动生产率创造条件。

要大力发展设施农业,扩大大棚设施、喷滴灌等的应用,提高农业防灾减灾能力。

增强品牌化经营意识。品牌战略是通过整合经济与文化资源,以提供精致农产品为载体,寻求竞争优势和超额利润的经营战略,是精品农业发展的重要手段。同时,创建品牌也是建立农产品优质优价机制的重要方法。浙江农业历史悠久,农产品地域特色鲜明、农业资源丰富,具备实施品牌战略的先天条件,但具有竞争力的知名农产品品牌缺乏。因此,要树立经营品牌的理念,通过市场化的手段,有序整合品牌,使之做大做强,努力创建一批知名度高、影响力大的区域性农产品品牌。

(四)确立科技兴农的内生发展观

经济学中有个"内生增长理论"。该理论认为,知识的积累是经济增长的动力,更是经济长期增长的保证。它强调技术于经济增长的内生性,而不是可有可无、随机出现的外在因素,强调科学技术是经济增长的关键因素。当前浙江农业科技工作主要面临着技术研发针对性不够、科技成果转化性不强等两大矛盾。随着经济社会的全面发展,浙江农业和农村经济发展进入新阶段,"三农"科技需求涵盖的范围和深度都在扩大,我们必须坚持科技兴农战略,既要加快技术的创新和应用,特别是提高科技的综合化、配套化水平,又要从体制、机制、工作和政策等方面进行全面创新,建立激发科技创新、应用科技创新的长效机制,创造富有生机和活力的农业科技进步新局面。

增强科技"对路"意识。科技开发不应为技术而技术,而要提高有效性、适应性,符合农民需求,能解决生产实际问题。所以,必须根据市场需求,抓住影响农业发展的关键技术和难题,及时调整研究方向,力争多出成熟度高、配套性好、易形成产品的成果。要针对生产经营主体需求和制约产业发展的瓶颈,按照政府支持、部门协作、农民得益的思路,整合农科教资源,探索推进重大技术攻关招标形式,构建以生产引领研发的机制。"十二五"期间,要重点在节约农业技术、新型农作制度、产品质量控制、动植物疫病防控、农产品精深加工、废弃物资源化利用等方面取得新突破。

增强科技"落地"意识。一种新产品或新技术,虽然市场潜力大,但如果农技部门的推广力和农民的应用力不足,也很难在生产中大面积普及应用。目前,浙江农业科技成果转化率偏低,其主要原因不外乎研究成果与生产实际脱节、成果信息与推广信息脱节,而关键在于产学研的结合不够紧密,致使技术转化力不理想。因此,今后要注重各项先进适用技术的集成化、标准化推广研究,及时传递推广现行成果,努力提高综合应用效果。要进一步完善农技推广机制,健全责任农技员制度,创建高效的农技推广服务平台,增强农技推广能力。积极培育民间农技推广组织,形成多元化的服务力量。

(五)确立以农为重的人本发展观

农业的发展,农村的进步,最终体现在农民身上,体现在农民的利益上,体现在农民的增收上。任何牺牲农民利益、侵害农民权益、损害农民收益的问题,都必须高度重视并尽快消除。人的因素是最积极的因素,农业领域聚集大量劳动力,他们的观念、素质和创造力决定着农业农村的发展进程。坚持以农为重的人本发展观,树立重视农民、关心农民、保护农民的思想,把实现好、发展好、维护好广大农民群众的利益作为一切"三农"工作的出发点和落脚点,把满足农民的生产和生活需求放在第一位,把农民的增收置于首要任务,努力培育和全方位开发农村人力资源,促进农民的全面发展。

增强以民为主意识。农民始终是"三农"发展的核心主体。目前,浙江农民数量庞大而素质相对较低,阻碍了农村劳动力资源的开发利用,影响了充分就业。必须立足于增强农民素质和就业能力,加强先进实用技术培训,开辟农民汲取知识的途径,不断提高经营现代农业水平。加强农村富余劳动力转移前的引导性培训和职业技能培训,开发和充分利用农村劳动力资源潜力,增进农民转产转业的信心和技能,提升在二、三产业的就业能力和竞争力。加强专业农民的创业培训,使更多的农民适应农业专业化、规模化和科技化发展的要求,培育农业生产经营新型主体,培养新一代骨干农民。

增强合法护农意识。农民是一个弱势的群体,维护好、保障好农民的合法权益,使广大农民在经济上的物质权益得到保护,政治上的民主权利得到充分享受。要切实加强农民负担监督管理,有效遏制重点领域、重点区域的乱收费、乱摊派和乱罚款,不断巩固和扩大农村税费改革成果,使农民的既得利益不受侵害。

增强富农为先意识。以人为本归根到底要体现在增加农民收入上。浙江农民收入尽管已连续 26 年位居全国各省区首位,但要保持领先地位并维持高增长势头难度越来越大,不确定因素越来越多,尤其是纯农户增收问题更为突出。实现农民收入的持续增长,必须千方百计增加纯农户的收入。这一群体的增收无疑是个难点。一条重要途径就是把他们培育成专业大户,政府在生产补贴、技术应用、培训教育、产品销售等方面给予支持,并与农业龙头企业、农产品基地建设等有机结合起来,提高其获利能力。

(六)树立生态立农的绿色发展观

生态文明综合体现了人类经济、社会发展和生态建设有机统一,是建设资源节约、环境友好型社会,实现人和自然和谐发展的内在要求。省委十二届七次全会对生态文明工作作出了全面部署。新时期"三农"发展需要秉承生态文明的理念,坚持以绿色发展为导向,以资源承载力为基础,以自然规律为准则,以可持续发展为目标,通过科学合理的发展方式,着力形成农业农村经济系统与自然生态系统的良性循环。

增强节约发展意识。发展现代农业既要强调资源分配效率,又要强调自然生态体系的平衡,将农业资源的消耗控制在生态承载限度内,还要强调农业生产、加工、流通、消费过程中尽量减少农业资源的投入,实现有限资源的节约利用。要实行严格的资源保护措施,推行保护性耕作措施,合理开发利用土地资源,防止掠夺性经营和破坏耕地。

增强清洁发展意识。强调化肥、农药等化学投入品的合理使用,努力从源头减少有毒、有害物质对产品质量、生态环境的危害,实现由末端治理向污染预防和生产全过程控制转变。推进农业标准化,完善主导产业清洁化生产标准体系。大力推广测土配方施肥技术,病虫统防统治和绿色防控技术,广泛应用高效、低毒、低残留农药,减少化肥、农药、兽药等化学物质对环境的污染。大力开发无公害农产品、绿色食品和有机农产品,健全农产品质量认证和标识管理制度,以生产过程的清洁化确保产品优质化。推进农村生活污水沼气净化处理,扩大沼气、太阳能等再生清洁能源应用。

增强循环发展意识。强调产业链与生态链的有机结合,逐步建立农业发展和生态平衡的协调机制,实现资源利用、土地产出最大化和环境污染最小化的良性发展。要实行严厉的农业环境保护制度,防止工业和生活废弃物对农业生产的污染,防止农业废弃物对环境的损害。加快推进畜禽排泄物从污染治理向资源化利用转变,合理布局畜禽粪便收集处理中心和商品有机肥加工设施,实现畜禽排泄物无害化处理和资源化利用。进一步推进农作物秸秆资源综合利用,实现向生物质肥料、饲料、燃料等综合利用转变。

(七)树立乡风文明的和谐发展观

构建和谐社会,重点在农村,难点也在农村。当前,浙江各地自然条件、社会、经济和历史文化发展差异相对较大,农村社会正越来越多地受到来自城乡社会不同方面的影响,人口流动性大大增加。同时,随着乡村经济和社会收入分配形式的多样化,农民内部收入差距日益显现,农村社会文化风气呈多元化趋势,迫切需要树立乡风文明的和谐发展观来指导农村、管理农村、服务农村。

增强文化引领意识。构建和谐农村,既需要雄厚的物质基础、可靠的政治保障,也需要有力的精神支撑、良好的文化条件。建设农村和谐文化,就是要通过丰富农民群众的文化生活,满足农民群众日益增长的文化生活需求,推动和引导广大农民树立适应建设社会主义新农村的思想观念和文明意识,养成科学文明的生活方式,提高农民的整体素质,逐步培育和谐精神,倡导和谐理念,在农村广泛形成共同的理想信念和道德规范,为构建和谐农村创造良好的人文环境和文化生态。

增强依法治村意识。在农村加强法制宣传教育,提高农民的法律意识,使每个农民都能够自觉地学法、守法和用法;努力推进农村基层民主管理制度建设,通过推行和完善农村党务公开、村务公开等方法,进一步加强农村基层民主,使广大农民和农村党员真正享有参与权、知情权、选择权、建议权、监督权,激发农村党员和农民群众参与农村基层组织建设的政治热情,增强农村基层党组织的向心力和凝聚力,调动广大农村党员和群众构建和谐新农村的主动性、积极性和创造性。

增强公正平等意识。长期以来,由于二元体制的影响,农民和城市居民不仅在劳动就业方面存在权利、机会、风险等方面的极大差别,而且在享受社会福利、社会保障等方面也有天壤之别。尽管目前这种差别由于党和政府的不断努力,逐渐缩小,但城乡差别仍然影响着社会和谐。这需要逐步消除二元体制障碍,形成城乡统一的劳动就业制度、户籍管理制度、义务教育制度、医疗保险制度和养老保险制度,使农民享受与城市居民同等的国民待遇,形成城乡居民平等发展的社会环境。

(八)树立支农惠农的整合发展观

国际经验表明,"三农"发展离不开政府的高投入支持。从现实看,农业弱质性、农村落后性、农民弱势性依然表露相当明显,客观上需要以新的投入观为指导,促进农业高效、持续、健康发展。

增强"三化同步"意识。在工业化、城镇化深入发展中同步推进农业现代化,是现代化建设必须牢牢把握的客观规律,是顺应农业农村发展新变化、新趋势的必然要求。推进"三化同步"的本质就是在工业化、城市化进程中处理好工农关系、城乡关系,缩小工农差距、城乡差距。这需要我们把握规律,用好机遇,把推动"三农"加快发展作为推进"三化同步"发展的基本要求,以推进新型城市化为龙头,以提升新型工业化为动力,以加快农业现代化为基础,以破除城乡二元体制为突破口,加大政府对农业的保护性投入,加快城市基础设施向农村延伸,着力改善农村人居环境,不断缩小工农差距、城乡差距,着力形成工业化、城市化带动农业现代化,农业现代化支撑工业化、城市化,推动城乡经济社会发展一体化的新格局。

增强合力支农意识。要按照推进"三化同步"发展的要求,正视"三农"发展滞后的现实,进一步强化工农一家人、城乡一盘棋的理念,更加自觉地将工作和服务延伸到"三农"领域,更大力度地将资源和要素配置到"三农"领域,更为有效地将资金和项目整合到"三农"领域的重点工作上,进一步形成公共资源向"三农"倾斜配置和协同配置的机制以及各个部门合力兴农的格局。要建立科学的投资决策体系,围绕效益目标,集中财力办大事,建立突出重点区域、重点项目、重点投入的机制,发挥有限资金的最大效能。

四、着力优化创新农业农村发展理念的外部环境

(一)培育创新的文化

创新离不开文化氛围,打造这种文化务必依托于培育广大"三农"人的创新思想。应当引导树立争先恐后的主人翁意识,形成敢为人先、敢冒风险、敢于创新、勇于竞争的"三农"文化。坚决摒弃与新阶段不相适应的旧思想、旧观念,大力倡导永不满足的风格、开拓进取的追求和自强不息的品德,切实破除墨守成规的思想,树立奋勇当先、争创一流的意识;破除被动竞争的思想,树立主动发展、超前发展的意识;破除按部就班的思想,树立时效优先、勇创先进的意识。

(二)建立创新的机制

理念创新的激励体系主要是针对涉农主体,如对农民、合作社、企业、基层政府进行激励。从激励的方式上来说,在物质激励的基础上,特别要强化"三农"领域的荣誉奖励,提升涉农主体的主体意识与参与积极性,积极营造学先进、赶先进的良好风气,让那些敢创新、会创新的人受尊重、得实惠。同时,要改善技术条件,改善物质装备,提高创新的支援力,完善创新激励。

(三)完善创新的政策

不断完善"三农"的支撑政策,以传统的支撑政策为基础,补充完善与绿色发展、集聚发展、整合发展、和谐发展等相衔接的支撑政策,诸如绿色技术的推广体系、农业公共服务网络、农村金融服务体系、农民教育培训体系等方面的政策。

(四)健全创新的考评

主要是对基层政府的考核,从考核的指标体系与权重中要强化科学发展的内容,考评的方式上要深化基层民主,体现包容发展的特性。最为重要的是对基

层"三农"创新的考评要从整合的视角中来审察,将创新行为置于发展系统中进行综合评估。

(五)落实创新的责任

理念创新是一个富有挑战性的行为,树立强烈责任感和使命感显得尤为重要。当前"三农"发展面临的很多问题是前所未有的挑战,没有完全可以借鉴的先例,循规蹈矩行不通,亦步亦趋也不行,必须要有创造性的思维,有创造性的行动。应当把创新看做是分内的责任,树立人人争做创新主体的观念,在各个领域内大胆地试,大胆地闯。

分报告五：理念创新与新型工业化

改革开放以来,浙江解放思想,紧抓机遇,以市场为导向,以理念创新为引领,积极推进工业化进程,推动工业迅速崛起,实现了从工业小省到工业大省的历史性跨越,初步形成了空间布局合理、产业特色鲜明、经营机制灵活、多种经济成分竞相发展的工业化新格局。本报告旨在通过回顾浙江工业化发展道路,揭示其内在的理念创新与突破,进而分析新时期推进工业化面临的形势和任务,及国内外工业发展理念的新动向,研究提出推进新型工业化发展需要创新的理念和发展举措。

一、理念创新与浙江工业经济发展轨迹

(一)浙江工业经济发展过程

改革开放三十余年来,浙江工业经济发展大致经历了三个阶段。

1. 农村工业化阶段(1979—1991)

1979—1991 年,全省工业增加值从 55.6 亿元增加到 438.4 亿元,按可比价格计算,增长 6.3 倍。工业总产值从 158 亿元增加到 1801 亿元,年均增长 20.1%,增幅居各省市区首位。其中,农村工业总产值占全省工业总产值的比重从 1978 年的 16% 上升至 1991 年的 48.3%,接近半壁江山,农村工业化的快速发展成为浙江该时期工业化的最显著成就,为浙江成为全国工业化发展最快的省份作出了巨大贡献。这种以农村工业化为鲜明特色的工业化,以围绕市场需求为导向,以"轻、小、集、加"为特点,以快速满足"吃、穿、用"为目标,有效推动了

经济发展走出了短缺经济时代。其中一个表现是轻纺工业经济迅速崛起,总量在全国的位次从 1978 年的第 15 位提高到 20 世纪 90 年代初的第 6 位。

2.工业化快速推进阶段(1992—2001)

这一阶段,以产业结构优化为主要内容,从走"专、精、新、特"之路为代表,工业企业的分工协作体系更加完善,块状经济的特点逐步形成,"五个一批企业"成为浙江工业经济的龙头。在发展方式上,浙江工业化进程向更高水平推进,工业经济市场化程度明显提高,外向型经济加快发展,多种所有制经济共同发展格局基本形成,企业规模不断扩大,经营理念和经营方式进一步创新,企业技术进步稳步推进,工业经济整体素质不断提高。2001 年工业占 GDP 的比重达到46.1%,非农产业劳动力占全社会劳动力的比重达 66.6%,标志着浙江工业化进程已处于中期阶段。

3.开始转向新型工业化阶段(2002—至今)

据统计,2002—2008 年,规模以上工业增加值年均增长 18.0%。在这短短几年间,以打造先进制造业基地为代表,浙江工业在新型工业化道路上迈出了可喜的步伐,主要表现在四个方面:一是区域发展的协调性有所增强,欠发达地区工业发展的速度加快;二是产业结构调整取得了新的进展,产业结构高级化程度进一步提升;三是自主创新能力不断增强,品牌经济发展有新的突破;四是资源节约与环境保护取得了明显的成效,可持续发展能力不断增强。在科学发展观的指导下,浙江工业向又好又快发展方向迈进。

(二)浙江工业经济发展过程中的理念创新

从改革开放三十多年来浙江工业经济的演变过程来看,解放思想、创新理念是关键,主要表现在以下四个方面。

1.所有制观念的创新与突破

党的十一届三中全会以后,我国开始认识到评价社会主义条件下某种所有制形式是否具有优越性和所有制结构是否合理的标准,只能是生产力标准。在坚持社会主义公有制前提下,凡是适合生产力发展要求,能够促进生产力发展的所有制形式和所有制结构,就是具有优越性的所有制形式和合理的所有制结构。这一理念创新打破了改革开放以前认为只有生产资料公有制才是社会主义,限制其他所有制经济发展的格局。在 20 世纪 90 年代初邓小平南方讲话后,浙江进一步统一认识,坚定了发展社会主义市场经济的信心。因此,浙江个体、私营工业发展迅速,乡镇企业异军突起,逐步成为支撑工业的主要力量,从而形成了三十多年来国有经济在整个国民经济的比重有序下降,而民营经济的比重不断上升的以公有制经济为主体、多种所有制经济共同发展的格局。

2.市场竞争理念的创新与突破

改革开放后,浙江放弃计划经济模式开始逐步实行市场经济模式配置资源。市场经济在资源配置中不是依靠行政命令的机制,而是依靠市场竞争的机制。市场竞争意味着优胜劣汰,因此企业只有充分发挥主动性和创造性,努力提高生产技术和管理水平,才能在竞争中站稳脚跟。正是市场经济的这种运行机制,决定了它比计划经济运行机制更为灵活,更有效率,更有利于社会资源的优化配置。因此,通过改革开放后的市场经济机制作用,使企业原有的"等、靠、要"理念逐步为"诚信、合作、竞争"的理念所取代。企业的发展"靠市长、更靠市场"是浙江企业从计划经济向市场经济转轨后最典型的理念创新。

3.企业家精神的创新与突破

改革开放之初,为了实现脱贫致富的目标,浙江企业家以"历经千辛万苦,说尽千言万语,走遍千山万水,想尽千方百计"的"老四千精神",勇于吃"第一只螃蟹",什么脏活、苦活、累活都肯干。这种自强不息、百折不挠的韧劲,推动着浙江工业的改革和发展,"老四千精神"是浙江企业家艰苦创业的典型写照。经过改革开放三十多年的发展,浙江工业经济得以持续发展,步入全国先进行列。省委、省政府提出"两创"总战略后,浙江企业家创业精神的理念,得到新的提升和跨越。企业创业创新发展的理念由"老四千精神"上升为"新四千精神"——"千方百计提升品牌,千方百计保持市场,千方百计自主创新,千方百计改善管理"。从"老四千精神"到"新四千精神",是浙江从"艰苦创业"到"创新型创业"的现实写照,生动反映了浙江企业家随着时代的发展,其理念的不断创新,推动企业发展不断激发出新的活力。

4.政府引导经济发展理念的创新与突破

宏观调控作为"看得见的手",是确保市场机制"看不见的手"有效发挥作用的重要保障。政府引导经济发展的理念,在三十多年的发展过程中不断创新与突破。在改革开放初期,针对计划经济"统得过多、管得过死"的状况,政府在观念上逐步实现了从"管"为主向"放"为主的转变,着力创造宽松的环境,为"前店后厂"的家庭工业化道路多创造"雨露"、提供"阳光",体现了"不为"导向。在经济快速发展、假冒伪劣充斥市场的时候,政府采取积极措施,主动维护市场竞争秩序,体现了"裁判"导向。在"九五"、"十五"期间,政府以结构调整为目标,加大技术改造、技术创新,体现"引导"导向。在打造先进制造业基地建设期间,推进工业适度重型化的路径中,以"八八战略"为指导,体现"有为"导向。政府能够根据经济不同发展阶段,适时创新引导和调控战略,较好地发挥了应有的作用。

二、理念创新与当前工业发展形势

自 2008 年下半年以来,浙江工业经济受国际金融危机的影响开始加深,浙江工业由于外向度高,企业规模普遍较小,受到的冲击较大。尽管在抗击金融危机的过程中,浙江充分发挥民营经济作风踏实、经营灵活的优点,在全国率先走出了低谷,实现了平稳较快发展,但在"十二五"时期浙江工业经济发展将面临复杂、多变的内部局面和外部形势,工业经济发展矛盾重重,具体表现在以下三个方面。

(一)环境资源等要素制约加大,低成本竞争难以为继

浙江企业大多采用低成本、低价格的竞争方式,以大量消耗资源和影响环境为代价换取工业增长的特征明显。多年来,浙江受到比其他省市区更大的生产要素制约,土地、能源等瓶颈制约突出,特别是缺少工业空间发展大平台。近年来,生产要素供需矛盾进一步凸显,主要资源价格攀升,低成本、低价格的竞争优势难以维持,而粗放型的消耗和转化物质资源,也不断带来环境污染。先污染后治理、边治理边污染的状况依然存在,区域性、行业性污染问题尚难根治,工业增长越来越接近环境约束的边界。随着高成本时期到来以及劳动力短缺持续存在,浙江工业存在较突出的深层次矛盾,根本问题在于沿袭原有的经济结构和发展方式,在新的发展阶段和经济环境下遇到严峻挑战,原有的发展优势正在逐步削减。

(二)企业创新能力不强,新的工业竞争优势难以形成

浙江企业的创业精神较强,但具有专业技能的人才和具有创新精神的企业家不足,人力资本结构难以适应工业创新和产业升级的需要。企业的创新主体地位尚未真正确立,整体技术与国际先进水平相差甚大,尤其缺乏核心技术和自主知识产权。信息化与工业化融合的关键技术障碍没有有效突破,信息化在工业领域的应用还处在较低层次,对企业流程再造、组织变革、业务创新等产业信息化最核心环节的支撑不够。工业结构优化的步伐不大,产业层次依然偏低,以低端产业、低附加值产品和低层次技术为主的结构特征明显,产业升级跟不上需求升级的步伐。工业大类行业中纺织业仍然占重要地位,2008 年抗危机、保增长主要还是依赖轻纺等传统产业。高技术产业发展优势尚未明显形成,作为高技术产业主体的电子信息产业波动较大、增长乏力。高精尖产品加工能力和重

大技术装备、成套设备制造能力较弱,新兴产业、高成长性产业没有形成较大规模。多数产业在国际产业链和价值链处于低端,出口以量取胜局面尚未根本改变,以技术和品牌为主导的竞争优势还没有形成。

(三)工业增长趋缓,工业增长模式面临挑战

工业化时期,工业构成经济结构的主体和经济增长的主要动力,工业增长速度高于农业也高于服务业,是普遍规律。我国正处于工业化加速阶段,经济增长表现出工业主导的强烈趋势。但是,浙江从 2004 年以来工业增长持续回落,在全国的位次明显后移。规模以上工业企业增加值增速,从 2007 年起低于全国平均水平,2006—2009 年分别退居全国各省市区的第 26 位、22 位、27 位和 29 位。浙江工业经济总量与山东和江苏等省的差距拉大,2008 年规模以上工业企业增加值被河南赶超。工业增速减缓的重要原因是投资驱动式的工业增长受到创新能力较弱、土地资源偏紧、投资大量外流和战略性投资缺少等方面的硬约束。制造业投资持续增长不快,直接影响工业发展后劲。此外,随着国际金融危机的后续影响和国际市场需求的明显变化,过度依赖出口的工业增长模式面临严峻挑战。

要妥善应对和解决以上这些挑战和矛盾,需要政府和企业进一步解放思想,推进新一轮的理念创新,以增强工业发展的内在动力,在推进新型工业化加快发展的道路上开创崭新局面。

三、国内外在工业发展过程中的先进理念

(一)发达国家在工业发展过程中的先进理念

1."经济全球化"理念

"经济全球化"理论始发于英国。在过去两百多年的岁月里,各主要流派的经济学家从不同的角度、立场对经济全球化做了全面、深入的研究,取得了丰硕的成果,达成了共识,即经济全球化是社会化大生产的必然趋势,经济全球化标志着先进的生产力方式,全球化经济是未来新社会的发展基础。

经济全球化的主要表现包括四个方面:一是国际贸易迅速发展,国际贸易成为世界经济发展的火车头;二是国际金融的发展,巨额资金在各国之间自由流动;三是国际直接投资迅速增长,并呈现多元化格局;四是跨国公司越来越成为世界经济的主导力量。

从全球看,全球资源可以得到最有效、最合理的优化配置。不仅全球范围内

有效地分工协作,可以产生新的巨大生产力,而且资源的合理配置使全球经济可持续发展成为可能。

从企业看,全球公司的生产要素在全球范围内得到最优化的配置,从而可以开发最先进的产品,得到最经济的成本和最贴近的市场,从而具有最大的竞争力。

从个人看,个人可以在全球范围内接受教育和信息,在全球范围内竞争,从而可以最大限度地开发自己的潜能。同时,通过全球范围内的选择与实践检验,人们的才能可以得到最佳发挥和充分的自我实现。

从需求看,不论是物质生活需求还是精神文化需求,人们可以得到来自全球的最先进、最廉价的,同时还是最切合自己个性需要的消费。

在工业领域经济全球化的具体表现为,开发的全球化,生产的全球化,贸易的全球化,金融的全球化,投资的全球化和采购的全球化。

2.“再工业化”理念

“再工业化”是20世纪70年代针对德国鲁尔等地区重工业基地改造时提出来的一个概念。这一概念在金融危机背景下再次盛行,反映了发达国家对“去工业化”问题的反思,即制造业不是夕阳产业、不是可有可无的,而是国家竞争力的重要基础。

金融危机之前,由于美国经济过度依赖以金融业、房地产业为代表的虚拟经济,因而在危机中受到了沉重打击。金融危机后,以先进制造业为代表的实体经济重新引起了美国各界的广泛关注。2009年年底,美国总统奥巴马明确表示,美国经济要通过出口型增长和制造业增长,来推动可持续增长。同样,英、法等国也出现了类似的“再工业化”趋势。

但是,“再工业化”既不是传统制造业的恢复,也不是海外工厂的回归,而是实现“再平衡”的一种选择,是在一次工业化基础上的二次工业化,其实质是以高新技术为依托,强化发达国家在制造业中的技术优势和分工优势,保持重要制造业的世界领先地位。例如,19世纪末20世纪初,美国依靠制造业的兴起,超过英国而成为世界第一经济大国。虽然二战后美国制造业比值不断下降,但到20世纪60年代中期美国制造业比值仍在27%以上。其后,制造业比值出现较快的下降,到2007年美国制造业比重已降至17%。尽管如此,据联合国工业发展组织2009年《工业发展报告》,在全球122个国家和地区的制造业增加值中,美国仍然排名第一,占25.4%(日本15.9%、德国8.5%);在工业竞争力指数中,美国排名第11位(中国排名第26位)。然而,2008年美国货物贸易赤字8590亿美元,服务贸易顺差1580亿美元,后者仅为前者的18.4%。因此,美国走向“再平衡”的一条重要路径,是通过“再工业化”来增强货物出口能力,而不是一味限制国外产品的进口,来实现可持续发展。

3."低碳经济"理念

2003 年英国政府提出"低碳经济"概念,引起了世界各国的高度关注。由于实现可持续发展的需要,低碳经济开始成为带动经济增长的新引擎,金融危机更加强了这一趋势。低碳经济的发展,将催动经济结构、产业结构、能源结构的调整和发展理念的转变,促进经济社会发展与生态环境保护的双赢。

低碳经济是低碳产业、低碳技术、低碳生活和低碳发展的经济形态的总称,以低能耗、低污染、低排放为基本特征。低碳经济趋势的形成,有全球气候变化的背景。全球气候变化的影响,是新世纪以来人类所面临的重大挑战之一,需要全球关注,需要所有国家和地区来共同应对。但需要注意的是,低碳经济同时也是发达国家和地区"再工业化"的主攻方向。

危机往往孕育着科技的新突破,进而催生新兴产业,形成新的经济增长点。国际金融危机后,科技突破的主导方向是什么?现在看来,新能源、新材料、新医药、低碳技术、生物技术和信息技术等,构成了未来发展的新趋势,也成为战略性新兴产业的旗帜。其中,解决资源环境问题的低碳经济,已经成为发达国家实施"再工业化"战略的重要选择。

低碳经济涉及的产业主要有两大板块:一是新能源板块,包括风电、核电、光伏发电、生物质能发电、地热能、氢能等;二是节能减排板块,包括智能电网、新能源汽车、建筑节能、照明节能、清洁煤利用等。2009 年,奥巴马政府出台的总额为 7870 亿美元的《美国复苏与再投资法案》,重点就是发展低碳经济。美国已经提出,到 2020 年将温室气体排放量在 2005 年的基础上减少 17%,2050 年减排83%。为此,将建设以超导电网和智能电网为主的全国统一电网,将投资 1500亿美元支持发展下一代新燃料和燃料基础设施,将以每台补贴 7000 美元的刺激政策鼓励混合动力汽车的大规模使用,等等。

国际金融危机后,欧盟也将低碳经济视为"新的工业革命",计划用五年时间(2009—2013),全力打造"绿色产业",使"绿色能源"、"绿色电器"、"绿色建筑"、"绿色交通"和"绿色城市"(包括废品回收和垃圾处理)等初具规模,为发展提供持久的动力。这些无疑都会对发展方式的调整产生巨大而深远的影响。

4."产业融合"理念

当今世界,产业相互融合的趋势日益显现。例如,在全球蓬勃兴起的 IT 产业,就是既包括通信技术、软件设计、网络交易、网络服务、文化创意等服务产业,又包括电脑硬件生产、通信设备制造等微电子机械设备制造业。从发展的趋势看,环保产业、生物医药产业、新能源产业、整形美容产业、房地产业等,都将出现与制造业、建筑业、服务业甚至第一产业等的相互融合,从而形成一些新的产业链。所谓"2.5次产业"的兴起，也表明以服务为主体、与工业生产或工业生产者联系密切的生产性服务业，如物流、工程、研发、广告、咨询、设计等行业的发展，不仅将改变服务业的结构，而且将推进制造业的提升。

产业融合意味着传统产业边界的模糊化和经济的服务化趋势。在产业分立的发展阶段，生产与消费的界限越分越清，产品与服务的界限也越分越清。而在产业融合的发展阶段，信息技术将生产与消费、产品与服务更紧密地结合在了一起。在这种情况下，原先的产业界限、特别是制造业和服务业界限模糊化；各产业部门开始打破彼此分工的界限，不同功能公司之间开始形成水平整合；分属于不同经营领域的市场主体开始通过信息网络异业联手、协同合作，利用"联结经济性"，更迅速地满足不断变动的多方面消费需求，并获得更大的经济效果。这些都会对经济发展方式的调整产生深刻的影响。

（二）国内发达地区工业化发展过程中的先进理念

1. 在城乡统筹中推进工业化的理念

统筹城乡发展不仅是"全面建设小康社会的根本要求"，而且城乡统筹发展本身也有助于推动经济增长和发展方式转变，开辟经济发展的"蓝海"。以广东省为例，广东早些年就出台了《关于广东省山区及东西两翼与珠江三角洲联手推进产业转移的意见》，并建立了联席会议等工作机制。国际金融危机后，广东又提出产业和劳动力双转移战略，出台了《关于推进产业和劳动力转移的决定》、《广东省产业转移区域布局指导意见》等文件，着眼于产业转移和升级的规律，促进珠三角地区产业升级以及粤东、西、北地区的经济发展。2009年，广东省相对欠发达的东、西两翼和山区的经济增长速度高于珠三角地区。

2. 在生态文明建设中推进工业化的理念

生态文明建设是经济社会发展到一定阶段的必然选择。从原始文明到农业文明再到工业文明直至生态文明，是人类文明发展的必然趋势。以云南省为例，云南省是中国生态环境最好的地区之一，也是我国重要的生态屏障，但经济发展方式总体上仍比较粗放。若继续按照当前的经济发展方式，到2020年，经济发展对云南环境的影响强度将是现在的3～5倍，资源环境将不堪重负。为加快推进生态文明建设，近两年，云南省委、省政府采取了一系列重大举措，实施发展战略调整，从20世纪末"生态建设产业化，产业发展生态化"转变到"生态立省，环境优先"。坚持"一湖一策"，抓好9大高原湖泊水污染综合防治。推动旅游产业从观光旅游向休闲度假旅游转变。采用国际先进的自然环境保护与利用的管理模式，推进云南省国家公园建设。

3. 在加快具有比较优势的自然资源现代化开发中推进工业化的理念

发挥相对丰裕的自然资源禀赋的比较优势,利用先进的现代技术和管理方法,对自然资源进行现代化开发和集约化利用,是培育区域经济新增长极、打造区域经济发展新引擎的重要途径。以山东省为例,山东半岛是我国最大的半岛,有 3000 多千米的海岸线,区位优势明显,海域面积广大,海洋资源丰富,海洋科技力量雄厚,是国家海洋科技创新的重要基地。为进一步科学开发利用海洋资源,发展海洋产业,推动由海洋经济大省向海洋经济强省跨越,2009 年 6 月,山东省委、省政府制定了《关于打造山东半岛蓝色经济区的指导意见》,提出了要培植壮大一批辐射带动力强的现代海洋产业。

4. 在加快构建现代产业体系中推进工业化的理念

建设现代产业体系是经济现代化过程的核心内容,是党的十七大明确提出的战略任务,是提升区域国际竞争力的有效途径,也是区域产业结构优化升级的关键途径。以广东省为例,进入新世纪以来广东省经济总量已先后超过新加坡及香港和台湾地区,经济总量目前已占全国的 1/8 强,作为国际化、市场化程度最高的省份,面对新的国际贸易环境和发展趋势,广东基于传统的地缘分工、加工贸易和制度优势开始减弱。在此背景下,广东省委、省政府重点以推进现代产业体系建设为切入口,重点发展以"现代服务业"和"先进制造业"为核心的六大产业,即以生产性服务业为重心的现代服务业、以装备制造业为主体的先进制造业、以电子信息为主导的高新技术产业、以品牌带动的传统优势产业、以质量效益为导向的现代农业以及基础产业,以促进经济转型升级发展。通过构建现代产业体系,2009 年广东第三产业增加值增长 11.0%,制造业中三大潜力产业(森工造纸、医药、汽车及摩托车)分别增长 15.6%、20.0% 和 16.8%,有力推动了整个经济的平稳、较快、健康发展。

5. 在培育战略性新兴产业中推进工业化的理念

战略性新兴产业具有科技含量高、市场前景广、资源能耗低、带动系数大、新增就业多、综合效益好的特征。培育战略性新兴产业是抢占经济科技制高点的有效途径。以江苏省为例,该省工业经济发展基础好,尤其高新技术产业发展基础较好,高新技术产业 80% 以上集中在以电子信息产业为主的外资企业中,经济外向度高。为改变原来在国际价值链分工中粗放型经营为主、资源消耗型为主的发展方式,走内涵式、集约式发展道路,促进苏南、苏中、苏北三大区域共同发展,2008 年 7 月,江苏省委、省政府制定了《关于加快转变经济发展方式的决定》,提出了"主导产业高端化、新兴产业规模化、传统产业品牌化"的发展思路,明确了培育战略性新兴产业的发展战略。通过大力发展战略性新兴产业,2009

年江苏省高新技术产业占规模以上工业产值的比重达 30％,六大战略性新兴产业规模达 1.5 万亿元,占全部工业销售收入的 21％。其目标是到 2012 年,将六大战略性新兴产业发展为新的支柱产业。

四、以理念创新推进浙江新型工业化发展的对策措施

(一)改革干部政绩考核体制

坚持改革和创新推动工业发展的干部政绩考核制度。一是要树立群众公认、注重实绩的理念。在推进工业发展中,要把群众意见作为考评干部绩效的重要尺度。二是要健全和完善考评指标体系。推动单纯考核增长速度向综合考核增长速度、就业水平、教育投入、环境质量等转变。三是要探索采用科学的考评方法与手段。

(二)加大工业节能减排力度

一是要严格控制高耗能、高污染项目,提高环保、节能、技术、安全等方面的准入门槛,对不符合国家产业政策的项目一律不予受理和审批。二是要鼓励发展低耗能、低污染、高效率项目。三是要全面推进工业锅炉改造、余热余压利用、节约和替代石油、建筑节能、政府节能、绿色照明等十大节能工程。四是要大力发展循环经济,努力构建循环再生体系,通过在企业内部、园区内和行业间构建循环产业链,在全省范围内构建起工业循环再生利用产业链,加快推进生态省和循环经济试点省建设。五是狠抓责任落实建立节能减排长效机制。建立节能目标责任制和评价考核制度,完善节能和环境标志产品清单制度,扩大节能和环境标志产品的政府采购范围。

(三)加快淘汰落后产能

坚持市场调节和政策调控相结合、存量淘汰和增量限制相结合、兼并重组和主动转型相结合、严肃政策和柔性操作相结合的原则,以钢铁、水泥等高能耗高污染行业为重点,扎实推进淘汰落后产能工作。一是要出台产业政策限制促淘汰。二是要运用经济杠杆控制促淘汰。三是要采用法律手段规制促淘汰。四是要利用消费市场抑制促淘汰。五是要以行政措施遏制促淘汰。六是要用市场倒逼机制促淘汰。七是要强化淘汰落后的政策约束机制、激励机制、监督检查机制、组织保障机制和长效机制。

(四)推进信息化和工业化融合

以信息化带动工业化,以工业化促进信息化,实现浙江工业由大变强。一是要选准信息化与工业化融合的重点和突破口,推进工业技术研发信息化和产品数字化、生产制造设备信息化、工业生产过程信息化、企业综合管理信息化、产品流通和市场信息化;加快推广应用计算机辅助设计、个性化定制等技术,将电子信息技术嵌入工业产品,促进产品的更新换代。二是要充分利用高新技术和先进适用技术改造提升传统产业,大力振兴装备制造业,提高资源利用率和投入产出效率,推进高新技术产业发展,促进工业做大做强。三是要把利用信息技术助力节能减排放在突出位置,推动单位 GDP 能耗水平大幅降低。要着力转变工业发展方式,加快建立节约能源资源和保护生态环境的工业发展模式。四是要积极开展两化融合试验区建设。试验区以发展工业为重点,做强主导优势产业、改造提升传统产业、促进先进制造业、支持地方特色产业;在试验区内加快推进区域内物流产业发展,建立健全区域公共信息服务平台,促进工业服务业特别是软件服务业发展。

(五)实施临海发展战略

大力发展新型临港产业,促进海洋产业壮大升级。根据资源环境承载能力,积极而有选择地发展新型临港重化工业,夯实轻工加工业发展基础。以港口物流为龙头,把扶持发展涉海生产性服务业与沿海产业带产业集群的提升紧密结合起来,充分利用海洋生物资源和海洋生物工程技术,大力发展海洋生物产业。扶持发展海洋新兴产业,特别是中高端海洋旅游业、海洋工程装备业、海水综合利用业、海洋新兴能源业、海洋矿产勘测与开发业。充分发挥市场作用,加大涉海项目库建设力度,积极培育一批优势涉海企业,力促海洋产业转型升级。

(六)加快战略性新兴产业发展

科学把握战略性新兴产业发展的内在规律。一是战略性新兴产业的成长和发展具有颠覆性、革命性,而不是渐进式的。二是战略性新兴产业的产业组织创新,突出表现在新兴行业领军企业能够整合全球高端要素在短期内迅速崛起,成为引领国家和区域经济发展的重要支撑力量。三是战略性新兴产业的发展模式创新,突出表现在产业资本引导成为战略性新兴产业发展的重要支撑。四是战略性新兴产业发展的管理体制创新,突出表现在高度灵活、有效的政府管理体制成为战略性新兴产业发展的关键制度平台。在推动战略性新兴产业发展过程中,要注重重点突破、强调创新驱动、着眼长远发展和尊重经济规律。

(七)着力推动"四大"建设

不断开拓创新,出实招,求实效,以实际行动扎实推进"四大"建设。一是以发展大产业为重点,推进行业结构调整。大力发展先进装备制造业、现代临港产业和战略性新兴产业,着力改造提升传统优势产业,促进生产性服务业和制造业融合发展。二是以培育大企业为重点,推进组织结构调整。大力发展一批主业突出、拥有自主知识产权和自主品牌、核心能力强的大企业、大集团,积极培育一批"专、精、特、新"的行业龙头企业,促进成长型中小企业发展壮大。三是以投资大项目为重点,推进投资结构调整。重点推进一批重大工业项目建设,加快推进主导产业、战略性新兴产业和高新技术产业项目建设,着力推进传统产业技术改造项目实施。四是以建设大平台为重点,推进空间结构调整。在具有一定的产业基础和相对完善配套条件的地区,加快建设一批产业发展大平台,明确产业定位,促进区域协调发展。

(八)培育中小企业成长

正确把握"大"与"小"的关系,既要扎实推进"大平台、大产业、大项目、大企业"建设,又要充分激发中小企业的活力。紧密联系浙江中小企业的发展实际,着眼当前,谋划长远,创业发展,创新提升,加快推动中小企业从数量大省向素质强省转变。一是实施中小企业转型升级行动计划,积极引导中小企业走"专、精、特、新"的发展道路,加快推动中小企业由数量向质量、由粗放向集约、由外延向内涵发展转变。二是实施中小企业成长培育行动计划,推动中小企业加快成长步伐,全面增强中小企业的综合竞争力。三是实施中小企业融资服务行动计划,加快探索创新中小企业融资模式,着力构建起多层次的融资服务体系。四是实施中小企业社会服务体系建设行动计划,通过建立健全多元化的社会化服务体系,促使市场配置资源的内生力和政府提供公共服务的助推力共同发挥作用。五是实施中小企业管理创新行动计划,建立起适应转型升级需要的先进管理体系,加快形成多元的产权结构、完善的法人治理结构和科学的决策机制。

(九)推进企业社会责任建设

通过制定企业社会责任评价体系,明确评价指标、评价标准、评价方式、奖惩政策等有关规定,切实加强浙江企业社会责任建设工作。主要从以下十个"注重"来加强建设。一是注重经商道德、诚信守法经营。二是注重财务规范、坚持依法纳税。三是注重产品质量、提供优质服务。四是注重环境保护、加大环保投入。五是注重清洁生产、发展循环经济。六是注重依法用工、保障职工权益。七是注重沟通协调、创建和谐企业。八是注重安全生产、加强劳动保护。九是注重职业病防治、改善劳动条件。十是注重慈善事业、参与公益活动。

(十)创新政府扶持工业经济发展的方式

浙江工业经济的发展得益于市场,也得益于政府的科学有为。如果说前三十多年浙江工业经济的发展主要得益于市场效率与企业家效率,那么今后的一二十年政府需更加科学有为,才能引领和推动新型工业化的深入发展,特别是要借鉴兄弟省市在战略性新兴产业发展上的先进理念,创新政府服务方式,从原来的"补一点、给一点、奖一点"当教练员为主导向当服务员为主导转变,加大企业发展平台建设和环境营造力度,积极营造规范的市场环境、良好的人才环境、创新的文化环境、便捷的政务环境和开放的发展环境。

分报告六:理念创新与新型城市化

进入人均 GDP 1000～10000 美元的发展阶段,浙江的城市化环境正在发生重大变化,城市化实践也呈现出一些新的趋势特征。在这一背景下,积极推进城市化理念创新,增强城市化发展的内在动力,对于浙江健康推进城市化、加快统筹城乡发展、促进经济社会转型发展,具有十分重要的现实意义。本分报告通过回顾浙江城市化发展历程,分析面临的形势和任务,提出走新型城市化道路需要树立和强化的理念,及在其引领下的发展重点和相应对策建议。

一、浙江城市化发展的演进历程

改革开放以来,浙江城市化经历了三个发展阶段,即小城镇发展阶段、城市化快速发展阶段和新型城市化发展阶段。这三个阶段依次推进,既是全国城市化进程的一个缩影,又带有浓郁的浙江地方特色;既是浙江城市化实践的一个阶梯式推进过程,也是各界对城市化认识和理解的一个螺旋式上升过程,更是浙江城市化发展理念和动力的一个跃迁式创新过程。

(一)小城镇发展阶段(1978—1997)

工业化是城市化的原动力,浙江城市化的第一推动力是农村工业化。20 世纪 80 年代,随着乡镇工商业的迅速发展,特别是块状经济和专业市场的发展,大量小城镇迅速崛起,建制镇从 1978 年的 167 个增加到 1997 年的 998 个,成为农村经济的集聚和辐射中心。进入 20 世纪 90 年代,全省开展"撤区扩镇并乡",提出将"一批基础好的小城镇发展成为中小城市",同时加快推进强县经济扩权改革,城市化水平迅速提高,1997年达到35.5%。

在这一阶段,浙江城市化处于萌芽状态,城市化的主战场在农村,城市化因而带有浓重的"乡土气息"——农民是"离土不离乡"、"进厂不进城"。这在当时有一定的必然性和合理性,因为当时农村工业化刚刚兴起,城乡二元体制尚未打破,"亦工亦农"、"亦城亦乡"地推进城市化,成本最低、阻力最小。但也存在明显的弊端,主要是:"村村点火、户户冒烟"地发展乡镇企业,必然造成严重的生态环境污染;"村村像镇、镇镇似村"地进行城镇建设,不可避免地造成了大量土地资源的浪费;"家家务工、人人姓农",农村人口并没有真正地实现市民化。在学界,有人戏称这一阶段的城市化患有"农村病"或"乡土病"。

(二)城市化快速发展阶段(1998—2005)

1998年,浙江人均GDP达到1350美元,工业化水平为49.2%,但城市化水平仅为36.7%,远远滞后于工业化,严重制约着经济社会的快速发展。为此,省委、省政府审时度势,在第十次党代会上作出了"不失时机地加快推进城市化进程"的战略决策,并先后制定出台了《浙江省城市化发展纲要》、《浙江省城镇体系规划(1996—2010年)》、《浙江省统筹城乡发展、推进城乡一体化纲要》以及一系列配套政策,有力地推动了城市化发展。

到2005年,浙江城市化水平上升到56%。这里面有统计口径调整的因素,2000年第五次全国人口普查将在城镇居住半年以上的外来人口,也统计为当地的"城镇人口"。当然也有行政区划调整的因素。但总的来说,这一阶段浙江城市化的发展速度是比较快的,每年提高2个多百分点。但在实践中,由于把城市化简单地等同于城市建设,"跑马圈地"、"造城运动"等现象普遍存在,土地集约利用水平普遍较低,功能和管理提升相对滞后,征地拆迁中"三无人员"问题凸显,城市的和谐、可持续发展存在诸多隐患。这种城市化,充其量是一种"要地不要人"、"兴城不兴业"、"重量不重质"的城市化,偏离了城市化的本原方向。

(三)新型城市化发展阶段(2006—至今)

2006年,浙江经济迈上了人均GDP 3000美元的新台阶,针对城市化实践中出现的各种"偏差",迫切需要与时俱进地导入"科学发展"、"和谐社会"的理念,切实把城市化转入集约、和谐、统筹、创新发展的轨道。当年8月8日,省委、省政府召开全省城市工作会议,在全国首开先河提出"新型城市化"理念,即"要走资源节约、环境友好、经济高效、社会和谐、大中小城市和小城镇协调发展、城乡互促共进的新型城市化道路"。

具体可从人、物、制三个层面进行理解。从人的层面看,新型城市化是一种以人为本、社会和谐的城市化，即城市化的核心是"人"，也就是化"农民"为"市民"，所有居住在城市里的人，能够平等分享改革发展成果，能够生活得更加幸福、更有尊严，共建社会主义和谐社会。从物的层面看，首先新型城市化是一种经济高效、创新发展的城市化，即城市化的动力是新型工业化，城市经济发展主要由都市型产业支撑，由科技创新和文化创意为主驱动；其次，新型城市化是一种空间优化、城乡统筹的城市化，即在主体功能区规划的框架下，把城市群作为组织城镇空间发展的主体形态，强调城乡互促共进、统筹发展；最后，新型城市化是一种资源集约、环境友好的城市化，即在要素集聚的基础上，强调资源的节约、集约利用，强调节能减排，推进低碳经济发展，强调生态环境保护，建设生态家园。从制度层面看，新型城市化是一种城乡一体、市场配置的城市化，即按照社会主义市场经济的要求，破除城乡二元分割的体制壁垒，促进城乡要素自由流动、城乡资源市场配置。

按照这一思路推进城市化发展，浙江城市化进入了一个以提升质量为主的发展阶段。特别是针对工农、城乡发展不协调和城乡二元结构严重制约经济社会发展的突出矛盾，浙江深入探索统筹城乡发展、加快推进城乡一体化，并在全国率先实施基本公共服务均等化行动，在嘉兴、义乌等地开展统筹城乡综合配套改革试点，全面推进城乡融合发展。

二、实施新型城市化战略需要树立和强化的理念

尽管浙江自 2006 年始开始走新型城市化道路，但推进相对缓慢，到 2010 年，浙江城市化水平为 59%，年均提高约 0.5 个百分点。同时，当前城市化环境正在发生重大变化：一是进入人均 GDP 6000 美元阶段，人的需求从追求物质富裕为主转向更高层次的价值实现；二是轨道交通快速发展，全省城镇空间的组织化程度正在加速提升；三是经济转型升级步伐加快，人口集聚呈现分化、分业、分流趋势；四是资源环境制约日益明显，城市化模式亟须由粗放转向集约发展；五是社会不和谐隐患增多，城市治理由政府为主转向社会多元参与。城市化发展阶段、宏观环境的变化，迫切要求我们创新新型城市化发展的理念，切实把浙江城市化转入科学、和谐发展的轨道。

（一）树立和强化集约发展理念

1. 城市精明增长

城市化在空间上的表现形态有两种：一种是大片农地转变为城市建设用地

形态;另一种是原有的城市土地利用趋于集约化。改革开放三十多年来,浙江基本上走的是前一条粗放型发展道路,城市化拉开了框架、奠定了基础,同时也带来了问题、受到了制约。在城市资源稀缺性日趋突出的新形势下,土地及其他资源利用必须从粗放型开发向集约型开发转变、从注重城市的平面扩大向立体提升转变。城市精明增长是美国学者针对郊区化发展后期空间过度蔓延所提出的一种发展理念。尽管浙江与美国城市化的发展阶段差距很大,城市化的发展模式也迥然不同,但是追求城市发展的可持续目标是一致的。因此,精明增长所倡导的紧凑型城市空间发展模式,提高空间利用集约度,反对空间无序蔓延等理念,对浙江城市空间发展具有较强的现实指导意义。

2.经济创新高效

按照新型城市化的要求,城市不但要集聚人口、资源等生产要素,还要集聚人才、科技等创新要素;城市不仅自身要转变发展模式,还要为全社会转变经济发展方式创造条件。这意味着城市经济发展必须依靠产业结构优化,即经济增长从主要依靠工业带动向工业服务业协同带动转变,重点发展高附加值制造业,加快发展现代服务业,逐步形成以服务经济为主的产业结构;更重要的是,还要依靠自主创新能力的增强,即经济增长从主要依靠资金和物质要素投入带动向主要依靠科技进步和人力资本带动转变,集聚创新要素,激活创新资源,转化创新成果,为城市发展不断注入创新活力。

3.环境友好低碳

城市化是把地球从一个自我调节系统变成一个人工调节系统的过程,是一个不以人的意志为转移的客观趋势。在这一趋势面前,唯有保持城市环境的友好发展,在"发展"的城市系统和"稳定"的生态系统之间创造一种平衡,才有可能实现城市的可持续发展。近几年,极端天气频频出现,更是给我们敲响了警钟。浙江提出"走新型城市化道路",把"环境友好"作为一个重要特征,就是要把城市建设成为最适宜人居住的地方。为此,我们要树立环境友好理念,大力发展循环经济,倡导绿色消费,推行低碳生活,创造优美的城市人居环境,建设环境友好型城市。

(二)树立和强化组群发展理念

1.城市群

世界经验表明,城市群发展能明显提高流通速度,降低基础设施建设的成本,降低城市人口密度,减少"城市病"的发生。浙江要"突出城市群这个推进城市化的主体形态",在环杭州湾、温台、浙中等人口和城市密集地区,加快发展形成若干用地少、就业多、要素集聚能力强、人口合理分布的城市群;在人口比较分散的西南地区,要重点发展现有城市、县城和建制镇,从而在全省形成特大城市、大城市、中小城市和小城镇协调发展的格局。

2. 都市圈

在深入实施环杭州湾、温台沿海、金衢丽三大产业带规划的基础上,进一步构筑杭州、宁波、温州三大都市经济圈,并在产业发展上进行明确定位,即杭州的定位是高新技术研究开发与产业化的核心区、现代服务业的集聚区,宁波是临港重化工业的核心区,温州是民营经济的先行区。目前三大都市圈发展工作有序推进,浙中城市群也迅速发展,对区域经济发展的集聚辐射作用日益增强。

3. 沿海城市带

浙江海岸线、滩涂资源十分丰富。在土地资源日益稀缺、宏观调控日趋加强的背景下,滩涂资源愈加彰显价值,可为沿海地区的城市发展和产业开发提供土地保障。特别是在温台沿海地区,结合产业升级、城镇拓展和岸线开发,温台两市沿海已陆续启动了重点区块的规划和建设,进入了一个重点区块大规模、实质性开发的新阶段。目前,浙江已将发展海洋经济上升为国家战略,为此,要紧紧抓住这一历史性机遇,顺势推进"产业东移、城市东扩、人口东聚",构建沿海城市带。

4. 小城镇组团

改革开放以来,浙江的农村工业化快速推进,一大批小城镇迅速崛起,城市化也显现出强县(市)和强镇经济发展的格局。《浙江省中心镇发展规划(2006—2020)》明确提出,中心镇要根据区位条件、资源禀赋及经济社会发展现实基础,选择大都市卫星城、综合服务型、工业主导型、工贸并举型、商贸流通型、旅游开发带动型、农业产业化主导型、文化产业发展型等不同模式。随着强县(市)和强镇经济的持续发展,要加快形成和完善以众多小城镇为节点的网络状城市发展格局和带状分布中小城市群。

(三)树立和强化协同发展理念

1. 城市化与工业化协同推进

自 20 世纪 90 年代末以来,产业进园区成为浙江推进城市化的重要内容之一,各类开发区(园区)迅速发展,目前已初步形成城市化与工业园区互动发展的格局。面对新的形势,要统筹推进新型工业化、新型城市化。走新型城市化道路,能够提升城市功能,优化城市发展环境,推动服务业特别是生产型服务业的长足发展,以及服务业与制造业的良性互动,从而有效地促进新型工业化的顺利推进。同时,加快新型工业化进程,能够促进产业的空间集聚,加快城市经济的转型升级,使城市成为先进生产力的集聚地,成为转变经济发展方式的主战场。

2.城市化与信息化协同推进

当今社会是一个信息社会,信息化正全方位地改变着经济社会的发展模式,并且信息化和城市化互为推动,城镇体系与信息网络空间不断复合,共同构成经济发展的空间网络节点,各级城市通过这种节点不同程度地参与全球竞争。同时,国际劳动市场的垂直分工体系日趋完善,生产、经营、管理等活动的空间分离已成为一种常态,信息化的推进使经济活动的远距离控制成为可能。城市作为专业化分工的空间载体,是人才、信息等高端要素的集聚地,各种新经济业态不断衍生,成为城市经济的新增长点。为此,要以"数字城管"为突破口,加快推进"数字城市"建设,提高城市信息化水平。

3.城市化与市场化协同推进

党的十七大报告提出,要"推进各方面体制改革创新,加快重要领域和关键环节改革步伐,全面提高开放水平,着力构建充满活力、富有效率、更加开放、有利于科学发展的体制机制"。省第十二次党代会明确提出要"坚定不移地走创新创业之路","全面推进经济体制、政治体制、文化体制和社会体制改革,全面加强理论创新、体制创新、科技创新、文化创新和其他各方面的创新,深化对内对外开放,不断为发展注入新的动力和活力"。城市化与市场化协同推进,有利于产权制度改革继续推进,金融体制改革深化,要素市场化改革全面启动。

4.城市化与国际化协同推进

我国加入WTO已进入后过渡期,将从加入WTO承诺要求转向WTO框架协议约束,这意味着我国将在更高层次、更大范围和更宽领域内加快融入国际社会的步伐。在世界经济一体化网络中,城市国际化已经成为中国城市走向世界、主动纳入世界城市体系的前提,是今后城市发展的主流。目前,上海、北京、广州等城市向国际化大都市、区域性大城市发展的势头已经加快。因此,发掘自身的优势与潜力,找准自己的城市功能定位,积极参与世界城市分工,向国际化、专业化与专门化方向发展,建设具有国际意义的高新技术产业基地、现代制造业基地、重化工业基地和国际性的旅游观光城市、消费休闲城市,应成为浙江各级城市参与国际化与专业化分工的新目标。

(四)树立和强化一体化发展理念

1.长三角一体化

国务院出台了《关于进一步推进长三角地区改革开放和经济社会发展的指

导意见》和《长江三角洲地区区域规划》，这标志着中央把长三角率先发展、科学发展已提升到国家战略层面，体现出中央对长三角地区协调发展的新谋划、新期望、新要求。按照规划的定位，长三角地区要发展成为"我国率先跻身世界级城市群的地区"，并提出重点优化沪宁、沪杭沿线城镇功能，加快沿江、沿（杭州）湾城镇发展，做大沿海和宁湖（湖州）杭沿线的城镇规模，逐步建成以上海一级中心城市为核心，以南京、杭州、苏州、无锡、宁波等副中心城市为支撑的城镇体系发展思路。为此，浙江要充分利用杭州湾跨海大桥建成通车的有利条件，推进沪宁、沪杭、杭甬、沿长江、沿海和宁湖（湖州）杭六大重点交通通道建设，加快长三角区域一体化进程。

2. 城乡一体化

新型城市化要求从城乡分割的现实出发，从统筹城乡发展的高度，用发展和改革的方式，构建城乡互动、协调发展的机制，促进城市化和新农村建设的联动发展；要求充分发挥城市的带动作用，通过工业反哺农业、城市带动农村，促进农业增效、农民增收，缩小城乡居民收入差距；要求城乡统筹规划，优化公共资源配置，围绕基本公共服务均等化的目标，促进城市基础设施向农村延伸、城市公共服务向农村覆盖、城市现代文明向农村扩散；要求加快城乡二元分割的户籍、财税、土地、投融资、行政管理及社会保障等方面的体制改革，不断完善城乡统筹的就业制度，创新土地流转制度，推动城乡之间人口的自由迁徙、劳动力的自由择业、要素的自由流动。

3. 居民一体化

城市化的核心是"人"，即化"农民"为"市民"。在构建社会主义和谐社会的时代背景下，农村居民在实现从农村到城市空间"转移"的基础上，还要实现从农民到市民的户籍"转化"，使农民真正融入城市的经济、社会、文化系统。为此，一方面要进一步强化进城农民与城市居民的"同城待遇"，通过深化体制改革、加强规范管理，给长期工作、生活在城市的农民工"三保障"，即身份保障、就业保障和福利保障，为农民市民化积极创造条件；另一方面，要加快完善被征地农民的社会保障，并通过加强就业培训等方式，促进被征地农民的人力资本积累，增强其在城市生存和发展的能力。

三、深入实施新型城市化战略的发展重点

(一)创新城乡空间发展格局

打破原有城乡分离、区域分割的空间发展格局,在全省主体功能区的框架下,构建"4224"的省域城镇体系,即构建杭州、宁波、温州、金—义4大都市经济圈,建设20个左右区域中心城市,培育200个左右中心镇,培育建设4000个左右中心村。

1.构建4大都市经济圈

改革开放以来,浙江的历次发展规划和城镇体系规划,对全省人口和生产力的合理布局发挥了重要的引领和导向作用。从"九五"的"三区三带"到"十五"的"三极三带两域",再到"十一五"的"三带三圈一群两区",中心城市的极核作用越来越突出,特别是杭州、宁波、温州三大中心城市,集聚能力和综合实力不断增强,金—义大都市区也在迅速崛起。2008年,杭、宁、温、金—义以占全省不到10%的土地面积,集聚了全省20%以上的人口,创造了全省近40%的地区生产总值,在全省经济发展中的地位和作用举足轻重,初步形成了全省4大都市圈的空间发展格局。

基于此,要充分发挥杭、宁、温、金—义4大中心城市(区)的核心带动作用,把四大都市圈作为全省推进新型城市化的中心区域。其中,杭、宁、温三大都市圈重在打破行政壁垒,深化城市间的分工协作关系,构建以中心城市为核心、圈层腹地为支撑、多层嵌套的复合网络结构,形成由流动空间支配且功能整合、城乡空间疏密有致且低碳生态的有机整体。浙中地区则在加快发展金—义聚合主轴线的基础上,进一步推动金—义同城化发展,积极谋划构建金—义都市圈。

2.建设20个左右区域中心城市

国际经验显示,在都市圈发展的早期阶段,"极化"作用占据主导地位,中心城市通过集聚效应而迅速发展,都市圈的空间结构呈现出"中心—放射"状。进入成长期,中心城市由向心集中逐步转为外向扩展,人口和产业逐步开始向外围转移,成员城市不断发展壮大,都市圈的城镇体系出现等级序列。即除中心城市之外,周边城市由于区位条件、资源禀赋等不同,发展速度并不一致,副中心城市开始出现,其空间格局呈现出典型的"中心+圈层"结构。这意味着,从"核心—边缘"结构走向"中心—圈层"结构,是都市经济圈发展的必然路径,也是其成长

并逐步走向成熟的重要标志。

从 20 世纪 90 年代开始,浙江先后于 1992 年、1997 年、2002 年、2006 年、2009 年开展了五轮经济强县扩权改革,把原本归辖区市的经济管理权限直接下放给一些经济强县,在经济管理方面形成了近似于"省管县"的格局。一批县级中小城市的人口规模不断扩大,城市空间范围不断拓展,城市综合实力不断增强,城市功能不断完善,有些甚至成长为非农人口超百万的大城市,在区域经济发展中的地位和作用日益突出。

在这一背景下,浙江要综合考虑区位条件、城市规模、发展潜力等因素,把 7 个辖区市和部分经济强县(市)培育成区域中心城市,作为都市圈的次级中心,深化圈域内各城市之间的分工与协作,进一步形成多层次、多功能叠加交错的圈层结构。这样,都市圈中心城市就能由纵向扩展转向圈层扩展,从而在更大程度上拓展都市圈的影响范围,并通过集聚与扩散两种作用力的交互耦合,组织和带动其他城市及广大腹地快速发展。

3. 培育 200 个左右中心镇

浙江已制定中心镇发展规划,把区位优、经济强、潜力大,既能有效承接大中城市辐射,又能带动周边乡镇发展的 200 个镇,规划为省级中心镇进行重点培育。目前,省级层面已设立了每年 500 万元的专项扶持资金,6 个设区市建立了中心镇主要领导高配制度,22 个县(市、区)实质性地启动了扩权强镇改革,31 个县(市、区)在 54 个中心镇搭建了融资平台,培育中心镇工作成效明显。

中心镇不论是承担农村区域中心功能,还是承担城市群、都市圈中的城镇功能,都必须要拥有促进自我持续增长的城镇规模功能。根据研究,城镇规模在 10 万～20 万人口的小城市最具内生持续增长能力。为此,要加快把中心镇分批培育成现代小城市。即首批选择 200 个左右人口数量多、产业基础好、发展潜力大、区位条件优、带动能力强的中心镇,建成一批管理水平高、集聚能力强、服务功能全、规划科学、经济繁荣、环境优美、生活富裕的小城市。其余中心镇则根据区位条件、资源禀赋、产业基础,因地制宜地进行分类培育,待条件具备时,再按照现代小城市的要求进行重点培育。

4. 培育建设 4000 个左右中心村

浙江新农村建设走在全国前列,基本公共服务均等化行动正在推进,一个很现实的问题就是,基础设施和公共服务设施向农村延伸到哪一层级,是乡镇?是行政村?还是自然村?浙江自然村落多、村庄规模小、空间分布散、功能布局乱,如果公共服务设施延伸到自然村,不仅投入大、使用效率低,还破坏自然生态环境,不符合主体功能区规划的要求。同时,经济社会快速发展,农村人口的梯度转移加快,土地、资金等要素的流动十分活跃,农民的生产、生活、居住、消费方式正在发生深刻变化,对改善人居环境、提高生活品质的需求非常强烈。

基于此,浙江要把中心村建设成城乡一体的农村新社区。即按照"发展中心村、控制一般村、搬迁高山村、萎缩空心村"的思路,以农村土地整理、危旧房改造和环境综合整治为抓手,引导农村人口、产业和设施向中心村集聚,提高中心村的辐射带动力,着力培育建设4000个左右"规划科学布局、村庄人口集中、要素利用集约、村域经济发达、基础设施完备、管理服务完善"的中心村。

(二)创新农民转移转化方式

推进农民转移转化,能够改善进城务工人员的生产状况,并对未来生活形成稳定预期,有利于维护城市社会的和谐安定;能够带动土地承包权的流转,促进农村土地的规模化经营,有利于现代农业的快速发展;能够统筹配置布局城乡教育、卫生等资源,提高公共财政投入和公共设施使用效率,有利于推进城乡基本公共服务均等化;能够连同农村财产一起转移,促进进城务工人员安居乐业,有利于加快社会转型;等等。为此,要深入实施居住证制度,逐步降低甚至取消"行政门槛"和"制度门槛",在产业结构转型升级、优化城市人居环境过程中,促进有条件的省外流动人口本地化。对于省内农村人口,通过农民"转移"、"转产"、"转身"等途径,加快农村人口城市化进程。

1. 引导农民"转移"就业,加快农民市民化进程

根据中央和省"要把解决符合条件的农业转移人口逐步在城镇就业和落户作为推进城镇化的重要任务"、"放宽中小城市和城镇户籍限制,吸纳有条件的农民工特别是新生代农民工转化为城镇居民"的要求,加快推进统筹城乡综合配套改革,建立城市"拉动"和农村"推动"的双向联动机制,促进在城镇有固定住所和稳定工作的进城农民转化为城镇居民。同时,加快建立城乡统一的劳动力市场,完善公共就业服务网络,推进农村职业培训向专业化、特色化、品牌化发展,有效促进农村劳动力向城镇二、三产业转移。

2. 引导农民"转产"就业,加快农民非农化进程

在推进农业农村现代化过程中,农业和农村的功能开始分化,不仅具有传统的粮食保障、工业原料和生产居住等功能,还衍生出生态涵养、旅游观光、科普教育等功能,为农民"转产"就业提供了广阔空间。为此,要充分发挥浙江农村工业化起步早、块状经济发达的优势,进一步做专做精"一村一品",做优做特"一镇一业",培育发展农村商贸、物流、信息等服务业,大力发展生态、观光农业,积极开发乡村自然、文化,扶持发展乡村休闲旅游业,引导农民在农村从事二、三产业,

加快农村劳动力的非农化进程。

3.引导农民"转身"就业,加快农民现代化进程

农业和农村现代化,离不开农民的现代化。加快推进新型城市化,也不是要把农民全部转化为市民,即便到了城乡一体化阶段,也仍然有少量现代化的农民,继续从事现代农业生产。尽管这些农民仍以农业为生,但已掌握了农业的工业化生产方式,进入了工业文明的大循环,是"有文化、懂技术、会经营"的新型农民。为此,要大力发展高效、生态、特色农业,推进农业规模化、产业化经营,通过效益农业的农场化、合作化、公司化运作,促进农民由"自耕农"向"经营大户"或"农业工人"转变,加快农民综合素质的现代化进程。

(三)创新城乡基本公共服务均等化行动

城乡基本公共服务均等化是指向城乡居民提供在使用价值形态上大体相同水平的有关城乡居民生存权和发展权的公共服务。在城乡差距悬殊、有碍城乡公平发展的背景下,城乡基本公共服务均等化已列为政府工作重点,亟须加快推进。这是转变政府职能、调整财政支出结构和衡量政府绩效的新理念、新导向,也是落实十七届三中全会战略部署、推进农村改革发展的重要环节,更是统筹城乡经济社会发展的内在要求,体现了城乡一体化发展的客观趋势。

浙江在全国率先启动"基本公共服务均等化行动计划",并在基本公共服务尤其是改善民生方面,取得了实质性的进展,率先基本普及学前到高中阶段的15年教育等11个方面走在了全国前列。其中,涉及城乡的有:率先实现城乡义务教育全免费,率先基本构建城乡居民医疗保障体系的框架,率先建立城乡一体的最低生活保障制度,等等,为推进城乡基本公共服务均等化奠定了坚实的基础。

推进城乡基本公共服务均等化是一个系统工程,必须统筹谋划、综合考虑、分步推进。考虑城乡以及各地经济社会发展水平的差异,浙江城乡基本公共服务均等化要分阶段、分步骤、有差异地推进,具体可分三步走,依次是完善体系、对接制度、逐步提高水平,重点包括以下四个方面。

1.推进城乡公共基础设施均等化

按照主体功能区规划的导向,加快城乡交通基础设施建设,重点加强高速公路、干线公路和乡村道路建设,形成干支相连、区域成网、城乡通达的公路交通网络。加快城乡公共服务设施建设,重点加强农村供水供电网络、垃圾及污水收集处理设施、广播电视设施建设,促进城市公共服务设施向农村延伸,形成覆盖城乡的电力、通信、公交、饮用水等公共服务设施网络体系。

2. 推进城乡公共教育均等化

综合考虑农民市民化进程及全省村庄空间布局规划,统筹配置城乡义务教育资源,科学布局各类教育基础设施。重点改善农村办学条件,推进城市优质教育资源向农村流动,切实提高农村基础教育质量和水平,保证城乡居民享有平等的教育机会。大力发展城乡职业教育,将农村劳动力纳入职业技能培训体系,形成覆盖城乡、布局合理、灵活开放的职业教育培训体系。

3. 推进城乡公共卫生均等化

加快建立完善覆盖城乡的疾病预防控制体系、医疗救助体系、突发公共卫生事件预警和应急体系,重点推动农村集预防、医疗、保健、康复、健康教育和计划生育指导"六位一体"的社区卫生服务网络建设,形成县、乡(镇)和村三级责任明确的公共卫生服务体系。全面推进全民健身计划,丰富和活跃城乡居民文化生活,积极倡导文明健康的生活方式。

4. 推进城乡社会保障均等化

以社会保险为主体,建立覆盖城乡的社会保障体系,推进城乡社会保障均等化。实施城乡居民最低生活保障制度,加快建立农村居民最低生活保障制度,积极探索建立最低生活保障标准与经济发展水平相适应的同步增长机制。加快发展城镇居民基本医疗保险,推动农村新型合作医疗与城镇基本医疗的衔接,全面实行覆盖城乡居民的基本医疗保险制度。

四、加快推进新型城市化发展的对策建议

(一)加强城乡发展规划导引

1. 有效发挥主体功能区规划的作用

加强主体功能区规划的宣传,进一步明确规划的地位、功能分工和领域,强化规划的战略性、基础性、约束性作用。加快研究制定财政、土地、产业、环保、人口等相关配套政策,尽快使其在规范空间开发秩序、形成合理的空间开发结构等方面发挥作用。进一步补充完善主体功能区规划编制管理功能模块,加快推进"浙江省基础地理信息系统规划协调与管理平台"建设,使之尽快形成重要专项规划空间协调功能和重大项目选址决策辅助功能。

2. 加强各类规划的协调对接

针对目前各类规划定位不清、"缺位"与"越位"并存、内容交叉重叠、缺乏衔

接协调的现实,一方面要加快建立层次分明、功能明晰的规划体系,即要强化主体功能区规划的基础性地位,突出发展规划纲要的战略导向,重视区域规划的统筹性作用,切实强化空间规划功能,明确专项规划定位;另一方面,要进一步加强规划综合协调,即要严格按照相关法律和文件的要求,依据规划体系中确定的规划层次,促进各类规划编制有序、协调有力、实施有效,减少重复、避免交叉,重点关注规划协调的实效性和灵活性,强化各级规划执行的合理依法。

3.建立城乡一体的空间管制体系

建立和强化省级和市县级城乡空间管制体系,明确省、市、县市域城镇发展战略、空间布局、规模等级、职能分工等,及区域性基础设施建设,包括分类分级、空间布置、共建共享。确定不同地域城乡空间管制的范围、方向、途径,实现从省域城镇体系向包括乡村地域的城乡空间体系延伸,促进区域要素与产业空间合理集聚,加快城乡区域社会经济发展的整合进程。研究制定城乡一体化的规划建设举措,对城乡空间资源利用、水资源统配、生态保护、村庄建设及社区公共设施建设等,进行统筹安排和综合协调。

4.强化城市增长的边界管制

划定基本生态控制线和规划建设控制线,建立各级城市的增长边界管制体系,加强生态保护,防止城市建设无序蔓延。明确省域中心城区的空间增长边界,控制建设用地的范围。对各级城市及其周边新农村建设的空间范围进行规划和调配,明确近期城乡两极发展的重点和发展时序,确定城乡重要基础设施和公共服务设施选址安排,确立对城乡增长边界变化及相关项目的布局的规范化管制体系。建立分区分级的监管制度,对涉及城市发展全局的重大项目,不仅要认真进行专家论证和技术评估,还要广泛征询社会意见,并充分进行协商和协调,保证区域和城乡各级规划建设的科学、有序、有效实施。

(二)积极推进土地管理制度改革

1.完善城市土地集约利用机制

科学把握土地城市化的节奏,合理调整建设用地与非建设用地的变动比例,保持城市空间的理性增长。在探索划定基本生态控制线和规划建设控制线基础上,强化城市建筑容积率管理,开拓城市地下空间潜力,适度提高城市用地强度,提高城市土地的利用效率。科学调整城市用地结构,加快"退(优)二进三"步伐,提升城市产业结构,提高单位土地的产出率。创新城市土管理方式,促进未利用和低效利用土地的再开发、再利用,综合运用市场与行政的手段,探索建立城市土地集约利用的长效机制。

2.探索农村宅基地置换机制

坚持依法、自愿、有偿的原则,积极探索多样化的农村宅基地置换模式,促进城乡要素资源的统筹配置。顺应农村人口城市化的大趋势,探索宅基地置换货币、城市住房保障政策等模式,建立健全农村宅基地退出机制,加快农民转移转化步伐,有效推进社会结构转型。全面推进中心镇和新农村建设,推行宅基地置换住房、宅基地异地置换等模式,鼓励农村人口到城镇和中心村集中居住,促进城乡土地资源节约集约利用,加快农村生活居住方式变革。

3.建立集体建设用地入市机制

对依法取得的存量集体建设用地和土地利用总体规划确定的城镇建设用地范围以外的增量集体建设用地,在集体建设用地初次流转环节,构建起与城市国有土地相协调的建设用地权利体系,实现与国有土地"同地、同权、同价",逐步建立城乡统一的建设用地市场。对符合流转范围和条件的经营性集体建设用地,允许集体经济组织以土地所有权人的身份,将建设用地使用权以出让、出租、作价出资或入股等形式参与开发经营。

4.创新农村承包地流转机制

坚持稳定承包权、放活经营权的原则,积极创新土地承包经营权流转方式和机制,加快土地向高效率、高收益的大户集中,不断提升农村土地规模经营水平。积极运用股份合作等方式,引导农民把土地承包经营权转化为长期股权,变分散的土地资源为联合的投资股本,通过直接经营、参股经营、租赁经营等方式进行规模化运作,按股分配获取收益。探索建立科学合理的退出机制,促使进城就业并居住的农户自愿永久放弃土地承包权。积极引导、强化服务,推进农村土地流转由短期、无序、零碎的不规范流转,变为期限较长、相对有序、整组整村连片的规范化流转,提高农村土地流转水平。

(三)深化行政管理体制改革

坚持全面、协调、可持续的原则,按照建设服务型政府、责任政府、法治政府的要求,以理顺权责关系、改进管理方式、减少管理层级、提高行政效率为目标,寻求一种公平和效率并重的管理体系,设置一系列制度化的议事、决策、协调、管理机制,建立健全政府、民间或功能性的协调实施组织,全面提高各级政府行政管理效率。

1.建立都市圈政府联合协调制度

鼓励地方政府之间通过建立政府协调会议制度、联席会议、城市(镇)同盟等形式,定期开展对话与协商,交流地区发展思路,解决跨区域联动事宜。对一些重大的区域协调问题,形成专家论证、公众参与、政府统筹的决策机制。打破跨区域合作的行政壁垒,充分利用中介机构、行业协会和民间组织的协调网络和组织优势,鼓励组建市场化行业联盟,促成建立跨区域的交流合作平台。

2.分类推进"省管县"体制改革

浙江县域转型发展可分成三类:一是融入型,即位于都市圈中心城市周边的县,主要是主动"借力"都市圈,积极参与都市圈的分工协作,加快融入都市圈发展。二是强化型,即离远都市圈的人口大县、经济强县,通过加强扩权改革,加快提升综合服务功能,按区域中心城市的要求加快发展。三是跨越型,即地处山区、海岛的县,通过鼓励和引导人口等要素向县城集聚,做大做强县城极核,实现城市化的跨越式发展。为此,浙江的"省管县"体制改革也要分类推进。

3.加快强镇扩权改革

进一步延伸市县级经济社会管理权限,原则上赋予镇域范围内的经济类项目核准、备案权限;着重赋予规划选择、市政设施、社会治安、环境保护、就业保障、户籍管理等方面的社会管理权限;加快赋予城市建设综合执法权。适度扩大其他乡镇管理事权。调整充实乡镇组织机构设置和人员编制,加强自主调配权,建立有效的运行机制和监督机制,完善责任追究制度。

4.创新农村新社区管理体制

运用现代社区的管理理念,建立社区管理委员会,建设社区综合服务中心;加强专业化、职业化的社区工作者队伍建设,培育发展服务性、公益性、互助性社会组织;不断深化"网格化管理、组团式服务",加快创新社区管理新模式,建设群众自治、设施配套、服务完善、生态和谐的农村新社区。

(四)深入推进统筹城乡综合配套改革

1.深化城乡二元体制改革

加快户籍迁移制度改革,逐步消除农民向城镇转移的门槛,鼓励和支持在城镇有合法居所、有稳定收入的农民向城镇集聚。并通过深化户籍制度改革,形成一种"倒逼"机制,逐步推进就业、社保、教育、医疗等与户口性质相关的配套改革,从而建立起以人口集聚为核心、带动其他资源要素集聚进而得以集约利用的长效机制。

2.建立健全金融创新机制

结合本省金融创新潜力和上海"两个中心"建设,把金融工作的重点从关注金融存贷上转向金融资本市场的培育上,着力推进金融创新体系建设,重点打造银行业的浙银品牌、证券市场的"浙江板块"、地方金融的"浙商系列"、金融创新的"浙江经验"、杭甬温义的"金融集聚区"。创新金融产品和服务方式,大力改善金融业发展环境。同时,鼓励证券公司、保险公司设立证券投资基金和保险投资基金,规范运用信托融资、租赁融资、资产证券化等多样化金融工具,拓展多元化融资渠道。

3.创新优质人才集聚机制

大力推进人力资源结构和产业结构调整的良性互动,建立"创新人才＋创新项目＋创新平台＋创新政策＋创新文化"五位一体的创新发展体系,形成"求学在浙江、就业在浙江、创新在浙江、宜居在浙江"的人才科技、产业转型和城市人力资源提升的良好环境。加强人力资源开发投入,提高职业经理人、高层管理人员、技术创新者、高级技工等各类高端人才的供给能力和集聚水平。加强人才培养多边合作,以重大科研项目为载体,建立各类研发中心、科技孵化器,加快完善以政府投入为引导、用人单位投入为主体、社会各方资助为补充的创新人才多元化投入格局,扩大专业人才和国际化人才队伍规模。

4.建立文化与经济社会发展融合机制

要把浙江经济社会转型升级建立在文化价值、文化创新和文化精神之上,着力挖掘和培育浙江文化因子,以营造城市精品文化、培育企业创新文化为重点,不断提升城市和区域发展的文化品质,全面构筑一个文明舒适、宽松自由、创新创业、安全高效的人文环境。结合城市功能提升、园区开发配套、居民消费需求,着力培育一批重点文化区域、重点文化产业、重点文化项目、重点文化创新人才、重点文化品牌。

下篇

理念创新与创新发展

>>> **实践案例**

农民信箱：浙江农民的"百宝箱"

2005年，为加快推进农业信息化，浙江省委、省政府决定实施"百万农民信箱工程"。当年9月25日，专为农民特别是种养大户、购销大户、农民专业合作社、农业龙头企业等农业生产经营主体设计的"浙江农民信箱"开通。这个集通信、电子商务、电子政务、农技服务、办公交流、信息集成等功能于一体的公共服务平台，具备邮件短信收发、公共信息发布、买卖信息对接、信息资源集成、农业科技咨询、网上信息调查、外联邮箱通信等8大功能。为确保农民信箱的信息真实、可追溯，它以实名制注册使用，并与手机相连，农民群众借助电脑和手机短信就可在网上进行双向交流。每有外省朋友来浙江考察，说到浙江的农民信箱，他们总会非常羡慕地说，浙江农民真有福气，需要什么产品、要发布什么信息、想咨询什么问题、想跟哪位农业专家或者亲戚朋友写信，只要上农民信箱都可以搞定，且不用花一分钱。

6年来，"浙江农民信箱"坚持为农服务的理念、"以用促建"的原则，不断整合资源，创新服务模式，建立了农村信息化建设联席会议制度，明确各有关部门的职责。省政府还专门出台有关政策，安排专项资金，配置电脑，建立贫困村信息联络点，培训骨干用户。目前，全省已建立部门联络室3000余个，配备专兼职管理员、信息员4.8万人，实现了省、市、县、乡、村联络站点全覆盖，基本建立了纵向到村、横向到各部门的组织联络体系，实现了"网络村村通、信息村村用"的目标。

如今，农民信箱系统已拥有覆盖全省的236万户真姓实名注册用户，其中，普通农民用户168万户，各类农业经济主体用户16万户，各级涉农科技、管理、服务人员29万人；日点击量200万次左右；建立新农村基层子网站3.1万个；分类建设包括涉农企业、农民专业合作社、农家乐等六类14.7万家新型农业主体集群；累计发布各类农产品买卖信息 127.4 万余条，达成农产品交易额 66.5 亿元，减少营销成本 3.2 亿元；累计发送个人信件 12.2 亿封，群发信件 11.8 亿封，发送短信 11.3 亿条，群发短信 11.0 亿条，发布公共信息 27.6 万条，发布各类农技资料 10992 条，收集"三农"典型事例 2910 例，构建起了国内最大的实名制网上社会。（以上数据统计均截至 2010 年年底）

通过农民信箱，广大农民能够快速、便捷、免费获得各种农业技术信息、市场信息和政策信息，促进农产品产销对接，提升防灾抗灾预警能力，加强政府与群众沟通，解决信息进村入户"最后一公里"问题，促进了农业转型升级和农民增收。

"浙江农民信箱"——这个为浙江农民量身定制的综合信息公共服务平台，在助推新农村建设上，走出了一条浙江特色的农业和农村信息化发展道路。

案例解读

农民信箱系统在建设过程中，始终坚持为农服务理念，落实"以用促建"原则，加强组织领导，整合建设资源，创新服务模式，务求建设实效。

组织保障完善有力。

农民信箱建设，始终体现了其公共属性，按照"政府主导、部门共建共用、企业参与、农民受益"的原则，动员各方面力量提供支持，全面落实组织保障和政策配套。农民信箱一诞生，就受到了省委、省政府有关领导的高度重视和大力支持。浙江省农业厅作为实施"百万农民信箱工程"的职能部门，认真做好软件开发、后台保障、队伍管理、培训指导、系统管理等工作。市、县二级农业部门负责农民信箱的管理、维护和培训，乡镇负责农民信箱的推广和应用。中国移动浙江公司承担农民信箱硬件支持，开发农民信箱手机版，降低农民信箱短信费用，同时利用农村地区的营销渠道，共同建设农业信息化示范村，促进了农民信箱推广落地工作。浙江电信、联通公司也积极支持参与农民信箱建设，为"三农"提供质优价廉的通信服务。

落实以人为本的理念。

一方面，在设计农民信箱时，充分考虑了农村电脑普及率不高，农民信息化知识、网络技能薄弱，不会打字，但手机普及率高的特点，开创了实名注册的管理制度，与手机相连，还设计了常用字复制功能，使用户能借助电脑或手机进行网上双向交流，农民在没有电脑的情况下也可获得网络信息，即使不会打字的农民也能发信息。另一方面，在信箱功能开发上，突出服务农民、方便工作，设立了个人信件、公共信息、买卖信息、农技110、网上办事、资源集成、"三农"典型等栏目，既为农民销售农产品提供了有效平台，也为农业系统干部开展工作提供了方便高效的信息工具。所以，农民信箱一经出现，很快就受到了广大农民群众和基层干部的欢迎。2006年6月，浙江农民信箱系统开发与应用项目通过由中国工程院副院长潘云鹤任组长的专家组鉴定，得到了高度评价，认为"创建的信息服务模式居于国内领先、国际先进水平"。

把握以用促建的原则。

农民信箱建设，突出应用，边建边用边完善。各地通过多种渠道、多种形式推广宣传农民信箱，在历届省农博会和全国农交会设立农民信箱展区，与新浪网、人民网等大型综合门户网站进行互联合作洽谈，还设计农民信箱标志，举办了农民信箱知识竞赛、技能操作比赛等活动，迅速扩大了农民信箱的知名度。各部门充分利用农民信箱发送信息、推广典型、产销对接、业务管理等等。同时，对应用过程中出现的一些问题进行改进完善。如这几年陆续开发的"行业通讯录"、"六月杨梅红"、"网上购物配送"等功能模块就是在应用过程中根据需要设立的。同时，为拓展农民信箱功能，2008年1月又启动实施"万村联网工程"，由省里组建网站平台，采用先进的网站集群技术，设计开发行政村自助建站模板，负责日常运维管理，行政村应用模板发布维护信息。

创新及示范价值

经验之一：零成本——农民信箱实现农产品交易零成本。

截至2010年年底，农民信箱创新建设了网上农博会和"六月杨梅红"等27个农产品供求专场，开展了"每日一助"农产品供求信息服务活动。农民信箱网上农博会模拟真实展会架构设计，分设粮食、畜牧、水产等10个展馆，每个展馆又按参展地区分为12个展区，共设立网上摊位1.5万家，参展农产品4.2万余种，每天访问量超过10万人次，成功举办的三届农博会累计达成交易5.57亿元，有效突破了传统农博会受时间、空间的约束。农民信箱"每日一助"农产品供求信息服务活动，县级以上农民信箱系统管理人员每天免费为农民信箱注册用户发送一条农产品供求信息，帮助农民推介特色农产品，进一步拓展农产品销售渠道和市场。自2009年5月16日至2010年12月，省、市、县三级累计发送"每日一助"信息18644条，接到电话、邮件等反馈信息52万余次，达成农产品交易和意向约6.35亿元。

经验之二：零距离——农民信箱实现农民与政府零距离。

因为有了农民信箱，浙江的农民有难事随时都可以轻松找到政府部门或农技人员。浙江省农口各部门均已进入农民信箱，建设了农技110服务栏目和农技人员通讯录，收录了省、市、县、乡镇3.26万人的农技专家资讯，按用户从事专业、行业进行分类，极大方便了农民的信息咨询。一旦遇到疑难问题即可选择相应的农技人员，通过直接打电话，或在信箱内找到相关的农技员进行咨询。

经验之三：零时间——农民信箱实现防灾预警零时间。

在防灾预警工作中，时间往往意味着财富，意味着生命。农民信箱与手机联网的功能使得浙江省的一系列防灾预警警报都能在第一时间及时地传达到农民群众，实现了防灾预警工作的零时间。2009年浙江省为抗御第8号强台风"莫拉克"，农民信箱系统8月6日至8日三天时间共群发短信1288万条，及时指导广大干部、群众防台抗台救灾。

经验之四：六类主体——创新建设了农业主体通讯录。

农民信箱收录全省农业主体14.87万家，其中，涉农企业8019家，合作社11622家，农产品集团采购用户4248家，农业专业大户54098户，农机作业大户67975户，农家乐2773家，并按照所属地区、经营类别、生产规模等属性进行了集群分类，成为浙江省最真实、最全面展现农业主体发展全貌的第一手信息资料。通过农业主体分类集群建设，使得信息服务对象更加明确，信息服务针对性更强，信息服务质量明显提高，实现信息发布即时、高效，信息服务"最后一公里"问题基本得到解决，农民信箱已成乡镇、村等农村基层组织和农业、林业、水产等相关涉农部门直接指导农业生产，推进新农村建设的主要信息工具，提高了管理效率和服务效能。

经验之五：万村联网——推动基层新农村和农业主体上网建站。

农民信箱万村联网工程是促进农村基层信息化应用的实事工程。该工程依托网站集群设计技术，分为新农村、经济主体、农家乐三个模板，为需要建立网站的行政村、农业企业、合作社、农家乐等单位或个人提供自助建站服务。该系统的建设，解决了农村信息化落地难、信息发布滞后等问题；促进农业企业树立网上形象，拓宽农产品销售渠道；帮助农家乐提高经营品位，探索经营模式的创新。截至2010年12月，全省共建设新农村网站2.6万个，乡镇（街道）网站1400余个，农业经济主体网站7300余个，农家乐网站1300余个。通过工程建设，展示了浙江新农村建设成果，实现村级政务网上公开、优特农产品网上展销分类、农家乐网上宣传推广。

经验之六:一个体系——农民信箱建立了一个纵贯省、市、县、乡、村的联络体系。

全省建立省联络总站 1 个、市联络分站 11 个、县联络支站 90 个、乡镇联络站 1436 个、村联络点 2.7 万个。省、市、县、乡镇、行政村农民信箱联络站(点)建立率达到 100%,其中,有 94% 的行政村联络点达到"八个一"标准(即有一个固定场所、一台上网电脑、一部全村知晓的固定电话、一名较熟练操作电脑的兼职信息员、一块牌子、一批农民信箱注册用户、一套服务制度、一个信息发布栏),配备系统管理员、联络体系信息员 3.4 万人。

点 评

信息化对人类的深刻影响已毋庸置疑。让广大农民分享信息化的好处则意义更为重大。浙江农民信箱利用因特网和现代通信技术,立足用户需要和方便实用原则,在全国首创真名实姓注册、手机邮箱捆绑、网上农博会建设、万村联网模式、"每日一助"服务等,是一个集电子政务与商务、农技服务、办公交流于一体的公共服务信息平台。它有效降低了信息的不对称,基本解决了"信息孤岛"问题,提升了农村基层信息应用范围和水平,促进了就业分工,让处于边缘地区的农民加入到经济社会发展的主流中来,意义重大。

点击鼠标即可签订百万协议;足不出户即可知晓最新农事;不赴千里即可掌握最新资讯……浙江农民信箱已成为农民发展生产、创业致富的强劲引擎,它的成功实践值得借鉴。

(浙江省农业厅农业信息中心陶忠良供稿)

杭州：低碳出行的免费单车

有着"山山水水，花花草草，皆是景；古庙古寺，古塔古桥，都关情"美誉的杭州古城，吸引了大批游客前来休闲观光。但随着经济的飞速发展和城市人口的不断增长，城市居民的出行量逐年递增，与日俱增的城市交通压力直接导致了"行路难、停车难"。

2008年3月，为进一步提高公交出行率，减轻城市交通压力，缓解城市"两难"问题，杭州市委、市政府从全新的思维角度出发，采取"政府引导、企业运作"的模式，在国内率先构建符合"无、近、通、配、美"要求的公共自行车交通（免费单车）系统，并将其纳入城市公共交通体系。该系统在解决公交出行"最后一公里"问题、完善公交服务网络的同时，为公众绿色出行提供了新载体。绿色出行的"杭州模式"由此产生。

经过三年多的不断发展与创新，杭州市公共自行车系统从无到有再到大，已发展到2411个服务点、60600辆公共自行车的规模。公共自行车累计租用量达7476.04万人次，日均租用量突破20万人次，最高日租用量突破32.2万人次，成为规模最大、租用量最多、设施先进、便捷稳定、安全可靠的公共自行车系统，得到社会各界的一致好评。

绿色出行的"杭州公交单车模式"是目前世界上任何一个国家都未能达到的规模与成绩，其带来的社会效应不可估量，一度成为全国媒体的新热点。该系统曾被列入新时代"杭州创造"十大创新成就，被评选为2009年杭州市十大为民实事工程之一和2010年浙江省十大民生工程之一。

杭州公共自行车系统作为杭州又一张金名片已声名远播，传遍全国乃至世界，国内外数十个城市先后来杭实地考察，并纷纷邀请杭州公共自行车公司到当地协助建设公共自行车系统。在杭州的帮助下，浙江舟山市、江苏江阴市、广东东莞市和佛山市的公共自行车系统建设已完成；浙江嘉兴市和绍兴市、湖南株洲市、福建厦门市等地的公共自行车系统已在筹建过程中；另有十余个城市正在积极洽谈之中。美国驻沪总领馆商务领事也专程来杭考察该系统。相信在不久的将来，引领城市新风尚的公共自行车将出现在越来越多的城市，为广大市民的绿色出行发挥更大的作用。

案例解读

在杭州市建设投资集团和其下属的杭州公交集团两级公司的高度重视下，围绕"国内领先，世界一流"的建设目标，在立足科技创新的基础上，利用信息化等技术手段，以科技创新创优打造的公共自行车交通智能系统于 2008 年 3 月开始进行研发，历经投入试运行、"第二代智能管理系统"试点升级及服务点系统升级改造后，于当年 9 月 16 日正式投入市场运行。该系统的创新创优性体现在以下四个方面。

角色定位创新，纳入公交体系。

在该系统开发之前，国内也存在自行车租赁服务，但以手工登记形式进行的自行车租赁服务无论其规模、受众范围、技术水平或其智能化程度，均无法达到系统的标准，无法被纳入现代城市公共交通体系，最后只能以独立、窄范围的形式存在，无法推广。而杭州市公共自行车交通体系的出现，找准了"自助服务，通租通还"的创新定位，使得自行车租赁服务实现了系统化运作，加之有效的市场推广，实现了公共自行车与公共交通的完美融合，这也为打造"五位（城市公交、公共自行车、地铁、出租车、水上巴士）一体"的杭州新公交体系迈出了重要的一步。

思路设计创新，打造全新理念。

虽然法国、荷兰、丹麦和美国等发达国家的少数城市已实现了小规模的公共自行车交通系统，但基于国内市场考量，在信用制度、租用者需求等方面，仍与国外存在着很大的差异。因此，一味地照搬国外经验将无法使公共自行车交通智能管理系统在我国市场上得以成功推广。在无先例可临摹、无经验可遵循的情况下，建设一个需要融入城市公共交通体系的公共自行车交通系统，其挑战和风险不容小觑。但研发人员采取了新的设计思路，在不断尝试和试验、攻坚克难的研发过程中，最终形成了"服务每一个市民、新杭州人和来杭外地游客，方便、简单、快捷、低价，系统运行可靠、操作方便简单、管理职能科学、出行成本低廉"的一套全新理念,这一理念也奠定了杭州公共自行车交通服务租赁推广的基础。

技术层面创新,运行全新管理模式。

杭州市公共自行车交通系统由租用、查询、管理、清结算、网络与防范监控六大功能模块组成,包括锁止器执行、锁止器控制、租用交易、通信、信息查询、数据管理、运营调度管理、数据统计、异常管理、清结算、视频监控、周界防范、灯光联动与远程喊话 14 个子系统及 CAN 总线、密钥计算与通信网络 3 个附属部分,是集现代计算机、软硬件、网络通信、自动化控制、视频监控、IC 卡与 CAN 总线等各类先进技术于一身的创新型系统,在结合了电控锁止器等硬件的使用后,更是将前端公共自行车的租用信息与后台租用系统及 IC 卡电子收费系统实现了完美的统一。通过通信网络的有机链接,不仅完成了服务点上公共自行车的自助租用操作,而且实现了后台系统的有效管理,完全达到了"无人值守、贴近百姓、通租通还、科学配送"的设计理念。

系统采用三层架构运行,其中,前端的服务点控制机和服务点锁止器可实现租用者自助对公共自行车的租还操作和对相关信息的查询以及对前端设备设施运行状况的监控管理;后台管理中心通过对租用等相关数据的处理以及实时视频监控,完成对设备设施、网络和电源实时运行状态的监控管理、租用服务点上车位空满状况的预警监控以及相关数据的统计和分析。此外,系统实现了所有数据的统一,在功能上支持数据统一管理与区域化划分管理,通过数据的统一管理,为公司总体管理、热线服务、各区域考核提供了支撑;同时系统也支持区域化的划分,实现杭州六大主城区数据的分割,为各区域日常管理提供技术支持。这些技术创新为自行车以及系统的管理带来了全新的模式。

应用物联网技术,推广自助服务。

杭州市公共自行车系统应用的是国内首套智能化公共自行车租用服务系统,其中自行车识别 IC 卡(Z 卡)的使用和单射频模块双天线设计在国内尚属首创。公共自行车智能交通系统保证了租车者使用公共自行车时操作流程简单、取还车便捷,退还信用保证金简便,避免排队等候。同时,由于每辆自行车都有唯一的电子标签号,该系统可对自行车辆进行一一追踪。每个车位都设置了自行车控制器,不仅可以用来锁车,还可以采集到停靠自行车的电子信息。租用者在租车时,需要刷自行车卡给自行车控制器开锁;还车时,则要刷卡来关锁。刷卡时,相关信息就会传输到热线信息管理中心。相关管理人员只要在系统内输入租用者的卡号就能查到其使用记录(如:租用者何时租车、何时还车),输入自行车代号就能查询其被租赁的历史记录(如:该车已被租赁多少次)。另外,为满足服务网点的不断扩大需求,该系统还建成了"空满位实时报警系统",当服务点自行车满位率大于

80％或小于 20％时，该系统就会自动报警，然后通过视频切换、后台监控，使自行车服务中心能够及时掌握服务点的空满位情况，及时提供配送信息。为解决系统启用初期出现的"租车难、还车难"问题，技术人员又自主开发了"杭州市公交出行实时信息服务系统"，使广大使用者能通过手机、网络、现场触摸屏等多种方式实时掌握各自行车服务点空满位情况。

创新及示范价值

经验之一：坚持公益性优先，坚持"政府引导、市场运作"。

公共自行车系统建设由政府统一引导、统一规划，杭州市公交集团统一建设、统一运作、统一管理，把公共自行车发展规划与慢行系统规划、公共交通规划、换乘枢纽规划充分结合，把公共自行车规划指标落实到具体的市政建设和地块开发等项目中，确保公共自行车长期健康发展。在确保项目公益性的基础上，通过挖掘各种资源，使服务亭、棚的商业服务得到充分开发，各类设施和车体广告资源得到综合利用，从而保障了系统营运的自我平衡，兑现了市委、市政府"不用纳税人一分钱"的承诺。系统的运行还为社会提供了近千个就业岗位，促进了社会的稳定。"两个坚持"（坚持公益性优先，坚持"政府引导、市场运作"）的运行理念保障了公共自行车系统这一项目的快速推进和运营效率

经验之二：规划贴近民情、选址听取民声。

杭州公共自行车系统所取得的成就，极大地便利了人们日常的出行。整个项目运作落实市委、市政府"以人为本"、"以民为本"、"以民主促民生"的指导思想，在自行车样式选取、站点景观设计、服务网点选址布局、收费标准等各个环节都充分征求市民群众的意见，建立群众参与机制，问需于民、问计于民。在网点选址上，采用城管、交警、公交、社区"四结合"的方式来确定，使公共自行车交通系统建设贴近民意，符合民需，把好事办好，实事办实，给予老百姓真正的实惠。公众对政府的这一民生工程给予了高度评价，认为这一系统的规划与建设，充分体现了杭州市委、市政府落实民生民主与科学发展观、创建社会主义和谐社会的决心与为民办实事的务实精神，符合杭州市致力构建生活品质之城的终极目标。系统不仅改善了城区的公交系统，同时也为市民和外地游客提供便捷、绿色和健康的出行方式，这将极大减少大气和噪音的污染，改善杭州的生态环境。

经验之三：做好公交延伸服务，提高公交出行率。

杭州公共自行车系统经过三年多的建设和完善，基本实现了市委、市政府依

托公交"统一规划、分步实施"以及"方便、安全、优质、高效"构建杭州公共自行车系统的要求。自行车相比公共汽车,具有体量小、操作灵活、可达性好和投资少的特点,最大限度地促进了交通资源的优化与合理利用。杭州公共交通与自行车换乘及停车换乘组合的交通模式,延伸了公交服务,提高城市公共交通机动性和可达性,吸引小汽车出行者改变出行方式,节约道路资源,减少环境污染,满足了市民与游客多层次的短距离出行以及不同出行目的的交通需求,便捷、高效地集散客流,缓解了杭城"两难"问题,提高了城市交通的整体运行效率。

经验之四:推进"低碳城市",打造休闲之都,倡导绿色出行。

从公共自行车投入市场运营的使用情况看,公共自行车作为绿色环保的交通方式,其本身具有的经济性、灵活性、便利性、无污染性以及有益于健身等特点,尤其是针对市区居民住宅区、商业区、闹市区等地区的短距离出行,都有其优势所在。随着系统的不断扩大,租车人群也在不断增扩中,通过选择公共自行车绿色出行的方式,一方面公众锻炼了身体、提高了身体素质;另一方面,也使生态效率得以显示。

此外,"慢旅游"、"低碳旅游"、"自由行"是现代旅游发展的趋势。在如今都市居民快节奏的生活中,杭州公共自行车系统在一定程度上增加了游客的亲身经历和体验,加深了外地游客对杭州的认识和印象。该系统为杭州孕育慢旅游目的地、推进旅游国际化进程、打造休闲之都品牌提供了很好的载体。

点 评

谁说公共品不能有效提供和高效运行?杭州市政府所提供的公共品——免费单车及其有效运行,就很好地回答了这一问题。它不仅缓和了城市"行路难、停车难"的问题,而且成功探索了公共品的"政府供给、企业运作"模式,在国内率先构建了公共自行车交通系统,并将其纳入城市公共交通体系之中。杭州市公共自行车交通系统所取得的成果早已远远超出了初衷,其在推进节能减排,建设低碳城市,倡导绿色出行,提高城市品位,改善城市形象以及提高市民身体素质等方面均取得了一定的成果。

(杭州市公共自行车交通服务发展有限公司陶雪军供稿)

宁波:农民工的称心"社保套餐"

"书藏古今,港通天下。"宁波是我国东部沿海重要的港口城市,自古是通商口岸,一向以包容的姿态面对世界。改革开放以来,宁波经济社会发展迅猛,外来人口持续增加,外来务工人员成为宁波建设的主要力量之一。至 2010 年 11 月底,全市登记外来人口总数已突破 400 万,外来劳动力达到 349 万,外来人口与宁波市户籍人口之比为 7:10。外来务工人员规模的扩大,对创新社会管理提出了新的要求。

在全国率先出台五险(工伤、大病医疗、养老、失业和生育五大保险)合一的"社保套餐",让在宁波务工的新市民实现"老有所养、病有所医";在全国首推外来务工人员"积分落户"制度,吸引高技能、高素质、有贡献的"优秀蓝领"扎根宁波;成立国内首支外来务工人员志愿服务队伍,推动新老宁波人团结一心、和谐共建……众多的"全国首创"使宁波的外来务工人员服务管理跃上了新台阶,"宁波模式"全国瞩目。

新宁波人、老宁波人都是宁波人。按照就业有培训、劳动有合同、居住有改善、社保有拓展、维权有保障、治理有力度的工作目标,宁波以"社保套餐"为中心,推出一系列外来务工人员服务和管理政策,逐步形成了"1+19"的政策体系,为广大新市民送上了一份改善民生的"政策大单",让新市民享受到了"同城待遇"。

仅 2008 年和 2009 年,该市就为 50 多万名新增外来劳动力提供全程免费职业推介和引导性培训服务;为 6 万余名外来务工人员追回被拖欠工资 1.5 亿元;办理外来务工人员法律援助案 9000 余件,受援人数达到 1.2 万人;落实公共卫生补助经费 3680 万元;累计免除外来务工人员子女学杂费、课本费和作业本费等约 1.4 亿元,仅 2010 年秋季,就有 25.4 万新宁波人的孩子与本地的孩子走进了一样的学堂;有近300万人次外来育龄妇女享受"五同五联五免费"的市民化服务。至2010年10月底,全市外来务工人员参加社会保险的实际缴费人数达到68.7万人。

以共享为基础,宁波又通过在城市和农村建设不同形式的融合组织,帮助外来人口尽快融入当地社会——在城市社区普遍设立"新市民服务中心",在乡镇则建立"和谐促进会"。全市外来人员100人以上的村(社区)融合组织建成率达到100%,1.2万名外来务工人员在融合组织中担任各项职务。

和谐的社会氛围,让新宁波人有了强烈的归属感,也让新老宁波人成了一家人。2009年初的"裁员潮"和近两年的"用工荒",在宁波都没有出现。全市相继有4万多新宁波人成为注册志愿者,矛盾纠纷调解、邻里互助、治安巡逻、环保宣传,每项公益活动都有他们的身影。

2008年,宁波市外来务工人员参加社会保险改革被评为"中国改革开放30年30个创新案例",外来务工人员服务管理"宁波模式"以高票入选"浙江省改革开放30周年典型事例100例";2010年12月,宁波新老市民共建共享融合模式荣膺首届中国社会创新奖……

海纳百川的宁波,以宽广的胸怀、务实的精神,让为宁波经济社会发展作出贡献的新市民真正融入城市,让他们同样享受发展的成果,成功打造出新老市民和谐共处的和美港城。

案例解读

"社保套餐",走出一条破冰之路。

农民工长期游离于社会保障之外的现象,早已引起了全社会的高度关注,成为我国城市化进程中碰到的"世纪难题"。

按照《国务院关于解决农民工问题的若干意见》中提出的"依法将农民工纳入工伤保险范围,抓紧解决农民工大病医疗保障,探索适合农民工特点的养老保险办法"的精神,宁波市从促进经济健康发展、促进农民工权益保障、积极构建和谐宁波出发,要求劳动保障部门研究制定符合外来务工人员实际的社保政策。

经过一年多时间的酝酿,2007年11月,一项专门为外来务工人员这个庞大群体量身打造的"社保套餐"浮出水面。这项制度的新意在于:更加符合企业和参保人员的实际,既考虑到特殊性,又承认有差别,兼顾到了外来务工人员和企业的双方利益;同时,根据外来务工人员就业多样性和流动性强的特点,做到新老政策能衔接、高低社保上下可沟通、内外异地可转移,力求兼容相通。

"1＋X"，送上一份"民生大单"。

2007年8月13日，宁波市委、市政府出台了《关于加强外来务工人员服务与管理工作的意见》，提出了加强外来务工人员服务与管理工作的指导思想和基本原则，确定了构建外来务工人员公共服务、权益保障、引导激励、社会环境和组织领导"五大体系"的工作布局。在该意见的指导下，宁波市相继出台了外来务工人员社会保险、就业培训、劳动合同、工资支付、义务教育、计划生育、公共卫生、职业安全卫生、治安管理、社区服务、工会维权、户籍迁入、法律援助、流动党员服务管理、出租房服务管理等15个相关配套政策，这个被称之为"1＋X"的庞大的政策体系后来逐渐发展为"1＋19"，基本覆盖了外来务工人员学习、工作和生活，涉及经济、政治、文化和社会建设的方方面面，成为改善民生的"政策大单"。

和谐企业，打造一方稳定阵地。

宁波民营经济发达，劳动密集型企业较多。企业成了外来务工人员最集中的地方，也是建设稳定和谐社会的主要阵地。

宁波市委、市政府一直高度重视创建和谐劳动关系，高度重视企业和谐发展。2007年5月，宁波市委、市政府从宁波市社会经济发展的现实需要出发，决定由市总工会牵头，部门联合，在原来创建劳动关系和谐企业的基础上，在全国率先开展以劳动关系为主要内容的和谐企业创建工作。将劳动关系和谐，发展到企业发展、劳动关系、环境关系、社会关系、企业文化"五位一体"的全面和谐，引导和激励广大企业自觉遵守劳动法律法规政策，积极履行企业社会责任。按照三级联创、全面推进、创新方法、重在实效的工作思路，各职能部门齐抓共管，社会各界共同努力，大力实施以"一大平台五项机制"为主要内容的发展和谐劳动关系"宁波探索"，形成了"党政主导、部门履职、工会推进、社会配合、企业参与"的发展和谐劳动关系工作格局，走出了一条政府、企业、职工、社会互动互补互联的发展和谐劳动关系之路，为推进宁波经济社会平稳较快发展营造了良好的社会环境。全市先后有52431家企业开展了和谐企业创建，命名表彰了3709家市、县（市）区、乡镇（街道）三级和谐企业。和谐企业创建工作得到了全国总工会、浙江省委、省政府领导的充分肯定。

全面融合，绘就一幅和谐图景。

"老宁波人，新宁波人，都是宁波人；第一故乡，第二故乡，都是咱家乡。"这是宁波新老市民和睦共处的真实写照。当成千上万的新宁波人用辛勤和汗水融入城市建设者的大潮时，宁波同样以宽阔的胸怀报以真诚的回馈。

按照"党的领导、依法管理、共建共享、促进融合"的原则，宁波加快了融合组织的建设步伐。全市民政部门共备案登记各类社会融合组织2868个，其中村2450

个、社区 418 个；同时，在 1013 家 200 人以上企业、近百幢商务楼宇建立了社会融合组织；全市共有和谐促进小组 31735 个、和谐促进员 171902 人，其中，外来务工人员会员有 82660 人，在融合组织中担任各类职务的外来务工人员达 12940 人。

宁波不但见证了 400 万名新市民创造的巨大物质财富，也在分享着他们创造的宝贵精神财富，一幅共建共享的和谐画卷在宁波徐徐展开。

创新及示范价值

经验之一：因情制宜，持续创新。

2007 年，宁波登记的外来人口总数达 341 万，其中，外来劳动力 322 万，并以年均 20％的速度递增。显然，外来人员的管理和服务给城市管理增加了一定的难度，但宁波经济社会的发展又离不开外来务工人员。当时，外来务工人员在宁波二、三产业的就业人数占全市企业员工总数的 56％，建筑、餐饮服务等行业的外来一线工人更是占了 80％。因此，无论是"社保套餐"，还是一系列政策体系，宁波的政策制定都是从实际出发，从外来务工人员实际面临的困难出发。其中，融合组织的产生发展，并非宁波政府主导创建，而是从一个小村子自发诞生的新事物，政府和各有关部门挖掘后积极引导，以从未有过的组织形式解决了新老市民的融合问题。创新还是一种持续的状态。如宁波有关部门相继对外来务工人员积分落户办法和外来务工人员"社保套餐"作出调整。这都是在总结前段工作的基础上，出于解决新发现问题的考虑，也是从实际出发的。比如，落户政策相对来说降低了"门槛"，让更多优秀的外来务工人员能落户宁波，社保政策则考虑到外来务工人员的流动性，使政策与全国相一致，保障外来务工人员可以将社保"漫游"。

经验之二：民生为本，全面覆盖。

民生是经济社会发展的最终出发点和落脚点。可以说，社会管理领域的任何创新举措，其最终目的一定是改善民生，让人民群众过上更美好的、更有品质的生活。比如，在宁波首创的"1＋X"政策体系中，包括外来务工人员社会保险、医疗保险、就业培训、劳动合同、工资支付、子女义务教育、计划生育、公共卫生、职业安全卫生、治安管理、社区服务、工会维权、户籍迁入、法律援助、流动党员服务管理、出租房服务管理等系列配套政策，基本覆盖了外来务工人员的学习、工作和生活，涉及经济、政治、文化和社会建设的方方面面，是切实改善民生的举措。这充分体现了党委政府的执政理念，将民生放在了最重要的位置。

经验之三：机构健全，机制完善。

宁波市在意识到外来人口管理问题的迫切性后，及时邀请专家进行课题调研，根据国情市情逐步推进相关工作。首先是组织机构的建立。2007年宁波市外来务工人员管理和服务领导小组成立，下设专职的办公室机构，由市政府副秘书长兼任办公室负责人，便于协调各部门联合办公形成合力。全市各县（市）区也设立相应机构，并将相关职能延伸至村级组织。其次，在政策制定上，宁波市不是一味地、无底线地服务外来务工人员，而是通过政策制定，形成引导和推动广大外来务工人员长期积极为宁波建设作贡献的机制，如设定外来务工者节，评选优秀外来务工人员，让其享受积分落户、子女义务教育、职业技术培训等实惠，并根据实际实施情况及发展变化，及时调整政策，完善机制，使其适应新的发展、解决新的问题、满足新的需求。

经验之四：广泛发动，合理引导。

宁波市关爱外来务工人员的行为，虽然是从政策出发，但不是单纯的政府行为，这是一场全社会融合行动。从和谐企业创建的工资集体协商、职工参与企业民主管理、企业文化建设等，到社会化劳动争议调解的工会牵头、劳动部门等共同参与；从村级融合组织的建立和活动开展，到外来务工人员积极参与志愿者活动，在宁波的每个角落几乎都能看到融合共进的形式、共建共享的场景、幸福和谐的影子。党委政府在其中并非强制推行，而是在发现了民间自发产生的好经验、好方法后，以实惠及群众，从中合理引导和适度推广，起到了四两拨千斤的效果。

点 评

农民工是中国经济高速增长的重要贡献者。解决好农民工市民化待遇问题，不仅是城乡统筹、城乡一体发展题中之意，而且关系到城市健康发展和社会和谐稳定。农民工问题"宁波解法"的可贵之处在于：实现了对外来务工人员服务与管理工作的重大转型，即从管理向服务转变，广泛形成了本地人、外地人都是宁波人的共识；创新深化了以改善服务、完善保障、激发积极性、推进共建、促进融合为主的理念。社会保障是民生之基，也是社会主义市场经济体制的"安全网"和"稳定器"。宁波在全国率先建立了覆盖城乡和所有外来务工人员的社会保障体系，实现了社会保障制度的全覆盖，为宁波市经济的长期快速发展创造了条件，还满足了人民群众共享经济社会发展成果的基本需求，使老有所养、失有所助、病有所医、困有所补成为了现实。

（宁波日报记者周骥、汤碧琴供稿）

湖州:市校共建新农村的模式

湖州是一座有着 2300 多年历史的江南文化名城,人文荟萃、底蕴深厚。得天独厚的农业自然条件和丰富的农业生产资源,使湖州自古以来就是著名的"丝绸之府、鱼米之乡"。

党的十六届五中全会提出了建设社会主义新农村的重大历史任务。按照浙江省委提出要使浙江成为社会主义新农村建设水平最高的省份之一的要求,湖州市委、市政府从现有基础和条件出发,认为湖州应努力在新农村建设方面走在全省前列。要实现这一目标,除了湖州自身的努力以外,迫切需要与高等院校、科研院所进行全面合作,迫切需要得到强大的智力支持。

浙江大学作为一所综合性、研究型的一流大学,具有长期为"三农"服务的优良传统,在"三农"理论研究和政策咨询、新农村建设关键技术研究与推广、各类人才培养等方面具有明显的优势和实践积累。为服务于新农村建设,浙江大学提出了《浙江省与浙江大学省校合作建设社会主义新农村实验示范区行动计划》的建议。浙江大学提出的建议,与湖州市的发展思路不谋而合。在省委、省政府领导的重视与关心下,经市校双方努力,湖州市与浙江大学于 2006 年 5 月 21 日签订了合作共建协议和一揽子的项目合作协议,全面启动社会主义新农村实验示范区建设。

湖州市与浙江大学合作共建省级社会主义新农村实验示范区,是双方在新形势下一次全面的、长期的战略合作。按照"党政主导、农民主体、社会各方参与"的总体思路,在湖州实施"1381 行动计划",即建设"一个区":省级社会主义新农村实验示范区;构筑"三个平台":科技创新服务平台、人才智力支撑平台、体制机制创新平台;实施"八大工程":产业发展工程、村镇规划建设工程、基础设施工程、生态环境工程、公共服务工程、素质提升工程、社会保障工程、城乡综合改革工程；实施"百项重大项目"：围绕新农村建设，实施百项重点建设项目。在"1381"框架内，制定一批规划，建立一批基地，实施一批项目，总结一批经验，树立一批典型，加快湖州社会主义新农村建设。

五年的合作共建，有力推动了湖州农村经济的快速发展、农民的持续增收、社会的和谐进步。全市农林牧渔业总产值从 2005 年的 106.08 亿元提高到 2010 年的 176.9 亿元，年均增长 10.8%；农民人均纯收入从 2005 年的 7288 元提高到 2010 年的 13288 元，年均增长 12.8%，农民人均收入增长连续七年超过城镇居民收入增长；城乡居民收入比从 2005 年的 2.11：1 缩减为 2010 年的 1.92：1。湖州市新农村建设工作连续五年成为省新农村年度考核优秀。

市校合作共建及湖州新农村建设取得的成效，得到了上级领导的充分肯定和社会各界的高度关注。温家宝总理、回良玉副总理专门作出批示，充分肯定，要求有关部门认真研究。中农办陈锡文主任、唐仁健副主任带队来湖州考察。赵洪祝书记、吕祖善省长、夏宝龙副书记、葛慧君副省长等省领导多次充分肯定。中央党校、中国人民大学、中国社科院等先后来湖州调研并形成有分量的调研报告，中国社会科学院经济学部、农村发展研究所和省农办专门在湖州主办中国美丽乡村建设(湖州模式)研讨会。党的十七届三中全会召开期间，新华社、人民日报、中央电视台、光明日报等 10 多家中央媒体对湖州新农村建设进行了集中宣传报道。

案例解读

湖州市坚持以科学发展观为指导，坚持城乡统筹发展，以市校合作共建为主载体，将生态文明理念融入新农村建设实践，发挥优势、全局谋划、探索创新、协调推进。

注重精心创设载体，全域开展建设活动。

市校双方紧紧围绕"为浙江新农村建设走在全国前列探索规律、积累经验、争当示范、作出贡献"的目标与要求，以全面实施"1381 行动计划"为抓手，围绕科技创新服务、人才智力支撑、体制机制创新三大平台建设，在湖州 5818 平方千米全区域推动农业农村发展。先后合作共建了"浙江大学(长兴)现代农业科技创新中心"、"南太湖现代农业科技推广中心"等 9 大科技创新服务平台；全面启动农科教产学研一体化新型农业科学技术推广体系改革试点，组建浙江大学湖州市现代农业产学研联盟和 5 个县区分联盟、41 个产业联盟；创设湖州农民学院，重点培养具有大专以上学历文凭、中级以上职业资格证书的"学历＋技能型"农民大学生，满足现代农业发展和新农村建设急需型、领军型高端人才的需求；组织与实施一批示范性强、带动力大的重大合作项目,累计合作项目近 1200 项。尤其在市校合作开发人才、湖州借智引智上,制定完善专项人才支撑平台计划、"新农村人才三项计划"、实训基地共建、"推广教授"职称系列评定等方面的相关政策措施,着力建立对接机制,浙江大学选派 70 多名高层次人才赴湖州挂职、组织 7000 多名师生到湖州服务新农村建设,湖州也送出大量人员到浙江大学培训学习。

注重探索创新机制,全力强化建设保障。

建立了"党政主导、农民主体、各方参与"的推进机制、领导机制和组织体系,尤其是以市校合作共建为龙头,带动开展军民共建、村企合建、部门联建、群团参建,调动各方力量参与美丽乡村建设,形成了德清的"中国和美家园"建设、长兴的"中国魅力乡村"建设、安吉的"中国美丽乡村"建设、吴兴的"南太湖幸福社区"建设、南浔的"中国魅力水乡"建设等特色。湖州还建立了"财政引导、多元筹措、市场运作"的投入机制。坚持将新增财力重点投向农村,2006 年至 2010 年,全市财政预算内用于"三农"的资金约达 154 亿元,保持年均递增 29% 的高幅增长。建立健全了"全域规划、示范带动、以点扩面"的建设机制。按照"生态城市"与"美丽乡村"融合发展的思路,对全市域按照主体功能、自然条件、现实基础、发展方向等进行了全面规划,坚持"没有规划不设计、没有设计不施工"的原则,并抓住重点先行先试,以全面小康示范村、美丽乡村示范带为点和线,加快串点成线、连线成片,逐步实现美丽乡村全覆盖。此外,该市还创新激励机制和动力机制,努力破解美丽乡村建设中的重点难点问题,切实增强农村发展活力和新农村建设的积极性。

注重突出建设重点,着力在解决广大农民群众最关心、最直接、最现实的利益问题上下工夫。

突出现代农业发展重点,重视产业富民。湖州从抓基地、扶龙头、育品牌、强服务入手,组织实施现代农业"4231"产业培育计划,启动现代农业园区建设"121"工程,农业结构得到调整优化,农村服务业、乡村旅游业蓬勃发展,累计创办农家乐、渔家乐 3000 多家。"十一五"期间,全市农林牧渔业总产值年均增长 10.8%,农民人均纯收入年均增长 12.8%。突出村庄整治与生态创建重点,打造优美环境。以"百村示范千村整治工程"为龙头,全面推进农村环境建设,累计创建市级以上全面小康示范村 262 个,占总村数的 26.5%,村庄环境整治工作获中国人居环境范例奖;坚持因地制宜,大力推进农村住房改造建设,累计完成农房改造建设 11.44 万户。积极开展生态县、乡镇、村创建,广泛开展群众性绿色系列创建,已创建全国生态乡镇 31 个,占乡镇总数的 53%。突出创新体制机制重点,激活发展动力。紧紧抓住被列为省级新农村建设综合配套改革试点市的契机，突出"农业资源向现代经营主体集中、农民居住向城镇和农村新社区集中、农村工业向开发区和功能区集中，全面提高现代农业发展水平、农民收入持续稳定增长水平和基本公共服务城乡均等化水平"等"三集中三提高"这个核心，启动新农村建设综合配套改革试点，积极稳妥推进农村土地综合整治工作，大力推进农村土地使用制度改革、集体林权制度改革，不断激发内生动力。突出基层基础建设重点，促进社会和谐。通过着力构建农村教育、卫生、文化、农技推广、商贸流通五大公共服务体系和加快构建农村就业、养老、医疗、救助、权益五大保障体系，推进城乡公共服务均等化；全面推进农村平安创建和民主法治建设，确保农村社会的和谐稳定。

创新及示范价值

经验之一：强化"三农"的重要性，坚持农业为先、农村为重、农民为本。

农业、农村、农民问题始终是关系党和人民事业发展的全局性和根本性问题。重视"三农"问题是我党一以贯之的战略思想，抓好"三农"工作是各级党委政府的重大责任。市校合作共建五年来，湖州市始终坚持把"三农"工作作为党委政府工作的重中之重，绝不以农业比重逐年降低、农民数量逐年减少、农村面貌逐年改善为理由，对"三农"工作在思想认识上有所忽视；绝不以科学发展对经济工作要求高为托辞，对"三农"工作在精力投入上有所放松；绝不以统筹城乡发展需加大财政支出压力为借口，对"三农"工作在财力保障上有所减弱。

经验之二：把握内涵的丰富性，坚持发展产业、保护生态、致富百姓。

新农村建设是一项系统工程，不能简单停留在抓村庄建设和农业生产上。市校合作共建五年来，湖州按照中央提出的新农村建设 20 字要求，统筹谋划、全面推进农村改革发展各项工作。坚持以发展农村经济为首要任务，大力发展高效生态农业、乡村旅游业和乡村工业；坚持以保护生态为重要前提、以改善人居环境为主要目标，大力开展村庄环境整治和生态环境建设，着力打造宜业宜居宜游的新农村；坚持以富民惠民为根本落脚点，着力促进农民创业增收，不断完善农村公共服务体系和社会保障体系，努力做到农村经济转型升级与农村民生改善有机统一。

经验之三：突出实践的创新性，坚持解放思想、勇于探索、改革突破。

新农村建设涉及许多深层次的问题，必须用改革的办法解决发展中的矛盾，用创新的思路破解制约"三农"发展的难题。市校合作共建五年来，湖州市始终坚持解放思想，充分尊重基层群众创造，鼓励基层群众大胆试、大胆闯，积极推动建设路径、工作载体、具体抓手等各方面的创新；始终致力改革，紧紧抓住农村土地制度、农村金融、资源要素配置、农房改造建设、农村公共服务、农村社会管理等重点领域和关键环节，积极探索、创新破难，以改革突破推动建设、提升水平；始终坚持既重"实验"、又重"示范"，做到示范引领、以点带面，积小胜为大胜、化量变为质变，实现循序渐进、全面推进；以与浙江大学全面合作来带动、整合社会资源与力量，着力借智、聚力、引资，在全社会形成新农村建设"大合唱"。

经验之四：必须重视条件的差异性，坚持统筹规划、分类指导、争创特色。

农村情况千差万别，条件基础各不相同，新农村建设既要通盘考虑、全域规划，又要分类指导、打造特色。市校合作共建五年来，湖州市既制定实施新农村建设纲要，全面实施"1381行动计划"，又积极鼓励各地充分发挥各自优势，因地制宜推进新农村建设。如在建设方式上，形成了安吉的"中国美丽乡村"等各具特色的新农村建设特色品牌；在产业发展上，注重差别化，做到宜农则农，宜工则工，宜商则商，宜游则游；在农房改造建设上，注重多样化，既有"穿衣戴帽"整旧如新型，也有保留传统修旧如旧型，还有整体规划集中新建型，做到现代文明气息与传统乡土文化有机融合。

经验之五：尊重农民的主体性，坚持发动群众、组织群众、依靠群众。

农民群众是新农村建设的决策者、实施者、受益者，必须紧紧依靠农民、广泛发动农民。市校合作共建五年来，湖州市坚持尊重民意、维护民利、由民做主原则，注重由农民群众自己决定村庄整治建设等重大问题，着力解决农民最关心、最直接、最现实的利益问题，充分调动和保护好农民群众的积极性、主动性、创造性。通过宣传教育、规划引导、政策鼓励、典型示范等多种方式，组织和引导广大农民参加新农村建设，真正变"要我干"为"我要干"。

点　评

高校如何融入区域经济社会发展？如何发挥高校科技与人力资源的优势服务于地方经济社会发展？浙江大学与湖州共建社会主义新农村的"湖州模式"回答了这一问题。该模式通过"以知识促进发展，以市场激活发展，以合作带动发展，以服务保障发展，以制度持续发展""五位一体"的发展路径，实现了区域农业、农村和农民的同步发展。社会主义新农村建设的"湖州模式"破解了发展中国家建设社会主义新农村建设的难题，是社会主义新农村建设"中国模式"在湖州的创造性体现。

（湖州市农办沈国忠供稿）

嘉兴:城乡一体化的先试地

在苏杭天堂之间,有一片古老神奇的土地,七千年前马家浜先民点燃的第一缕文明之光,穿越了卧薪尝胆的英雄传奇,辉映在大运河清晨的霞光里,孕育了"鱼米之乡、丝绸之府、人文之邦"——嘉兴。

嘉兴地域面积3915平方千米、户籍人口340万,是中国革命扬帆启航之地。近年来,嘉兴市认真贯彻落实中央和省委决策部署,抓住被列为省级统筹城乡综合配套改革试点的契机,以科学发展观为统领,按照先行先试、率先突破的要求,充分发挥区位条件优越、经济基础扎实、区域发展均衡、人文精神深厚等优势,开拓创新,大胆实践,启动实施了以优化土地使用制度为核心,包括就业、社会保障、户籍制度、新居民管理、涉农体制、村镇建设、金融体系、公共服务、规划统筹等方面改革的"十改联动",初步探索出了一条具有嘉兴特色的统筹城乡改革发展之路。

2010年,嘉兴市人均GDP突破9900美元(按户籍人口计算),社会发展水平连续6年居全省第三位,全面小康程度位居浙江第二位;农村居民收入水平连续7年居浙江各地市之首,所辖5县(市)全部进入中国百强县前32强。

嘉兴的农村和城市生活面貌从来没有像今天这样相似:路网、公交网、供水网、电网、信息网等五大网全部从城市延伸到农村,高速公路密度达到每百平方千米8.6千米,居长三角同等级城市之首,所有城镇到高速公路入口都在15分钟范围内,是全省乃至全国所有行政村率先通达公交的地市。

嘉兴市所有农民都参加了新型合作医疗保险,人均筹资水平、年门诊结报率、住院结报率等均列浙江省第一,是全省农民看病负担最低、报销最多的城市;近百万非职工居民参加城乡居民社会养老保险,成为全国率先实现全民社保的地级市。

经过几年实践,嘉兴摸索形成了一套统筹城乡发展的办法,初步形成了城与乡同发展共繁荣和城乡群众共创共享改革发展成果的良好局面,形成了城乡经济社会一体化发展的新格局,其经验有望成为国家破解城乡二元结构的有效途径之一。

案例解读

统筹城乡贵在行动。

在省规划纲要的促进下,嘉兴是全国第一个制订出台城乡一体化发展规划纲要的地级市。

嘉兴是传统农业大市。然而,农业特别是粮食曾让嘉兴背负"光荣的沉重",在相当长一段时间里,粮食牵扯了嘉兴干部约70%的精力;粮款,占用了农村信用社70%的资金。很长一段时间里,地方财政只能维持政府运转。正因为如此,嘉兴较早就进行统筹城乡的艰辛探索。

1998年10月6日,时任中共中央总书记的江泽民同志在嘉兴考察时指出:"沿海发达地区要高度重视农业和农村工作,继续深化农村改革,加快发展农业生产力,争取率先基本实现农业现代化。"这一重要指示精神对于嘉兴农业和农村的改革发展具有重大的现实意义和深远的历史意义。

党的十六大发出"统筹城乡经济社会发展"的号召后,省委、省政府主要领导对嘉兴市提出了加快推进城乡一体化的明确要求。嘉兴市委、市政府按照中央和省委的战略部署,牢牢把握嘉兴所处历史方位,对发展思路作出了战略性调整。2003年,市委、市政府将城乡一体化确立为全市经济社会发展的"五大战略"之一,《嘉兴市城乡一体化发展纲要》提出,全面构建城乡空间布局、基础设施、产业发展、劳动就业与社会保障、社会发展、生态环境建设与保护等六个一体化,所有一体化的核心都指向"补齐农村短板"。以一种"等不起"的责任感、"慢不得"的危机感、"坐不住"的紧迫感、"欠不起"的使命感,嘉兴全面而真切地描绘了统筹城乡发展的路线图。

破解制度壁垒促融合。

"春江水暖鸭先知",在统筹城乡发展中率先迈步的嘉兴,在发展形态发生积极而深刻变化的同时,深层次矛盾和问题也渐次暴露。嘉兴从创新机制体制着手,破解城乡制度壁垒,促进城乡大融合。

从2008年开始,嘉兴紧紧抓住被列为省级统筹城乡综合配套改革试点的历史契机,因时而谋,应势而动,启动实施了以优化土地使用制度为核心的"十改联动",革新一切限制城乡要素流动和造成城乡不平等的政策,通过制度无痕,实现城乡无沟。

一个名为"两分两换"的创造性改革开始在嘉兴部分乡镇应运而生。所谓"两分两换",是指将宅基地与承包地分开,搬迁与土地流转分开;以承包地换股、换租、增保障,推进集约经营,转换生产方式;以宅基地换钱、换房、换地方,推进集中居住,转换生活方式。全市将 1.7 万多个自然村落集聚到 47 个新市镇和 287 个城乡一体新社区,城乡规划纳入"一张图",村镇布局实现"一盘棋"。

与优化土地要素配置机制相响应的改革一项接着一项:在全国率先组建市级农村合作经济组织联合会,提高农村和农业的市场化组织程度,推进传统农业向现代农业跨越;全面推进农村集体资产产权制度改革,在全省率先建立农村产权交易中心,县(市、区)、镇、村三级土地流转服务组织实现全覆盖;在全省率先推行农村土地流转经营权抵押贷款,金融支农服务水平不断提高;强化市域统筹下的"以县为主"管理体制,优化城乡各类教育布局,推进优质教育资源共享;加强农村公共文化基础设施建设,公共图书馆乡镇分馆建设"嘉兴模式"和新华书店"农村小连锁"分别得到了文化部和新闻出版总署肯定并在全国推广;大力推进城乡公共体育服务均等化建设,加大农村居民小区体育设施建设力度,促进群众体育活动蓬勃发展。

随着各项改革向纵深推进,一个有嘉兴特色的统筹城乡路径渐次清晰,全市构建起了以嘉兴城区为中心、5 个县(市)城区和滨海新城为副中心、40 个左右新市镇为骨干的现代化网络型大城市。新市镇建设成为嘉兴撬动统筹城乡发展的有力支点,该市放大省委、省政府"扩权强县"思路,出台"扩权强镇"政策意见,按照"权力下放、超收分成、规费全留、干部配强"原则,以及突出特色、集聚人口、做大产业的整体要求,借助"财权"下放、"事权"下放、"重心"下移,使市域内所有城镇都享受到原来省级中心镇才享有的"特别待遇",市镇逐步成为特色产业集聚地、农村人口集居区、资源要素集散中心和新的经济增长极。如今,嘉兴的市镇有 1/5 进入全省百强镇,2/3 进入全国千强镇,它们承接中心城市辐射,引领周边农村提升。

惠民利民作为落脚点。

嘉兴统筹城乡的路径选择始终围绕"人"来做文章,以提升人的素质为出发点,以提高人的幸福感为落脚点,在尊重个体意愿的基础上,围绕让人"住更好的房子、享受更优的环境、接受更好的教育、过上更有品质的生活"来推行新市镇和新社区建设。

破除壁垒,广开城门,促进人力资源流动,是实现统筹发展、科学发展的核心所在。嘉兴在推进统筹城乡综合配套改革中,以户籍制度改革为突破口,畅通人在城乡自由流动的渠道。2008 年 10 月 1 日,嘉兴全面实施户籍制度改革,公民按经常居住地登记户籍,传统体制下附加在户籍上的不合理社会功能得到剥离。目前的嘉兴,没有城里人和乡下人的区分,只有"有地居民"和"无地居民"的身份印记。

如何让城乡居民享受到公平的医疗、教育服务,并且都拥有可靠的社会保障,是统筹城乡综合配套改革的一块试金石。嘉兴在全省率先建立起了城乡一体的公共福利制度,包括城乡一体的社会保障、就业培训、教育、医疗卫生、社会救助等,凡是城市居民享有的各种福利保障,农民也同样享有;建立以支持农村发展为重点的公共财政体系,逐步使城乡公共服务水平差距消除。

在统筹城乡新政推行过程中,政府只当引领者,它用优惠的政策打动人心,用美好的前景让农民倾心。当农民可能受制于自身条件而一时无法看清远景,无法理解政府的良苦用心时,政府也没有强制推动执行,而是通过精心打造典型样板,引导农民加深对搬迁集聚的感性认识,增强现实说服力和吸引力。推进新市镇和新社区建设,目标确定后,嘉兴没有采用急风暴雨式的执行办法,而是有一个相对宽容的时间,容许各地可以是五年,也可以是十年、二十年,本着"农民可接受、政府可承受、发展可持续"的原则因地制宜,量力而行,确保了社会发展模式变革过程中的社会和谐与稳定。

嘉兴有 190 万常住外来人口,与本地居民相比其比例全省最高,如何对待外来务工人员是不容回避的社会问题。嘉兴把服务好新居民,当做更大区域的城乡统筹,率全国之先增设了新居民事务局,创新新居民服务管理制度,使新居民在嘉兴能得到家人般的呵护。

富含浓郁的人文气息。

在推进统筹城乡综合配套改革中,嘉兴因地制宜、分类指导,试点引路、量力而行。一村一规划,不搞"一刀切"。

推进统筹城乡综合配套改革,嘉兴在全市选取了 15 个经济发展水平、财政实力、区位条件和"三农"现状均有一定代表性和工作基础的镇(街道)开展试点工作,因地制宜选择推进模式,努力破解土地、资金等制约因素,形成了"两分两换"、"两分一换一流转"等形式多样、各具特色的试点格局。在此基础上,加强对规划管理、产业支撑、宣传文体、教育卫生、生态环保、金融支持和基层基础等方面的研究,构建了既切合实际又具操作性的政策体系。至 2010 年年底,先行启动的 15 个试点镇(街道)累计签约换房(或搬迁)农户 23787 户,拆除旧房 19391 户,已建和在建房屋 35977 套(幢),土地节约率都在 50% 以上,流转土地承包经营权 9.1 万亩。

在农房改造集聚中,嘉兴强调重视和保留原有村落文化,注重保留一批具有历史文化底蕴、旅游开发价值、江南水乡韵味和现代农业基础的村庄,保护好古村落、古建筑、古民居、古名木，继承和发掘江南文化、农耕文化、民俗文化等，坚决防止"一刀切"而导致千村一面。每个村庄都有自己的独特性，一些村名、路名都极具历史意义。在居住小区化、生活城市化、管理社区化、服务社会化和环境生态化的过程中，为了让人们记住农村曾经发展的踪迹，有的地方成立了"两新"工程建设专家顾问团，请他们建言献策，把祖宗文化嵌进新市镇和新社区建设中。有的地方正筹建乡村博物馆，让今日所呈现的地域特征、乡村人文即便是在村落消逝后也有迹可循，有地方可追忆。

鼓励农民进城的同时，嘉兴强化耕地保护，牢固树立保护耕地就是保障粮食安全、优化生态环境、支撑转型发展的理念，深入开展农村土地综合整治和农村宅基地复垦，确保"农田总量不减少、用途不改变、质量有提高"。

构建统筹城乡党建新格局。

随着城乡统筹快速推进，基层党建时常面临如何进行组织创新，提高凝聚力、号召力的时代命题。嘉兴不断创新基层党组织设置模式，党组织以新的方式融入社会、整合社会、主导社会，进而加强党对社会的影响力、控制力和渗透力。比如，把支部建在农村新社区，根据"两分两换"中的村镇规划布局，建立农村社区党组织，探索推进农村党建工作向城市社区转型；把支部建在产业链上，实现了"建一个组织，兴一个产业，活一方经济，树一面旗帜"的同频共振效应。

与党组织设置模式变化相伴而生的，还有执政理念的变化，各基层党组织从依靠行政权力转变为主动服务，不当发号施令者，成为解决困难的协调者、经济发展的促进者及政府和各界的沟通者。

在推进城乡统筹发展进程中，嘉兴以巩固党在农村的执政基础为目标，不断加强农村"两委"建设，构建在村（社区）党组织领导下，以村民自治为核心、社会组织广泛参与的新型村级治理机制。全面推行重大村务票决制，村务监督委员会在浙江省率先做到全覆盖，维护和保障群众的各项民主权利，让农民在参与发展和管理中发挥作用。

在统筹城乡发展的道路上，党员光芒四射。以"勤奋工作敬业岗，服务群众奉献岗"为主要内容的"一员双岗"制度，让广大党员立足工作和生活实际，处处体现先进性；党员创业风险基金让党员成为新品种引进、新项目开拓的引路人；融"资金扶助、创业培训、示范引领"于一体的农村党员创业扶助工程，有效激发了党员创业热情，广大农村形成了"党员创业谋发展，带动群众共致富"的浓厚创业创新氛围，受到了中央领导的批示肯定："体现了党建工作内容创新、方法创新、手段创新，值得关注。"

创新及示范价值

在统筹城乡中率先迈步的嘉兴,正在为全国作出探索和示范,它积累了许多具有普遍意义而又特色鲜明的经验:

经验之一:以人为本,谋求群众利益最大化。

经济社会发展的终极目的,是实现人的全面发展。嘉兴始终坚持把满足人的需求、激发人的潜能、提升人的素质、促进人的全面发展作为发展的价值取向,把农民群众的意愿作为检验统筹城乡发展成功与否的标准,一切制度设计和制度创新都围绕老百姓的迫切愿望展开,各级领导干部在新政推行前都要算好老百姓的利益账,让农民得到真真切切的实惠。

经验之二:敢为人先,以制度创新促城乡融合。

嘉兴市在全省率先推进城乡一体化建设,固然与其地处平原水乡、各地发展比较均衡、城乡居民收入差距较小等客观条件有关,但更重要的,是与嘉兴市历届党委、政府多年来积极贯彻落实中央、省委统筹城乡发展的部署,高度重视解决"三农"问题,力求找准核心问题,大胆探索,以机制体制创新促进城乡大融合密不可分。

经验之三:多维统筹,促进全面协调可持续发展。

城乡二元结构、二元制度的形成由来已久,实现城乡一体化不可能一蹴而就,任重道远。嘉兴积极汲取"崇文厚德、求实创新"的城市精神"基因",立足实际,着眼长远,统筹兼顾,不但处理好城与乡的关系,还注重经济与社会的可持续发展、人与自然的和谐相处,不断修补发展"短板",拉长发展"长板",努力实现科学发展。

点 评

统筹城乡有很多政策难题需要破解,有很多理论和认识问题需要反思。嘉兴市通过城乡一体化改革与发展,给农民带来了实惠,体现了改革政策的惠民利民。在工业化、城市化快速发展过程中不以牺牲农业为代价,注重扩展农业的多种功能,使农业保持了长足的发展。强力推进资源要素尤其是公共资源配置向"三农"倾斜,全力推进城乡基本公共服务均等化,率先建立了城乡协调的社保体系。嘉兴市在统筹城乡、城乡一体发展中的实践,为我们提供了一个沿海经济发达地区城乡统筹改革发展的好样本和好案例。

(嘉兴市统筹城乡综合配套改革领导小组办公室供稿)

衢州:素质扶贫的密码

2002 年以来,衢州市紧紧围绕"培训农民、提高农民、转移农民、富裕农民"的工作思路,在全省率先实施"万名农民素质工程",大力开展农民素质培训工作,有效提高了农民综合素质,促进了农民增收、现代农业发展和新农村建设。据统计,2003—2010 年,全市累计培训农民 90.2 万人次。

衢州是传统农业大市,农村劳动力一产从业人员比重过大,2002 年年底,全市农村劳动力 118 万人,其中,从事农业的 65.9 万人,占农村劳动力的 55.9%,比全省平均水平高 13.36 个百分点,大量农村富余劳动力急需转移就业。为此,2002 年年底,衢州市委、市政府作出了实施"万名农民素质工程"的决策部署,旨在深入开展农民素质培训,增强农民的市场主体意识、开拓进取意识和现代文明意识,提高农民的科技致富能力、市场竞争能力和自主发展能力。该市提出的目标是:每年培训农民 5 万人,使全市大多数农户都有一名主要劳动力通过教育培训,近 50% 的适龄农民受到知识技能培训,使他们成为具有较高文化素质和一定专业技能的新型农民。

在实施过程中,衢州市采取"两单一卡一打造"的做法。"两单"是指市场订单、政府"埋单";"一卡"是指发放创业服务卡;"一打造"是指打造衢州劳动力品牌。当时培训对象主要是以"40～50"农民为主,经技能培训使他们掌握最基本职业操作技能,加快"洗脚上田"向"洗脑进城"转变。通过培训,大批农民学到了技能,实现了转移就业,并逐步形成了衢州"三保一技"(即保姆、保安、保绿和技工)品牌。

2005 年以来,衢州市在抓好"40～50"农民培训的同时,把培训关口前移,突出抓好没有转移就业的年轻农民和预备劳动力的职业技能等级培训,培训时间一般为 1～3 个月,注重培训的获证率和转移率,力求通过培训使他们都拥有一项专业技能、一本技能证书、一份稳定工作。

从 2010 年开始,衢州市针对部分农民的分工分业、自主创业的实际,启动农村"两创"人才培训,重点是抓好农业生产型人才、农村创业型人才、农村经营型人才、技能服务型人才等方面的培训,把提高农民的创新精神、创业知识和经营管理能力放在首位,努力培养一支懂技术、善管理、能创业、能带领群众发家致富的农村实用人才队伍。

衢州的"万名农民素质工程"实实在在地让农民受益,是一项民心工程、增收工程、基础工程,受到了中央有关部门和省委、省政府的充分肯定。2008 年衢州"万名农民素质工程"入选了浙江省改革开放 30 年 100 件大事之一,衢州保姆在《2008 年中国农民工(蓝领)报告》中入选"全国十佳劳务品牌",2009 年被评为浙江省首届党政创新典范。

案例解读

培训定位于"三个服务"。

服务农民增收。近年来,衢州市把低收入农户农民、下山异地脱贫农民、失地农民以及因经济不景气返乡的农民工作为培训重点。通过技能培训,增强他们的就业竞争力,促进农民收入持续快速增长。据统计,2003—2010 年,衢州市累计开展农民转移就业培训 47.6 万人次,帮助 36.4 万人实现了转产转业。农民转移就业的加快,推动了农民收入的快速增长,2010 年衢州市农民人均纯收入达到 8270元,与 2002 年相比年均增长 11%。其中,工资性收入占比提高是推动农民收入增长的主要动力。2010 年衢州市农民人均工资性收入达到 4587 元,占全年收入的55%,与 2002 年相比提高了 12 个百分点,对农民增收的贡献率达到 65%。

服务经济发展。随着衢州市"工业强市"主战略的深入实施,一大批企业在衢州开工投产,企业用工需求大幅度增加,一些企业不同程度地出现了"招工难"现象。针对这一情况,衢州及时调整培训重点,由输出型培训为主改为服务本地企业用工需求为主,积极开展针对性培训。市、县两级农办、人事劳动等部门切实做好"两调查一对接"工作。"两调查"就是开展用工需求调查,紧紧围绕服装类、机械加工类、电子类、化工类等衢州本地的 10 大类紧缺工种,设置培训专业;开展农村劳动力现状调查,根据农村劳动力现状做好农民素质培训的宣传发动工作。"一对接"就是把培训和企业需求实现有效对接,开展订单式培训。从这几年情况看,培训以后的农民 80% 以上都在本地企业就业。

服务农业转型。农业的转型升级归根到底要依靠农业经营主体素质的提升。为此,衢州紧紧围绕发展现代农业需要,深化和提升农业技术培训。在组织培训前,深入到村组、农户、田间、地头展开调研,围绕当地优势产业、项目,开展农民最需要的科技知识和适合农民"胃口"的实用技术培训。如柑橘"三疏二改"、毛竹低改、食用菌栽培、蔬菜生产等实用技术的培训,受到了农民追捧。在培训方式上,既开展一些必要的技术讲座,向农民传授良种良法,强化现场培训,又组织农民现场观摩,实行现场演示和"一对一"对口服务,办好田间课堂。

培训机制实现"三个拓展"。

拓展内容。为顺应农民培训需求多样化的实际,衢州市不断丰富培训内容,以更好地满足农民需求。对农村实用人才,该市以提高科技素质、职业技能、经营管理能力为重点,形成"创业带就业"的良好局面;对职业农民,推行"一业一训"全程式、系统性的农业专业技能培训,加快培育一批新型农业主体;对普通农村劳动力,按照订单培训和定向培训的要求,抓好转移就业技能培训;对农村青壮年,抓好成人"双证制"教育培训,提高受训农民的文化素质和就业技能。

拓展基地。把培训基地建设作为提高农民素质培训质量的重要环节来抓,严格按照"四个有"(有场地、有师资、有实训设施、有就业渠道)的要求,切实抓好农民素质教育培训基地的准入关。目前,全市定点培训机构已达50多家,在这些培训机构中既有大专院校、国家级重点职业学校,也有行业或部门的职业培训中心,还有一部分民办职业培训学校,初步形成了公办为主体、民办为补充、多部门参与的培训新格局。

拓展模式。培训机构在开办培训班过程中,在办什么培训班、什么时间办、放在哪里办等问题上,充分听取农民群众意见建议,一切以方便农民为原则。农民素质培训工作之初,办学模式主要以"政府—培训机构—农民"为主,乡镇、村一级承担着大量的组织发动工作,有的地方为完成任务千方百计地"请"农民来培训,而农民自身对培训比较淡漠,一些人对"培训什么"、"到哪里培训"、"学了什么"、"学了干什么"感到很茫然。针对这种情况,衢州市积极吸引企业和农民专业合作社参与农民素质培训,把农业实用技术培训任务交由专业合作社去组织实施,把就业技能培训任务交由用工企业具体去组织实施,有效地提高了培训针对性和实用性,农民主动参与培训的积极性明显提高。

培训管理力争"三个加强"。

加强基础管理。首先,摸清农民培训需求和就业意向。每年年初,该市都组织市、县两级农办、团委、妇联等单位深入到各村各户,摸清劳动力分布情况、培训需求、就业意向;市、县两级教育部门及时摸清不能继续升学的初、高中毕业生培训需求、就业意向。目前,衢州市各个村农村劳动力的基本情况已全部输入"三民工程"的民情档案中。其次,摸清企业用工需求。市、县两级劳动部门及时了解企业用工需求情况,并及时反馈给农办等部门。再次,摸清培训基地承担培训情况。加强对培训基地的动态管理,督促培训基地建立统一的《农民培训学员档案》,加强培训全过程的监管,掌握每一个培训班的办学情况。最后,摸清培训后农民创业就业情况。培训主管部门加强对农民培训后创业就业情况的跟踪服务,及时发现一批创业就业典型,并注意对其事迹的了解收集和宣传,从而教育引导更多的农民群众参加培训。2009年,衢州市农办汇编了《农民增收致富100例》,涵盖了产业转型、就业创业、专业合作、改革创新以及其他等五个方面,其中有许多就是通过农民培训实现就业创业的典型。有的培训后当上了来料加工经纪人;有的开办了农家乐;有的成为种植、养殖大户,领办了专业合作社;还有的完成原始积累后创办了企业,成为带领农民致富的领头雁。

加强质量管理。为切实加强对农民素质培训的全过程管理,衢州市制定了"学校申报,部门审核,鉴定发证"的管理流程,培训基地开班之前要向市、县农办提出申请,经审核同意后再开班。按照小班化教学方式,规定培训机构开展培训的工种范围必须在核定的培训项目范围内,原则上每一家机构培训工种为1~2个,每个班人数控制在50人之内。培训过程中,市、县农培办开展不定期检查,具体检查学生到课率、教学计划执行情况,培训结束后在农办、财政及劳动部门的监督下进行考核。通过一系列行之有效的举措,提高培训的质量和效果。

加强资金管理。衢州市认真执行《农民素质培训专项资金管理办法》规定,严格按照培训资金的申报和拨付程序,严把补助资金核拨关。建立了农办、财政、培训机构三方联动机制,在拨付每一笔补助资金前以电话随机抽查的方式进行项目验收,重点对身份认定、教学质量、培训收费、就业推荐等方面进行抽查,每个班抽查比例不低于培训总人数的10%,对没有达到培训要求的,按抽查比率同等降低补助金额,防止出现弄虚作假、浑水摸鱼现象。财政部门对农民培训专项资金每年都开展绩效评价。

创新及示范价值

经验之一:组织保障到位是关键。

衢州市各级党委、政府十分重视农民素质培训工作,根据新农村建设需要和农民培训需求,市、县两级每年都召开会议专题研究部署农民素质培训工作,并把农民素质培训作为新农村建设考核的重要内容,有的县(市、区)还作为单项工作对各乡镇及县属有关部门进行考核。培训经费纳入财政预算,据统计,从2003年至2010年,全市累计投入培训经费1.55亿元,其中市、县、乡三级财政投入1.17亿元。

经验之二:明确责任分工抓落实。

市、县两级党委、政府都建立了实施"万名农民素质工程"领导小组,领导小组下设五个办公室:综合办公室、劳务输出培训办公室、本地用工培训办公室、农业技术培训办公室、劳动预备培训办公室。建立健全"党政领导负责抓、综合部门具体抓、职能部门分头抓、相关部门配合抓"的工作机制,市级重点做好综合协调、规划指导、督查考核等工作;县级着重抓好培训网络建设、培训组织实施等工作;乡镇抓好调查摸底、宣传发动、信息沟通、跟踪服务等工作。相关职能部门各司其职,相互配合,确保工作有人抓。与此同时,各级卫生、司法、文化等部门主动参与农民素质培训,以"万名农民素质工程"为平台,积极开展普法教育、公共卫生知识和特色文化培训。

经验之三:体现农民意愿保质量。

衢州市在推进农民素质培训过程中,完全由农民自觉自愿,不搞强迫命令;在办什么培训班、什么时间办、放在哪里办等问题上,充分听取农民群众意见建议,一切以方便农民为原则;在培训经费上,坚持政府埋单,较好地贯彻落实了"多予、少取、放活"的重要方针。

经验之四:加强就业服务促增收。

在抓好培训的同时,积极开展好就业服务工作。通过举办劳务交流大会、乡镇专场招聘会等形式,主动为农民送就业岗位。对政府投资的农村公共基础设施建设项目,以及村集体物业管理、设施管护、卫生保洁等工作,尽可能安排农民就业。加大对农民创业就业的帮扶力度,不仅从贷款发放、税费减免、工商登记、信息咨询、技术服务等方面给予扶持,而且在政治生活上给予关心。

点 评

素质扶贫是脱贫的根本之路。衢州在全省率先推进农民素质培训的做法,受到了农民群众的欢迎,时任省委书记习近平同志给予了充分肯定,认为"切实解决农民工的就业问题,是实践'三个代表'重要思想的具体体现。增强农民工的就业能力,关键是要提高他们的自身素质。衢州市实施'万名农民素质工程',为农民工提供了一个提高自身素质的有效途径,收到了较好的效果。全省各地要借鉴衢州的经验和做法,因地制宜加以推广实施"。"万名农民素质工程"也被"全球扶贫大会"东部案例考察团称为"素质扶贫衢州模式",被中农办领导誉为新时期的"农民讲习所"。

(衢州市农办任浩供稿)

舟山:网格化管理组团式服务的魅力

东海洋面上,分布着大小岛屿 1390 个,众星捧月般围绕着中国第四大岛。这便是舟山市,全国唯一以群岛设立的地级市,拥有普陀山、嵊泗列岛两个国家级风景名胜区,素有"海天佛国"、"渔都港城"之称。

近几年来,舟山市面临经济社会各种矛盾增加、各种利益冲突加剧的新形势。如何在第一时间化解社会矛盾,解决群众诉求,通过有效的管理和服务,促进社会和谐稳定? 2008 年 8 月,在普陀区桃花镇试点经验的基础上,舟山市按照社会管理终端化、力量整合兼容化、诉求解决初始化、工作保障常态化的工作思路,以为民、惠民、便民为宗旨,以"网格化定位、立体化组团、多元化服务、信息化管理"为基本方法,在全市推广"网格化管理、组团式服务"工作。

网格化管理,就是将全市 43 个乡镇(街道)划分为 2464 个管理服务网格,形成了覆盖城乡、条块结合的市、县(区)、乡镇(街道)、社区、责任网格五级服务管理体系。将传统的联产包干责任制度与现代信息网络技术结合起来,拓展电子政务功能,建立起公共服务与管理的新型信息化平台。整合"条块"公共服务资源,实现网格化治理与现有行政管理的无缝对接。

组团式服务,就是在基层党组织的统一领导下,以乡镇(街道)干部、社区工作者、民警、教师、医生和志愿者为网格服务团队成员,以家庭为最基本的服务单位,建立起基层社会管理服务新体系。以强化公共服务为突破点,全面及时回应群众要求,实行点对点、面对面服务。及时全面掌握社会稳定动态信息,强化了社会稳定分析预警,使大批群众反映的问题及时解决在源头,防止矛盾激化,避免矛盾积压。

案例解读

立足民情,准确掌握信息。

舟山市普陀区,因境内佛教圣地普陀山而得名。该区辖共有 4 镇 3 乡 5 街道,总人口 31.9 万人。根据社区所辖范围、村域分布特点、人口数量、居住集散程度、群众生产生活习惯等情况,合理设置网格。渔农村一般以 100～150 户为一网格,城市社区则适当扩大。网格中所有居民的家庭状况、住房、就业、计划生育、优抚救助、医疗、教育、土地承包、遵守法纪等信息资料,均输入信息系统,建立数据库。授权专人进行日常的管理、维护和更新,确保重要基础信息的绝对安全。同时,掌握群众服务需求信息,掌握重点人群信息。

着眼民生,及时解决问题。

村民任某在刑满释放后,发现自家唯一的一间房屋已经倒塌。他无处居住,多次向村里提出要求审批建房。但村里土地大多被征用,找不到合适的宅基地。网格服务组得知这一情况,马上向勾山街道领导汇报。勾山街道在该社区(村)召开村民代表大会时,专门向代表们说明任某的实际困难。在统一代表们的思想后,共同想办法。一块合适的宅基地找到了,任某建起了新房。为此任某特地制作了锦旗,写了感谢信,送到街道办事处,表达自己的感激之情。

团队精干,做到人民满意。

普陀区网格化管理服务团队共有 4201 名人员,既有乡镇(街道)党政领导班子成员、机关工作人员、社区(村)干部、社区民警,也有老干部、医护人员、教师,还有渔农村老党员、优秀联户党员。每个网格服务组由 6～7 人组成,每人一年至少走访联系网格内群众 4 次以上,了解情况,增加感情。在不违反法律法规和政策规定的前提下,寻找变通方法灵活处理,尽可能使群众反映的问题在最短时间内妥善协调解决。由于网格服务组成员与居民们有感情,很多邻里纠纷很方便地解决了。

提升效能,将"各管各"变"网格联动"。

网格化管理的重要特征之一,就是社会管理服务和党建工作资源的高效整合,有效地整合、利用和发挥基层管理服务资源。上至市属各部门、下至村(社区)的"网格化管理、组团式服务"信息管理系统和办事平台,运用现代信息网络技术,使"网格联动"更为高效。"网格化,使党委、政府的执政方式发生了根本性变化,基层党建和社会管理服务工作资源得到了有效整合和加强,在充分发挥基层党组织和党员作用的基础上,团结凝聚各方力量,及时有效地回应群众需求、解决实际问题,促进了舟山经济社会全面协调可持续发展。"舟山市委书记梁黎明深有感触地说。

创新及示范价值

经验之一:创新模式,探索社会管理服务新思路。

针对舟山市的"网格化管理、组团式服务"这一管理模式,省委书记赵洪祝给予了高度赞扬:"舟山市'网格化管理、组团式服务'是浙江省基层党的建设和社会管理服务的一个创新之举。一是把城市管理模式引向渔农村社会,依托控制论、系统论、信息论,综合利用移动通讯、地理编码和网络地图等高科技手段,对渔农村社会进行全方位、全时候、全覆盖的管理和服务,这在全国恐怕是独创的;二是在强调公共管理和社会治理的同时,进一步突出了公共服务。从更宽广的视野上看,这种新模式把党的领导和党的工作渗透到基层社会管理和服务的方方面面,为推动发展创造条件,为服务群众设计载体,为凝聚人心搭建平台,为促进和谐提供保证,使基层党组织的作用得到了切实有效的发挥。"

经验之二:以民为本,做群众的贴心人。

住房、就业、扶贫、环卫等,直接关系到群众的切身利益。舟山市网格服务组成员主动上门,了解群众疾苦,听取群众意见,能够解决的问题当场解决,某些因历史或政策等原因无法解决的,也推心置腹地交流沟通。这样,群众感觉到了被重视、被尊重、被理解,群众的心结解了,抱怨少了,整个社会不合拍的声音小了,不和谐的因素减了。乡镇(街道)党委、政府建立定期分析研判制度,对于各组团无法独立解决而上交的重大疑难民生问题,集中时间、集中力量予以破解。群众安全感满意率达到 97.19%,连续 4 年被浙江省委、省政府命名为"平安市"和"社会治安综合治理优秀市"。

经验之三:因地制宜,创新为新航程提供动力。

创新,是党的建设中一个永恒的主题。民有所想、我有所谋,民有所呼、我有所应,民有所求、我有所为,这是执政党工作的基本准则。"网格化管理、组团式服务"工作在舟山市推广后,各地各级党委、政府并不拘泥于一种模式,纷纷结合自身实际,因地制宜地创新工作方式方法,把百姓忧乐系心头,群众疾苦放心间,一项项以民为本的创新举措在实践中得到检验,为舟山扬帆搏击新航程提供动力和支持。

渔业是舟山的传统产业，针对渔区实际，普陀"桃花"模式取得了明显成效，但并不完全适用于其他地方。岱山县、嵊泗县根据渔区特点，在建立陆上常规网格的基础上，对海上作业渔船实施"海上网格化"管理。如岱东镇对所有船只进行编组，划分网格，充分整合"四百工程"、党员"卡式管理"、党员设岗定职、党员联系服务群众、干部联系渔船制度、渔船编组制度、"平安星级船"创建活动等各项工作，对渔民在陆上和海上实行双向管理，形成"双网格双服务"，实现了管理服务全覆盖。

经验之四：细察民情，让网格团队发挥最大的优势。

与渔农村比较，城市社区居民在文化层次、思想观念、利益诉求以及生活习惯等方面与渔农民存在较大差异。为此，普陀东港街道以党员的职业特点、生活习惯、兴趣爱好为纽带，坚持"群众所需、党员所能"原则，采取形式要灵活、时间应适度、内容求创新的工作方法，把民间社团、行业协会等党员吸纳为"网格服务队员"，尽可能让城市居民实现自治。

点　评

舟山市"网格化管理、组团式服务"开创了一种反思传统的社会管理模式，是新时期社会管理方式的创新。通过开展党建创新，变上访为下访；通过干部群众的零距离接触，实施精细化管理，把问题解决在基层，把矛盾化解在萌芽状态，从而实现社会和谐稳定。"组团式服务"更是解决了党员个体服务能力、服务资源不足与群众多样化需求不相适应的矛盾。

（人民日报记者袁亚平、舟山日报记者徐祝君供稿）

西湖区："黄金效益"的创意产业

国务院批准实施的《长江三角洲地区区域规划》中,将杭州定位为"全国文化创意中心",这一定位为杭州市西湖区文创产业提供了更大的发展空间和更有利的外部环境。

西湖区文创产业充分发挥文创产业集聚、科研院校集中、人才基础雄厚、配套设施完善、自然环境优美等优势,在杭州市打造全国文化创意中心中发挥排头兵作用,做强"全省文创产业第一区",把文创产业作为"打造首善之区"、"共建共享全国最美丽城区"支柱产业、"美丽产业",作为调整产业结构、推进产业转型升级的主要抓手。

目前,西湖区已有杭州数字娱乐产业园、西溪创意产业园、之江文化创意园三大市级创意园,文新467创意联盟、天亿家居文化创意产业园、黄龙体育文化创意产业园三大区级创意园,以及文新图书大楼、天亿家居文化创意园、浙江中小企业大厦、数娱大厦四个市级创意特色楼宇。

近年来,西湖区联合中国美院成功申报中国美术学院国家大学科技园,积极打造全国首个以艺术创意为特色的国家大学科技园,顺网科技等三家文创企业成功上市,《宋城千古情》荣获全国"五个一工程奖","十二五"开局之作——《五星红旗迎风飘扬》、《东方》两部建党九十周年献礼大片分别在央视一套黄金时段播出,获得了国家领导和社会各界的广泛关注与充分肯定,《人民日报》、《光明日报》等各主流媒体先后对此作了报道。

如今,西湖区文创产业各项工作稳步向前推进,教育培训、设计服务、现代传媒三大优势产业地位得到进一步巩固,七大文创园区的核心竞争力进一步加强,杭州数字娱乐产业园、西溪创意产业园和之江文化创意园三大市级园区引领地位进一步凸显,产业规模、产业质量、产业影响力全方位突破。

2010 年,西湖区文创产业 GDP 增加值达 128.91 亿元,占地区生产总值 27.06％,全年共引进文创企业 784 家,到位资金 60 亿元,为做强"全省文创产业第一区"迈出坚实的一步。

案例解读

加快平台建设攻坚,引领园区高端运营。

近年来,西湖区通过加大园区硬件投入,加强平台资质提升,加深国际交流合作等多措并举,加快文创产业平台建设,为发展文创产业夯实基础。

加大园区硬件投入。近年来西湖区累计投入超过 4 亿元,用于三大市级文化创意产业园区项目建筑基础、管网和市政设施、服务配套设施等建设。数字娱乐产业园不断推进"一点多园"战略,成功拓展了包括"数娱分园"、"计量分园"、"龙都分园"等在内的六大分园区,目前园区总面积已达 8 万多平方米。西溪创意产业园全面完成园区会议中心、餐厅、展览厅、影视放映厅等园区商务配套设施建设,建成以剧本创作、影视拍摄制作、电影发行、院线放映为主要特色的文化产业布局,已形成年出产电影 5 部、电视剧 10 部、影视剧 800 集的作品制作能力。之江文化创意园完成一期建设项目全部内容,不断增加并改善商业配套,园区食堂、青年旅社、专线巴士等商务配套系统良性运行,打造园区 5 分钟基础商务配套圈,还改建了 550 平方米的艺术展览中心及 1000 平方米影视专业标准摄影棚。

加强平台资质提升。杭州数字娱乐产业园作为国家数字娱乐产业示范基地和国家级科技企业孵化器,与浙江工业大学合作成立了"区域数字娱乐技术共享服务平台",为企业提供技术研发服务和设备共享。西溪创意产业园先后被授予"北京电影学院教育创作实践基地"、"浙江省影视创作拍摄示范基地"以及"浙江省广播电影电视局电影审查中心"称号。之江文化创意园 2010 年被国家科技部、教育部命名为"中国美院国家大学科技园",并先后成功申报省级重点服务业集聚区、国家动画产业基地拓展区、市文化创意产业大学生创业孵化基地、市科技企业孵化器、市留学生创业园等平台。

加深国际交流合作。杭州数字娱乐产业园成功引进"ASIAGRAPH(亚洲艺术科学协会)中国办事处"。西溪创意产业园发挥入驻名人约翰·霍金斯所建工作室资源优势,成功筹办纽约广告节——全球品牌创意论坛。之江文化创意园与德国波茨坦电影艺术学院代表方德国艺术与科学研究院签订协议创办欧洲(电影)艺术馆——欧洲四零艺术空间,引进德中文化交流协会,与香港设计中心、香港理工大学开展了合作,接待了来自美国、加拿大、英国、德国、中国香港、中国台湾等 20 多个国家和地区的参访团队和企业代表,扩大了园区文创全球视野。

汇聚八方文创名企,树立园区产业特色。

2010 年,杭州数字娱乐产业园实现产值 8.95 亿元,聚集了包括顺网科技、乐港科技、泛城科技在内的 150 多家企业,主营内容涵盖数字娱乐软件开发、影视动画制作、网络游戏开发、娱乐网站经营、衍生产品开发、手机内容提供等产业链上的各个环节,优化数字娱乐孵化器平台,打造数字娱乐产业生态圈。西溪创意产业园则汇聚国内电视剧"第一股"浙江华策影视股份有限公司、国内最大纪录片库制作公司长城影视有限公司、省内最大电影发行公司浙江省电影有限公司等 10 家企业,2010 年入园企业实现影视产业总产值 3.75 亿元,电视剧产量高达 800 集,据初步估算占杭州市出品总量的 70% 以上。之江文化创意园目前共引进企业 140 多家,主要为动漫游戏、现代设计、艺术品、新媒体四个产业类型企业,行业企业间形成了一定的上下游关系,构建了园区企业第一产业梯队的"生态链"框架,风赋传媒(杭州)有限公司、之江巧克力(杭州)动漫有限公司、方振华创意设计(杭州)有限公司等一批行业龙头企业落户园区。

打造创意人才高地,构筑园区智力支撑。

一是大力引进名人名家。到目前,西溪创意产业园已引进潘公凯、杨澜、余华、刘恒、邹静之、麦家、赖声川、朱德庸、蔡志忠、吴山明、程蔚东、崔巍、约翰·霍金斯、皮托夫、高满堂、刘星、杜维明、朱海等 20 位"国内顶尖、国际一流"的大师名家。之江文化创意园引进了蔡志忠、何见平、王伟忠、郭守正、刘纪纲、方振华等国际创意界知名人物。园区出台了名人个性化、特色化、亲情化"三化"服务措施,提高名人入驻满意度;做好名人入驻创意园专员陪同以及定时上门征询意见等贴心服务,满足名人全方位个性化需求。二是不断壮大领军队伍。积极鼓励支持文化创意产业人才入选西湖区"515"新世纪人才工程进行培养,积极推进顺网科技、华策影视、宋城股份三家企业上市,培育长城影视、中博展览、乐港科技、泛城科技等大企业大集团,开创文创产业领军人物集群格局。三是大力培育后备人才。依托浙江大学、中国美院等著名院校的优势,不断优化数字娱乐孵化器平台。2010 年孵化器新增在孵企业 3 家,毕业企业 5 家,截至目前孵化器共孵化企业 87 家,其中毕业 26 家,在孵 61 家,有 6 家在孵企业进入雏鹰计划。在之江文化创意园内专门开辟了大学生(留学生)创意孵化基地,重点引进海内外优秀的创意人才、团队、技术和创意。

点亮"美丽西湖"品牌，彰显园区创意风尚。

一是打造国家级品牌。杭州数字娱乐产业园获得"国家数字娱乐产业示范基地"称号。之江文化创意园被国家科技部、教育部命名为"中国美院国家大学科技园"，积极打造全国第一个以艺术创意为特色的国家级大学科技园。华策影视制作的《中国往事》获 2009 韩国首尔国际电视节"最高电视剧大奖"及第 25 届中国电视金鹰奖"优秀电视剧奖"、"最佳照明奖"、"最佳摄像奖"。《宋城千古情》荣获全国"五个一工程奖"。浙江长城影视有限公司入选 2009—2010 年度国家文化出口重点企业。杭州神采飞扬娱乐有限公司被文化部命名为第四批国家文化产业示范基地。二是打造影视品牌。近年来，区内多家影视制作公司在影视精品上下足工夫，获得较好反响。浙江影视集团投资拍摄的《非诚勿扰》获第 13 届中国电影"华表奖"、《超强台风》获得全国"五个一工程奖"；金球影业创作拍摄的《倾城之恋》被业内誉为"引领中国电视剧真正做到精品化的代表之作"。开春大作《五星红旗迎风飘扬》、《东方》两部建党九十周年献礼大片分别在央视一套黄金时段播出，并得到中宣部领导专门批示给予表彰、中共中央宣传部发文要求给予重点宣传，《人民日报》、《光明日报》连续两次整版报道，《求是》杂志以专版位置谈《在曲折和探索中实现民族复兴》，中央电视台连续在《新闻联播》中报道两部电视剧播出后的热烈反响。三是打造活动品牌。2010 年，首届杭州创意生活·热波音乐节在之江文化创意园举办，音乐节以创意为主题，以设计作品展示为载体，以文创园区为平台，推出了创意生活会客厅、创意潮流跨界展、街头斗秀场、阿南达天地瑜伽等多个创意互动类活动，3 天的音乐节汇聚了张震岳、张楚、张悬、王啸坤、麦田守望者、便利商店、龙宽等 20 余组囊括多种音乐风格的艺人和乐队现场献唱，吸引 2 万余名音乐爱好者参与，打造了一个真正的影音娱乐嘉年华。

创新及示范价值

经验之一：政策扶持，注入产业发展动力。

西湖区文创产业发展注重发挥政府引导作用，积极制定产业发展政策。首先是制定落实文创产业发展财政扶持政策。在贯彻落实杭州市委、市政府各项文化创意产业财政扶持政策的基础上，西湖区财政每年安排扶持资金 8000 万元（含现代服务业）用于发展文化创意产业，制定出台《关于加快现代服务业强区建设的财政扶持意见》、《西湖区特殊贡献企业和较大发展潜力企业财政扶持议事规程》、《加快发展中国美术学院大学科技（创意）园的财政扶持若干意见》等一系列政策，为文化创意产业提供了政策支持。其次是完善文创企业投融资扶持政策。发行规模1.44亿元的小企业集合信托基金"三潭印月"项目，为高新技术、数字娱乐等文化创意企业搭建融资服务平台；西湖区政府和浙江星巢创业投资管理有限公司携手知名浙商企业共同发起了总额为1亿元的"西湖星巢天使基金"，进一步加大对青年大学生创新创业的扶持力度；浙江赛伯乐公司在西溪创意产业园设立赛伯乐星辰创业投资基金，预计该基金总规模达5亿元以上，主要用于帮助影视产业的发展。

经验之二：平台建设，夯实产业发展基础。

目前，杭州数字娱乐产业园已完成了计量大厦分园、数娱大厦分园等六个分园的拓展扩建，培育了顺网科技等一批行业领军企业。之江文化创意园以"创意＋产业＋居住"三位一体的国际化创意产业区块整体发展定位，已完成2.8万平方米的招商工作，吸引台湾漫画家蔡志忠先生等一批名人入驻，并建立了凤凰·大学生科技创意中心和中影实训基地。2010年，园区联合中国美术学院成功申报中国美术学院国家大学科技（创意）园，标志着全国第一个以艺术创意为特色的国家级大学科技园正式落成。总建筑面积2.6万平方米的西溪创意产业园，已签约杨澜、潘公凯、刘恒、余华、世界创意产业之父约翰·霍金斯等20位名人，引进浙江省电影公司等8家影视企业，打造文化创意领域内的"人才高地"和"艺术高地"，被浙江广播电影电视局授予"浙江省影视创作拍摄示范基地"称号。

经验之三：集聚发展，抢占产业制高点。

近年来，西溪创意产业园影视产业发展稳步推进，众多知名编剧、实力影视企业入驻，已有余华、刘恒、麦家、邹静之、朱海、程蔚东、高满堂、刘星、卞智宏等9位编剧、作家以及长城影视、华策影视等8家优秀影视公司总部签约入驻，园区的影视特色逐渐显现。为更好地彰显特色，做优做强影视产业，园区确立了影视产业的主导和支柱地位，制定了影视产业发展的长远规划，着力打造国内具有一定影响力的影视艺术人才聚集地、影视产业的原创基地和高端影片、电视剧的拍摄基地。2010年，园区总产值达3.75亿元，园区企业投资影视剧在全国各地播出600余集，海外电视台播出158集，影视文化产业聚集示范作用更加明显。

作为国家数字娱乐产业示范基地，杭州数字娱乐产业园主要从事数字娱乐开发、运营和服务，影视动画制作及衍生产品开发，娱乐网站经营及增值服务等，形成了较为完备的数字娱乐（动漫游戏）产业链。建园以来，园区与浙江大学等国内著名院校合作紧密，先后建立了国家数字娱乐产业示范基地公共服务平台、区域数字娱乐技术共享服务平台和浙江省第一个数字娱乐（动漫游戏）产业商会,吸引了151家数字娱乐类企业进驻,成为全省最大的数字娱乐产业集聚地之一。经过多年建设,初步形成了产业体系相对完整、结构布局日趋合理、整体技术水平先进、市场导向作用明显的数字娱乐产业集聚发展格局,成为杭州打造全国文化创意产业中心和动漫之都的重要核心和主要支撑。

点 评

围绕“打造全国文化创意产业中心”和“动漫之都”的目标,杭州市把文化创意产业作为“第四产业”来打造,作为“软实力提升”的重要战略,作为推动区域产业升级、培育经济新增长点的重要举措。西溪创意产业园、之江文化创意园和杭州数字娱乐产业园等三大市级文化创意产业园的成功运作和发展,在杭州乃至全国文化创意产业发展史上开启了一个新的历程,令人神往和期待。

(杭州西湖区文创办冯云山供稿)

滨江：创新创业者的理想乐园

美国硅谷，作为高新技术产业的"圣地"，曾演绎出多少创业传奇。

在杭州滨江，同样有这样一个集聚高端产业、不断创造创业奇迹的科技硅谷——杭州高新区（滨江）。

这里，尽管建区不到 20 年，但经济发展飞速，目前已初步形成了软件、通信设备制造、物联网、电子商务、文化创意、数字电视、集成电路设计、光伏产业等八大具有较强竞争力的高新技术产业集群。2010 年全区实现生产总值 336 亿元，技工贸总收入 1810 亿元，财政总收入 84 亿元，在中国国家级高新区中综合排名第七，已成为全省最具影响力的科技成果产业化基地、高新技术产品出口基地、技术创新示范基地和创新型人才培养基地。

这里，生机勃发，激情四射。平均每天就有 1 家科技型企业诞生，累计已经有 6000 多家企业。既有大企业，更有层出不穷、生生不息的中小科技型创新一族，还集聚了各类人才近 12 万名，他们成为创业创新的一支重要生力军。

这里，每天都在演绎创业创新的传奇故事。全球最大的 B2B 网站阿里巴巴在这里成长、壮大；从钢筋水泥的建筑行业华丽转生，投入到多彩绚烂的动漫产业的中南卡通，如今已成为国内动画片出口量最大的企业；留美博士王健、杨立友、华桂潮、夏建统带着技术来了，高新区（滨江）以海纳百川的气度，聚集了一个逐渐壮大的海归群体，铸就了一个个创业传奇，一个个技术垄断型企业悄然诞生。

这里，有创业创新最合适的"土壤"，有资金、场地、管理全方位的服务，对很多人来说，这里创业的舞台分外精彩。该区修订和出台了关于鼓励和扶持海外归国人员、大学生、失土失业人员自主创业的若干意见等多个专项扶持政策，启动引进海外高层次人才"5050 计划"；在杭州率先设立了留学生创业园和大学生创业园，还建起了国家软件产业基地、海外高层次人才创新创业基地等 13 个国家级基地，培育了 10 个特色产业园，建成科技孵化器 10 家，搭建了软件开发工具创新服务平台、杭州动漫游戏公务服务平台等 6 个服务平台；设立了创业投资引导资金，建立了创投服务中心，成立了担保公司，拥有各类创业投资机构 100 余家；启动建设创业人才等专项用房公寓，为创业人才打造温馨家园。

这里，正大手笔建设宜业宜居天堂。绿化覆盖率达 35％，被评为 ISO 14000 国家环保示范区。北部滨江新城 1.4 平方千米的物联网产业园已经破土动工、互联网经济示范区蓝图已经绘就；南部 20 平方千米的白马湖生态创意城"农居 SOHO"集聚创意英才，汇聚创智大脑。通过不断提升城区环境品位，高新区（滨江）用最短的时间实现了公共配套与城市建设、公益事业的协调发展，为创业者缔造了更加舒适便捷的品质生活。

高新区（滨江），一片挥洒激情、书写创业传奇的热土，一个产业集群、创业创新资源集聚的高地，一座环境秀美、配套完善的科技新城！

案例解读

留学人员创业园、大学生创业园、失业人员创业园，种下梧桐引凤凰。

常言道："栽好梧桐引凤凰。"1998 年年底，杭州高新区（滨江）提出了创建留创园的构想。经批准，"浙江省留学人员创业园区杭州高新基地"和"杭州市留学人员高新区创业园"在该区挂牌。

经过 10 多年的发展，如今，留学人员创业园已成为在高新区（滨江）创业的海归们共同的家园。园区目前吸引了海外回国人员 807 名，他们当中大多数是能够突破关键技术、发展高新产业、带动新兴学科的战略科学家和领军人才。他们在园区创办了 370 余家企业，其中年技工贸收入超亿元的企业 11 家，超千万的企业 28 家。

2008 年 6 月，杭州首个大学生创业园落户高新区（滨江），随后该区出台了一系列扶持政策，营造了良好的创业氛围，大学生创业企业不断集聚。经过近三年的建设和发展，目前高新区（滨江）已有大学生创办企业 380 家，累计实现税收收入 140.64 万元，实现对区财政贡献 47.63 万元，累计带动 1290 余名高校毕业生就业，经营范围涵盖了计算机、电子、通信、生物医药、游戏、广告设计、咨询等各方面，并呈现了高校毕业生特有的创新意识和生机活力，成为区域经济发展的一支新生力量。2009 年，高新区（滨江）大学生创业园被国家科技部火炬中心确认为国家级大学生科技创业见习基地试点。

对于失土失业人员,高新区(滨江)则为他们搭建了失土失业人员创业园或创业街,营造了氛围浓厚、条件宽松的创业环境。最近,高新区(滨江)西兴社区筹建了失业人员创业园,面积达 6000 平方米,经营门类有食品、副食品、餐饮、日用百货及各类修理服务。西兴社区还举办失业人员创业园 SYB 创业培训班,为失业人员创业提供帮助。

税收、融资、场地,创业扶持政策全覆盖。

创业者最大的希望莫过是获得政策扶持。在高新区(滨江)创业,创业者非常解渴。

该区重点实施"5050 计划",力争在五年内引进符合国家"千人计划"条件的海外高层次留学创业人才 50 名,年技工贸总收入超千万元的留学人员企业累计达到 50 家。对于带技术、带项目、带资金来该区创业的海外领军人才,经评审后,最高将给予"三个 500、两个 100"的优惠政策:500 万元以内的创业启动资金;三年 500 平方米以内的办公场地租金补贴;两年 500 万元以内的银行贷款全额贴息;最高 100 万元的留学人员在杭创业资助资金;100 平方米住房公寓三年租金补贴。特别突出的项目,实行"一事一议、上不封顶"的政策。目前,首批"5050 计划"有 37 个项目入选,将兑现创业启动资金 5500 余万元,拉动企业注册资本总量达 5.18 亿元以上;签约项目中有 6 人入选国家"千人计划",1 人入选"长江学者特聘专家"。

加大大学生创业扶持力度。初创期是大学生创业最艰难的阶段,该区在全市率先研究出台了《高校毕业生创业资助资金实施办法》和《关于进一步鼓励和扶持大学生自主创业的若干意见》,对高校毕业生从事科技成果转化、研发项目、文化创意等项目,给予最高 20 万元的创业项目资助,两年 50 平方米以内的全额房租补贴,以及工商注册登记零收费等无偿资助;对于入驻园区的大学生创业企业,还将给予三年对区贡献 100% 的资助,三年免费人事代理服务,三年免费人才招聘服务,以及展会补贴等方面的扶持。

促进失业人员创业。设立区就业困难人员自主创业资助资金,财政每年安排不少于 100 万元专项用于无偿资助符合条件的就业困难人员创业。对持《就业援助证》人员从事个体经营、创办企业并缴纳社会保险费的,按每人每月 300 元的标准给予补助和社会保险补贴。在享受失业保险金待遇期间自谋职业、自主创业的人员,可以申请一次性领取剩余的失业保险金作为创业扶持资金,并在营业执照有效期满 1 年时已带动 3 名及以上杭州市登记失业人员就业的,给予一次性 5000 元的奖励。参加创业培训后自主创业,且实际经营满 6 个月以上的,给予一次性 1000 元的开业奖励。本区失业人员进创业园区或是创业一条街的,给予三年 100 平方米以内的办公场所租金补贴,园区外租赁房屋创业的就业困难人员,两年内给予一定的房租补贴。

此外,每年还从财政支出中安排不低于15％的比例设立产业扶持资金,用于支持高新技术产业发展和中小企业从事创新创业活动。比如,国家两院院士、国家杰出青年科学基金获得者、长江学者、"百人计划"杰出人才等领衔以其科技成果到该区创办企业的,可获得一次性100万元创业资助。经批准新设立企业博士后工作站的,给予企业一次性10万元资助;博士新进入企业博士后工作站(含分站)的,按每人5万元给予企业一次性科研补助经费;博士后期满出站后在区内工作的,给予一次性安家补助费5万元。经备案的科技型初创企业,按100平方米以内第一年1元/(平方米·天)(江南区块第一年全额补贴)、第二年0.5元/(平方米·天)给予租金补贴。完善小额贷款担保政策,设立了首期3000万元的创业投资引导基金,引进风险投资基金,创新"订单贷"等融资服务,进一步拓宽了创业者的融资渠道。

培训、跟踪、指导,创业培训体系进一步完善。

为切实提高大学生创新创业能力,该区不断完善以政府为主导、企业为主体、院校为基础、社会参与的大学生实训和技能培养体系。建立了121家大学生实训(见习)基地,其中涵盖了以UT斯达康、恒生电子、诺基亚西门子、摩托罗拉、士兰微电子、吉利集团、中控科技等企业为代表,涉及通信、软件、机电、集成电路等区内主打产业,以及施强药业等涉及医药、管理等相关专业的实训基地,基本覆盖了高新技术产业的各个专业领域,实现院校培养与企业需求的有效对接,帮助高校毕业生提高其实践能力和技术水平。同时,积极与浙江机电职业技术学院等院校机构开展合作,加强信息发布、岗位培养,开展人才实训、技能培训、创业培训等教育班,提高大学生的专业技术水平和创业能力。

该区还在全市首创了"SYB+X"培训模式,把创业培训与技能培训有机结合,提高创业初始成功率。比如,利用阿里巴巴进驻江南的契机,邀请企业资深培训专员,为失土失业人员传授电子商务(网上开店)知识;结合早餐广场或美食广场等餐饮业的兴起,组织开展了"SYB+中式烹调"培训班。逐步扩大创业培训对象,培训对象由失业人员、被征地农民、残疾人、妇女,拓展到大中专毕业生、刑满释放的服刑人员和归正人员。实训科目在服务外包、信息化等领域基础上,进一步扩大到文化创意产业和先进制造业、现代服务业等领域。同时更加注重创业培训后的跟踪服务,在创业项目、开业指导等方面提供支持。

为鼓励失业人员创业,该区落实培训补贴政策。城镇登记失业人员、大学生、被征地农民和残疾人参加"产生你的想法"(GYB)、"创办你的企业"(SYB)培训和创业实训,取得培训合格证书的,分别给予补贴。取得创业培训合格证书,在杭成功开业并符合条件的,给予培训机构后续服务补贴。取得培训合格证书,并带动本市城镇登记失业人员就业的,按新增就业人数给予以奖代补。

项目推荐、行政审批、住房保障,"保姆式"服务让创业者后顾无忧。

为让园区的海归们安心创业,高新区(滨江)建立了一整套管理机制。专门成立了留学人员创业园办公室,负责园区管理;设立了留学人员服务中心,落实优惠政策,开通绿色通道,为海归群体提供全方位服务。留学人员创业园的日常管理服务工作,也从传统常规的保姆式服务,逐步走向深入规范的拓展性服务。比如,定期举办"硅谷精英沙龙"、在杭留学人员团拜会、联谊会、工作座谈会等活动;根据留学人员的不同特点,引导、鼓励他们走多元化发展道路;帮助联系接收单位、寻求项目合作;为他们提供各类咨询,协调解决办公场所;办理出入境签证、子女入学、购房、购置自用免税国产车、更换国际驾照;等等。

为指导帮助大学生创业,高新区(滨江)建立了大学生创业园工作联席会议制度,进一步加强区领导和有关部门与大学生创业企业的联系,及时了解大学生企业的运行情况,帮助大学生解决创业过程中遇到的实际困难。在企业初创阶段,园区为大学生提供创业辅导、人才推荐、财税咨询、法律咨询、市场开发和物业服务等全方位的配套服务,并在办事窗口推出工商注册免费代办服务,为大学生自主创业开辟"绿色通道"。在企业发展阶段,高新区(滨江)及时送政策、送信息、送服务上门,兑现落实各项创业扶持政策。在企业成熟阶段,积极帮助企业吸引投资融资。组织创业沙龙,积极开展导师见面会、银行理财等沙龙活动,促进大学生交流创业、就业经验和体会,共同探讨创业之路。同时,建立大学生创业导师团,邀请区内 15 名成功创业典型、投资管理资深人士和高校老师等相关专家,成立高新区(滨江)大学生创业导师团,采取"一对一"辅导,提升大学生创业能力,提高大学生创业成功率。

为更好地帮助本土失业人员创业,高新区(滨江)以街道劳动保障管理站和社区公共就业服务平台为依托,建立了区、街道创业指导服务中心,并辟创业服务专栏,为各类创业者提供创业培训、开业帮助、政策咨询、项目推介、专家指导、跟踪扶持等"一条龙"创业服务。定期举办创业项目展示会,为失业人员开展多种形式的项目展示活动。根据创业状况,建立创业回访制度,定期进行电话回访或上门回访,扎实做好后续服务工作。

在行政审批服务上,高新区(滨江)推行网上行政审批服务。推行"一站式服务"制度,为留学人员、高校毕业生、失业人员、外来务工人员开辟创业"绿色通道"。

创新及示范价值

经验之一:创新为王。

创新需要胆识,需要魄力,需要勇气。作为一个国家级的高新区,高新区(滨江)勇于解放思想、创新思维,敢当探路者,敢做寻路人,敢吃第一只螃蟹,敢先人一步、快人一拍、高人一筹地做着前人没有做过的事情。不论是建设留学人员创业园、大学生创业园、失业人员创业园,还是出台完善一系列鼓励创业创新的政策举措;不论开展大学生实训基地、失土失业人员"SYB+X"培训,还是开展全方位"保姆式"管理服务的理念和举措,无一不走在全市乃至全省的前列,也无一不体现了高新区(滨江)全区上下强烈的创新意识。

经验之二:人才为本。

创业创新,关键是人才。建区以来,高新区(滨江)坚持把开发人才资源作为立命之本,大力实施人才强区战略,外抓引进、内抓培养,努力构筑人才高地。该区每年从区财政中安排人才专项资金 5000 万元,用于吸引和激励创业创新人才,同时,加强国家留学人员创业园建设,加强大学生创业园建设,实施"5050 计划",进一步加大了海外高层次人才的招引力度。依托江南、江北两个人力资源市场,每周组织系列招聘活动,形成了"相约在高新"品牌。实施人才安居工程,累计提供 4.5 万平方米后勤服务公寓,在建 12 万平方米创业人才公寓,已建、将建 23 万平方米人才限价房。自 2003 年以来,高新区(滨江)累计引进各类人才 12.7 万人,60%以上具有本科及以上学历;全区每万名从业人员中拥有人才资源 6039 人,位居全省首位;每万名人口拥有理工科毕业生数 3377 人,位居国家级高新区前列。全区已建成 13 家国家级企业博士后科研工作站、2 家博士后科研工作省级试点单位和 12 家区级博士后科研工作分站,设站规模和运行质量位居省、市前列。全区拥有海外留学创业人才 690 余人,创办留学生企业 370 家,其中 90%以上具有硕士及以上学历,自主培育 10 人入选国家"千人计划",引进 5 人,全区累计拥有国家"千人计划"入选者 15 人,为推进创新创业注入了最革命的因素。

经验之三:环境为先。

制度重于技术,环境重于政策。高新区(滨江)这些年的实践,充分反映出了"企业跟着人才走,人才跟着环境走"的道理。为了帮助企业对接创业创新源头,高新区(滨江)与浙江大学、中科院等开展全方位合作,有效利用其人才、科研资源。同时,依托国家级科技创业服务中心,高新区(滨江)为前来创业创新的企业搭建了 10 个孵化平台,与微软、英特尔、IBM、思科、甲骨文等公司建立了合作关系,提供公共技术服务,搭建了软件开发工具创新服务平台、杭州动漫游戏公务服务平台等 6 个公共服务平台。为了帮助中小企业融资,高新区(滨江)进一步完善了投融资平台,设立了创业投资引导资金,建立了创投服务中心,成立了担保公司,引进杭州科技银行;设立了 3 亿元产业扶持资金作为企业信贷解困专项资金;推行中小企业"订单贷"、"一路通"等业务。大力扶持企业股份制改造及上市融资,上市企业达 25 家,形成了"杭州高新板块"。

经验之四:服务为上。

为企业提供优质高效的服务是高新区(滨江)的特色和优势,该区努力营造良好的创业创业环境。在加强政策扶持方面,高新区(滨江)每年设立不少于 1.5 亿元的产业专项扶持资金;出台了"产业政策 40 条",从鼓励投资、鼓励创业、鼓励创新、鼓励做强四个方面进行扶持。同时,高新区(滨江)还制定了鼓励文创产业、服务外包、商贸服务业以及激励自主创新人才等系列专项政策。围绕服务企业,高新区(滨江)成立了创业中心、人才中心、办事中心、招商中心四大专业服务机构,形成企业服务长效机制和较为成熟的服务体系。同时,高新区(滨江)还定期开展"银企恳谈会"、"高新传统对接会"、"创投项目推介会"、"走访企业服务周"等活动,建立了区领导和部门分工联系重点企业制度,建立了工业经济"一队一群企"、"一周一例会"、"一年一考核"制度,帮助企业创业发展。

点 评

抓住创新、人才、环境、服务这几个基本要素,杭州市打造了创业者的乐园,这一乐园并不是游玩者的乐园,而是创业者的平台,人才的集聚区,改革的试验区,科技的先行区,它不仅会吸引一大批创业者,而且会催生出一大批成功的企业家和企业。

(杭州滨江高新区党委宣传部余小平、宋桔丽供稿)

鄞州:共创共富的发展之路

宁波市鄞州区东南西三面紧依宁波中心城区,历史悠久,其前身鄞县是中国最早的建制县之一,已有 2200 多年历史,是我国最早对外开埠的通商口岸之一,也是我国佛教文化的重要传播地。2002 年 2 月,撤县改为鄞州区,全区总面积 1346 平方千米,下辖 18 个镇乡、6 个街道,人口 80 万。

鄞州山水俊秀,名人辈出,素有"诗书之乡"的美誉。境内有被誉为"西子风韵、太湖气魄"的浙江第一大淡水湖东钱湖,有诞生 76 名进士的"中国进士第一村"走马塘村。贺知章、王安石等曾在这片土地上留下了深刻的足迹,宋代大儒王应麟、清代史学家全祖望、著名生物学家童第周、书法家沙孟海、昆虫学家周尧等是鄞州人的骄傲,中国科学院、中国工程院有 29 位鄞州籍院士。鄞州还是著名"宁波帮"的发源地,是浙江省重点侨乡,鄞州籍港澳台同胞和海外侨胞超过 7 万名。

改革开放三十多年来,鄞州区抓住改革开放先机,以敢为、求实、争先精神,率先推进市场取向改革,充分发挥市场的基础作用、人民的主体作用和党政的主导作用,鼓励支持人民群众大胆创业创新闯市场,取得了令人瞩目、超越梦想的成就,创造了盛世鄞州的繁华景象。

2010 年,该区生产总值达到 816.6 亿元,比上年增长 12.3%,连续 15 年实现两位数增长,经济总量是 1978 年的 300 多倍;人均 GDP 达到 101133 元(按年平均汇率折合 14939 美元);全年财政一般预算收入 185.8 亿元,比上年增长 28%,总量连续三年全省第一;地方财政收入 110.1 亿元,比上年增长 32.2%,是全省首个地方财政收入超百亿元的县(市、区);农林牧渔业总产值 46.7 亿元,农民人均纯收入达到 15938 元,实现了从农业郊县向经济强区的转变,经济社会发展走上了社会主义市场经济体制和科学发展的轨道,人民生活实现了从基本温饱到多数富裕的历史性跨越。

案例解读

以共创共富为鲜明特色的鄞州发展道路,主要得益于鄞州广大干部群众在改革发展实践中始终以中国特色社会主义理论为指导,从鄞州实际出发,尊重人民群众的首创精神,创造性地贯彻中央改革开放的方针政策,找到了实现共创共富具体路径和办法。概括起来,主要是做到了六个坚持。

坚持"解放思想领先、与时俱进创新"理念,着力营造"一心一意谋发展,全心全意为富民"良好氛围,不断激发人民群众创造财富的活力。

改革伊始,鄞州就把工作重心转到以经济建设为中心的轨道上来,坚持以农为重、富民为先,率先推进市场取向的农村改革,把解放思想落实到解放农村生产力上,突破了计划经济体制和"左"的政策对农民的束缚,实现了乡镇企业异军突起、多种经营全面开花、小城镇蓬勃发展,进而从农村改革推向全方位改革开放。

20世纪90年代,鄞州深刻理解邓小平同志南方讲话精神,全面推进企业产权制度改革、小城镇综合改革和政府行政管理体制改革,率先实现政企分开,建立社会主义市场经济体制,确立"只求所在,不求所有"的新理念,扩大对外开放和招商引资,使多种所有制企业成为独立市场主体和创富实体,实现了民营经济大发展大提高。

进入新世纪,该区进一步解放思想,贯彻科学发展观,强化"以人为本、民生为重、统筹发展、共创共富"新观念,树立"人民创业创富,政府管理服务"执政理念,把各级领导的思想和行动统一到推进创业富民、创新强区上来,统筹城乡发展,加快新城区和新农村建设,努力实现幸福民生和谐鄞州新目标。

坚持经济体制改革和产业结构调整同步推进,着力形成自主选择经营形式,促进全民创业创富。

实行家庭联产承包责任制后,鄞州充分利用农民的生产经营自主权,鼓励和支持广大城乡居民以多种经济形式发展多种经营,以体制改革为动力,把农民从单一的农业经济中解放出来,把城镇居民从单一的国有集体企业就业中解脱出来,大力发展城乡一、二、三产业,鼓励自主创业自由就业。家庭经营产业蓬勃发展,并迅速向规模化、企业化、产业化经营方向发展,实现了农林牧副渔全面发展和生产效率大幅提高,转移出大量剩余劳动力,促进了传统农业向都市型现代农业转变。而从农业中转移出来的有胆识有经营头脑的能人,又以乡村集体、股份合作、个体经营、股份制等多种经营方式,发展工业和第三产业,使非农产业迅速发展成为鄞州的经济支柱和城乡劳动力就业主要领域。尤其是 20 世纪 90 年代初,全面推进企业产权制度改革,民营中小企业如雨后春笋般发展成长,雅戈尔、杉杉、奥克斯等大批民营骨干企业成功走上股份化、国际化、多元化、品牌化发展轨道。企业制度不断创新又强有力地推动企业科技创新和产业升级,带动高科技产业、装备制造业发展。同时,现代服务业也在工业化、城市化水平提升中迅速崛起,成为鄞州经济增长的新动力。

制度创新与产业升级的互动,迅速形成了民营经济大发展大提高的新局面,呈现出创业主体不断增加,创业人才不断成长,创业领域不断拓展,创业水平不断提升,全民创业创富效应不断放大的共创共富发展趋势。

坚持集聚型内生经济与开放型外向经济协调发展,形成对内搞活与对外开放相互促进机制,不断提升县域经济市场化、集约化、国际化水平。

鄞州抓住我国加快体制改革和对外开放的难得历史机遇,充分利用地处东部沿海和宁波对外开放前沿阵地的有利区位条件,积极发挥劳动密集型产业比较优势,成功实现了对内搞活与对外开放在时间、地点、产业、资本、人才等各个方面有机契合,使改革开放爆发出巨大能量,快速提升了鄞州经济市场化、工业化、民营化、国际化水平。

外资、外企、外智引进与外贸迅速发展为当地经济发展注入巨大活力。一方面,乡镇企业民营经济依靠产权制度改革和劳动密集型产业产品的比较优势,在扩大国内外市场份额中快速做大做强;另一方面,产品、技术、装备和管理的国际化又迅速提升了企业市场竞争力,极大地促进了制造业和农业的发展。

借助于国际大市场的快速拓展和技术、资金、设备、人才的大量引进,以轻纺服装、机械电子、轻工食品、印刷文具、新型建材为支柱的工业产业以前所未有的速度发展壮大,雅戈尔等一批骨干企业和品牌产品成功走上了国际化的资本经营和品牌经营路子。同时,以民营企业、三资企业为主体的鄞州制造业外向度与集约经营水平同步提升,正在由鄞州制造迈向鄞州创造。

这些产业和企业以各类经济开发区、工业园区和小城镇为载体,按产业集聚和社会化分工协作机理,形成了特色块状经济的发展新格局。以民营企业为主体的集聚型内生经济与开放型外向经济的有机契合,使得鄞州把改革开放机遇和自身优势发挥得淋漓尽致,产业经济插上了腾飞的翅膀。

坚持新型城市化与新农村建设双轮驱动,完善以城带乡、城乡互促共进的发展机制。

改革开放初期,鄞州从有县无城、城乡工商业十分薄弱的实际出发,推进工

173

业化、城市化战略,重点发展农村工业和建设小城镇,鼓励发展乡镇企业,闯出了一条市场化、工业化、城镇化道路。在一批敢闯敢冒的农村能人的带领下,大批农民到城镇创业就业。同时,政府实施撤区扩镇并乡的改革,一批原来衰落的小城镇发展成为生机勃勃的中心镇。越来越多的鄞州农民在创业创新闯市场进程中,实现了分工分业分化,涌现出一大批农民企业家、资本经营者和务工经商者,有力地推动了鄞州市场化、工业化和城镇化进程,城镇也越来越显示出农民创业就业和创富中心的作用。

进入新世纪,鄞州按照党的十六大提出的统筹城乡经济社会发展的战略思想,抓住宁波加速推进城市化和鄞县撤县设区的历史机遇,率先进入统筹城乡发展崭新阶段。以新城区、中心镇建设为标志的城市化建设和以旧村改造农村新社区建设为标志的社会主义新农村建设整体推进,使鄞州快速实现从传统无城郊县到城乡一体化大城区的历史性转变。

借助于大城区发展态势和日益增强的政府财政实力,鄞州与时俱进地实现了从农村内部的以工促农、以城带乡机制到政府主导的工业反哺农业、城市带动农村的机制转换,建立和完善了全社会以工促农、以城带乡的长效机制。一方面,按照城乡一体化发展战略思路,统筹城乡规划建设,以新城区建设带动新农村建设,对城市街道规划区和工业园区内的城中村、园中村进行整体搬迁改造,把分散农居点改造成为时尚城市居民小区,让当地农民从居住、就业、社会保障等各个方面都平顺地转为市民,享受宁波市民待遇。另一方面,大力推动城市基础设施向农村延伸,城市公共服务向农村覆盖,城市现代文明向农村辐射,加大公共财政向"三农"的投入力度,围绕改善农村民生提升农民生活品质,实施一系列统筹城乡的民生工程,切实解决了农村教育质量不高、文化生活贫乏,农村看病难、出行难、保洁难、养老难、提升文明素质难等众多民生难题,让农村居民也能普遍享受到政府提供的公共服务。新型城市化和新农村建设这两大驱动轮,强有力地把鄞州城乡居民推上了殷实的小康生活轨道。

坚持文化软实力和经济硬实力的整体增强,推动文化大建设大繁荣,提升城乡居民文明素质。

鄞州地处东部沿海,拥有灿烂的历史文化和开放大气的人文精神。鄞州人继承了宁波商帮敢闯商海、敢为天下先的创新精神和务求实效,既讲竞争也讲合作,力求争先的创业精神精髓,从改革开放初期兴办乡镇企业的"走千山万水、想千方百计、说千言万语、吃千辛万苦"的"四千精神"到形成具有时代特征的"敢为、求实、争先"的鄞州精神,与创业创新为核心的浙江精神一脉相承、同源相贯。鄞州人通过弘扬新时代的鄞州精神,把思想文化的软实力提升到了一个全新的高度,成为推动鄞州大改革大开放大发展的强大精神力量,成为共创共富经验的重要文化基因。

在三十多年的改革开放中,鄞州人正是以这种"敢为、求实、争先"的精神,始终勇立潮头,创造了一个又一个的率先改革发展的奇迹,以一种"先人一步、高人一招"的创新胆识与谋略,化挑战为机遇、转潜力为实力、变困境为佳境,实现了经济超常规增长发展。这几年,鄞州全面建设文化大区和文化强区,构建人文鄞州、和谐鄞州,发展公益性文化事业,不断创新公共文化服务的投入管理方式,丰富城乡群众性文化活动,高水平建设一大批乡镇文化设施;改革文化体制,激发文化产业发展活力,积极探索文化建设与经济发展相融合的路子;大力培育企业文化、产业文化,不断提升产业的文化含量和人民群众的文化素养。

围绕建设实力鄞州、生态鄞州、文化鄞州、富裕鄞州、平安鄞州,该区广泛开展群众性文明创建活动,在城区开展共建共享"文明城区"和文明单位创建活动,在农村结合社会主义新农村建设开展"和美家园"创建活动,全社会多层次的文明创建活动有效提升了鄞州人的文明素养。

坚持"有形之手"和"无形之手"的科学运筹,有效发挥政府主导作用,增强党政领导执行力。

鄞州经济社会发展始终走在全省、全国前列,成就斐然,最根本的是创造性地贯彻落实中央方针政策,调动和激发人民群众创业创新创富的积极性和创造性,党委政府领导坚强有力,注重加强执政能力建设,不断增强党政执行力,为改革发展提供强有力政治保证。

鄞州人在改革开放实践中,始终坚持以人为本、以民为大、以农为重,想人民所想,急人民所急,解人民所难,为人民创业创新创富服务。一方面为民众发展松绑,激发其闯市场的活力,政企分开,让企业成为产权清晰、自主经营的独立市场主体,构建繁荣的市场体系,让市场机制对经济发展起基础性作用,让"无形之手"充分发挥优化资源配置、激励民众创业、优胜劣汰竞争作用;另一方面,各级党政领导坚持以经济建设为中心,营造"一心一意谋发展,全心全意为民富"的工作氛围,把支持人民群众创业创富,支持企业创新发展,为民众企业排忧解难作为最重要的职责任务,引导经济发展方式转变和产业升级转型,促进城乡居民收入不断提高、民生不断改善。

在改革开放初期,鄞州党政领导就坚持解放思想实事求是的思想路线,确立了以经济建设为中心的执政理念,大力支持民众创业创富闯市场,支持多种所有制经济平等发展,而后,又确立了"政企分开"的执政理念,树立"不求所有,只求所在"的新观念,率先推进企业产权制度改革,不断加大对民众创新创业创富和民营经济发展的扶持力度,在促进经济大发展大提升的同时,也实现了百姓收入大提高、政府财政快速增加的多赢目标。特别是在科学发展观的指引下,鄞州党政领导遵循人民创造财富、政府管理服务的科学行政的规律,创造了具有鄞州特色的增强执行力的政治建设成功经验。

创新及示范价值

经验之一:

改革开放激发全民创业创新创富的活力,形成能人率先创业创富,然后带动更多百姓就业致富的先富带后富的共创共富机制,体现了邓小平同志提出的让一部分人、一部分地区先富起来,先富带后富,最终实现共同富裕的共富思想。

经验之二:

以农民主体的市场化、工业化、城镇化为先导,形成城乡互促共进、共创共富机制,体现了只有统筹城乡发展,统筹城乡创业就业,充分发挥城市创富中心作用和农村对城市促进作用,才能实现城乡共同富裕的客观规律。

经验之三:

以对内搞活促进对外开放,形成了当地企业快速壮大与外来投资赢利发展的共创共富机制,体现了对外开放与对外搞活相互融合,利用国内国际两大市场、两种资源共创共富的必然趋势。

经验之四:

以企业持久和谐发展为共同目标,形成投资经营者与劳动者共创共富机制,体现了创业投资经营者与劳动者是共创共富利益共同体的真谛。

经验之五:

以服务人民创业创富为根本职责,发挥党政主导作用,形成政民政企共创共富机制,体现了发展社会主义市场经济必须科学运筹市场"无形之手"与政府"有形之手"的必然要求。

点 评

"共创共富"是鄞州经验的最大特色,是鄞州发展道路的精髓,有着十分丰富的内涵。回顾总结鄞州三十多年改革发展历程,始终坚持以改革开放为恒久发展动力,不断强化以人为本、富民为先、民生为重、统筹发展的科学理念,把发展着力点放到激发人民群众创业创新创富的积极性和创造性上,营造人民创造财富、政府创造环境的良好社会氛围,建立人民群众创造财富活力得到空前迸发、社会财富源泉不断涌流的发展机制,走出了一条以民为本、共创共富的发展道路。

(农村信息报记者陈小平根据顾益康、胡豹等作者文稿及相关资料整理)

慈溪:区域外向型经济的标杆

2008 年 9 月,美国华尔街金融风暴发生,危机席卷全球,在国际市场萎缩和众多国家货币大幅贬值的情况下,慈溪市外向型经济发展遇到了巨大困难,已高速增长达 10 年之久的出口额放慢脚步。2009 年一季度,全市自营出口仅为 9.89 亿美元,同比下降 19.3％,增速比上年同期大幅回落 42.2 个百分点。

面对巨大的困难和挑战,慈溪把拓市场、保增长、促调整作为经济工作的重中之重,以高度的历史责任感和时代使命感,全力以赴坚持外贸发展不动摇。

为应对危机,慈溪市委、市政府出台了一系列政策举措,进一步优化环境,为外贸出口创造良好的条件;各级部门结合实际,纷纷推出支持外贸发展的优惠政策和便利措施,加大服务力度,帮助企业解决实际困难;外贸企业纷纷提振信心,逆势奋进,以高超的智慧和实干技巧,创造了开拓国际市场的新经验,取得了积极的经营业绩。

2010 年,慈溪外贸战线捷报频传:5 月,外贸出口达到 6.02 亿美元,这是该市历年来外贸自营出口单月第一次突破 6 亿美元大关,比 2009 年同期增长 61％,比 2008 年 5 月增长 18％;7 月,全市外贸出口更是一举突破 7 亿美元,这个成绩相当于 2001 年该市一年的出口总额。

2010 年,慈溪对外贸易进出口总额首次突破 80 亿美元,全年实现进出口总额 82.02 亿美元,同比增长 34.7％。慈溪市外贸成功摆脱金融危机影响,步入实质性增长阶段。

案例解读

信心引领,从危机中看到创新发展机遇。

全球金融危机是 2008 年 9 月中旬开始发生的,当年 11 月开始波及慈溪。

统计数据表明，2008 年 11 月 1—15 日，该市报检 4187 批次，同比减少 566 批次，下降 12％，货值同比减少了 1.3％。

市场萎缩和多国货币贬值，对慈溪的外贸出口影响十分大。在该市 1200 家出口企业中，小型企业占到多数，这些企业的合作伙伴也多是国外规模较小的经销商。金融危机来临，不少国外经销商或破产歇业或转行，慈溪的企业一下子失去了合作伙伴。而一些规模大的经销商情况也不容乐观，2008 年上半年，受原材料价格上升和汇率等因素的影响，进货价格较高，货物在萎靡的市场上又流通受阻，大大增加了企业回收资金的压力。

在重大危机面前，慈溪没有坐以待毙。该市市委、市政府总揽全局，及时正确地对国际金融危机的影响作出研判，号召全市人民增强信心，共度时艰。

2008 年 12 月 31 日，慈溪市委十二届五次全体（扩大）会议召开，会议指出慈溪的经济正经受着比其他地区更早、更直接、更大的影响，但也蕴藏着更多、更快走出困境的机遇，全市面临着保持经济平稳增长与抢占下轮发展先机的双重压力和任务。在这一特殊时期，关键要有坚定的发展信心。

2008 年 12 月 7 日，慈溪市政府举办经济形势专题讲座，要求全市上下认清形势，坚定信心，加快转型发展。准确把握当前形势，既要看到发展中的困难，更要看到危机中蕴藏的发展机遇：一是政策调整的重大机遇，二是市场倒逼的重大机遇，三是推进城市化和新农村建设的机遇。应对当前发展困难，破解发展危机，保稳促调是首要任务，转型提升是长远之举，创业创新是根本途径。只有大力推进产业升级和管理提升，才能打造慈溪区域竞争新优势。

政府的号召带来行动的力量，该市政企联动，共度时艰，向着保增长的目标不懈努力。

众志成城，采取积极有效措施，全力稳定外贸出口。

抓政策扶持，增强企业市场拓展动力。2009 年年初，该市根据新的经济形势和外贸发展现状进行了深入分析和判别，先后出台了《关于推动工业企业拓展内外贸市场的若干政策意见》及补充意见，全年安排 3500 万元专项资金用于企业开拓国外市场和投保进出口信用保险等开放型经济扶持。市外经贸局切实担负起历史重任，联合市财政、国税、海关、检验检疫、外管等 7 个工作部门，制定出台了《关于千方百计保持外贸出口稳定增长的联合行动计划》，加大对全市外贸企业的服务力度；制定《对外贸易风险防范平台建设方案》，在全市 1200 家外贸企业中分行业设立了 100 家调查、预警网络样本点，进行出口状况实时动态分析，为企业防范应对国际贸易摩擦和经营风险提供服务和指导。

抓市场拓展，强势组展促进出口市场多元化。2009 年是慈溪历年来组展力度最大的一年，重点组织企业参加了第 19 届华交会，第 105、106 届广交会，第 8

届消博会,2009 中国国际消费电子博览会(青岛),上海法兰克福汽配展,新加坡·宁波进出口商品交易会,香港秋季电子展和德国柏林电子展等重要展会。鼓励和支持企业参加"网上广交会",网上注册企业已达 70 余家,其中 20 多家企业接收到了外商的订单。

在努力开拓国际市场的同时,加强培育外贸出口新优势。加大政策扶持力度,对自主品牌企业以到境外设立专卖店、直销点等方式开拓营销网络进行奖励。积极开展"慈溪出口名牌"评选活动,通过评选,共有 38 家企业获得慈溪出口名牌 42 个,并积极向上推荐申报各级出口名牌,形成了慈溪市、宁波市、浙江省和国家四级出口名牌体系。针对新的出口形势,该市结合企业需求,启动 2009 年外贸人才培训计划,相继组织广大外贸企业参加外贸企业风险防范、开拓新兴国际市场、进口实务、报检员培训等课程,累计培训人数 2200 多人次。推动全市外贸企业成立研发、设计中心。

在这场应对国际金融危机的战役中,慈溪 1200 多家外贸企业直面困难和挑战,以高超的智慧和实干技巧,赢得了主动。

控制风险保稳定,放开手脚"抢"订单。慈溪进出口公司建立风险预警管理机制,指定专人跟踪各级政府和中间信用机构的信息,对国家、银行和客户风险情况进行分析,通过网络、短信、邮件等方式共享发布。建立客户管理制度,实行客户授信额度管理。根据客户基本情况、信誉记录、发展前景和业务过程中的规范情况进行综合分析,实行不同等级的授信额度,并根据客户发展情况予以及时调整。同时,在危机中寻找新的商机。公司主动出击,加强客户拜访与沟通工作,主动了解市场,掌握动态,安排好业务计划,对重点客户做好出访计划安排,及早行动。加强境内外参展,尤其是新兴市场的开拓性工作,做好相关统筹安排。加强市场需求分析,抓住机遇,开拓新兴市场,积极寻找新的合作关系。

加大新品研发投入,提高自主创新能力。金融危机以来,该市企业华裕公司加大了新产品的研发投入,2009 年投入新产品研发资金 1300 万元,与上年同比增加 26.5%。根据小家电全球消费发展趋势,结合重点销售国的市场需求,依据国家有关鼓励重点发展产业产品相关规定,以及地方政府鼓励实施品牌家电转型升级的相关政策规定,公司在原有电熨斗、饮水机、油炸锅的基础上,重点研发了蒸汽挂烫机、智能型煎烤器、智能压榨咖啡机、节能环保冷柜冰箱等系列家电产品。2010 年,该企业研发的微电脑高档节能超强蒸汽挂烫机、高档智能华夫饼机、程控分体式职业蒸汽电熨斗等 28 款新品,均属于同类产品中技术领先、适应市场实际需求,具有自主知识产权和较高附加值的产品。

抢抓"后金融危机"机遇,转变发展方式时不我待。

在我国一系列支持外贸稳定政策的刺激下,2010 年 1—8 月,慈溪外贸出口与去年同期相比呈现了高位增速，与危机前的 2008 年出口同比增幅也超过了 10%。但随着国内外政策环境的变化，外贸增速将逐渐趋缓，尤其在人民币汇率、原材料价格、国际贸易保护主义倾向加剧等因素的影响下，外贸企业出口会受到一定程度的影响。在后金融危机时期，伴随着世界主要经济体逐渐复苏的良机，国际市场的需求将呈现多元化的趋势，慈溪在保持外贸出口稳定增长的基础上，加快结构调整，提升外贸出口的质量。

对于慈溪开放型经济发展方式转型升级，当地提出要在未来发展中抢得先机，关键要实现四个转变：出口结构要从追求量的提升向追求质的提升转变，经营理念要从"卖产品"向"卖商品"转变，出口产品要从贴牌加工向自主品牌出口转变，营销模式要从分散经营向形成营销网络转变。而要使这四个转变顺利实施，需要政府部门和企业共同唱响外贸发展"新三宝"：强创新研发、创自主品牌、建营销网络。

——大力开展产品创新研发。重视研发机构建设，推行节能减排，推动机制创新、管理创新。推动广大外贸企业加大产品研发，鼓励技术引进和自我创新相结合，扶持一些"低碳型出口示范企业"，引导企业积极申报国家科技型兴贸创新基地、国家设计中心。发挥外贸企业技术研发和检测认证公共服务平台作用。推行节能减排，发展绿色循环经济，规范经营行为，提高出口产品市场竞争力，提升企业整体实力。

——积极鼓励企业创建自主品牌。提升营造出口商品创牌理念和氛围，继续鼓励企业在国外市场注册商标，积极开展各类出口品牌申报工作。动员企业在国外建立家电品牌专卖店，扩大产品直销份额，探索慈溪品牌国外维护网络建设，努力培植一批具有一定市场占有率的自主品牌企业。同时，支持企业并购或租用国际知名品牌，以此提高贸易竞争力。

——创新建立市场营销网络。引导慈溪市民营企业与相关行业的世界龙头企业进行深层次合作，吸收先进技术，并借助合作伙伴的国外销售网络，进军国际市场；以重点先行企业为示范，鼓励探索民营企业以海外上市、引入风险资金等各种方式与外商合资合作，建立和拓宽自主的国际营销渠道，提升慈溪市外贸竞争力。

——全面落实外贸便利化措施。坚持做到以贸易便利化助推外贸发展方式的转变。建立外贸便利化工作机制，以方便贸易进出口为出发点，在降低企业商务成本、货物通关、出口退税、信用保险、收结汇等方面给予有效支持。引导企业切实做好进一步推进人民币汇率形成机制改革的有效应对工作。

——三外互动，齐头并进共转型。一是加快调整进口贸易结构，加强进口政策和产业政策的协调互动，优化进口产品结构，推动进口市场多元化，扩大先进技术、关键设备和零部件进口,促进节能降耗环保产品进口,推动慈溪市企业自主创新和产业结构优化升级;二是加快提高利用外资质量和水平,不断创新利用外资方式,把利用外资同推动产业转型升级结合起来、同促进区域经济协调发展结合起来,鼓励外资投向现代农业、高新技术产业、先进制造业、清洁能源、节能环保产业以及现代服务业,参与传统产业优化升级;三是加快实施"走出去"战略,健全相应的政策促进体系、服务保障体系、风险控制体系,支持有实力的企业建立国际经营网络,扩大市场份额,在国际市场上打出品牌。

——实施有力的财政政策。外贸扶持政策一直是促进慈溪市外贸发展的有效推手之一,随着外贸发展环境的不断变迁,外贸政策也要顺应形势变化,在进出口贸易稳定发展的基础上,更注重引导企业综合竞争力的转型升级,实现外贸可持续发展。

创新及示范价值

经验之一:

困难当前,只有众志成城,迎难而上,才能化危为机、逆势有为。在慈溪面临最严峻的形势之时,当地市委、市政府多次召开会议、举办讲座等,号召大家增强信心,共渡难关。正是这种同舟共济、患难于共的精神,让慈溪外贸经济得以走出困境,迎来新的发展优势。

经验之二:

为全面提高全市的外贸企业国际竞争力、促进产业结构优化,慈溪市一直十分重视企业开拓国际市场、人才培训、研究开发、应对国际贸易争端等活动,多年来全力扶持研发能力强、产品异质性大的外贸企业发展,对于企业积极应对贸易争端起诉加大政策支持,使得企业能够以最快的速度从危机中解脱出来。

经验之三:

危机带来的不一定是消亡,慈溪市从危机中看到了发展机遇。对高耗能低产出、产品附加值低的产业,通过政策导向引导其转型升级,对低耗能高产出、国际市场潜力大的产业,则加大扶持力度。将全市的出口导向战略从规模转变为质量,从以出口创汇为直接目标转变为以培育国际竞争优势为直接目标,加快了企业进军国际市场的步伐。

点　评

面对突如其来的危机，慈溪并没有惊慌失措，而是立足实际，提出了从危机中抓机遇、求发展的思维，并提出政府部门和企业共同唱响外贸发展"新三宝"：强创新研发、创自主品牌、建营销网络，以实现区域开放型经济发展方式的转型升级。慈溪的做法，具有挑战性、创新性、开拓性、长远性和务实性，在区域经济发展中具有示范价值。

（慈溪日报记者周克军、农村信息报记者金茹供稿）

秀洲:长三角的现代物流高地

嘉兴市秀洲区位于浙江省北部,是嘉兴市本级的两个行政区之一,总面积542平方千米,总人口40多万人,曾是著名的"浙北粮仓"。

建区以来,特别是进入新世纪以来,秀洲区始终坚持创业创新,认真落实科学发展观,加快推进工业化、信息化、城市化、市场化和国际化,迅速从一个农业大区发展成为先进制造业特色区、城乡一体化发展先行区、现代化生态宜居新城区,走出了一条具有秀洲特色的科学发展、和谐发展、赶超发展之路。

长期以来,服务业的发展一直是秀洲区的一条"短腿"。对此,秀洲人铆足了劲。近年来,随着秀洲新区的崛起,秀洲服务业发展开始渐入佳境,先后引进了嘉兴市第一家外资双语幼儿园、第一家外资大型超市、第一家大型一站式购物摩尔、第一家外资医院、第一家外资物流设施企业。

如今,秀洲区又把目光瞄准了现代物流、总部经济、创意产业等生产性服务业,致力于打造长三角区域物流配送中心、浙北现代商务中心和现代商贸中心:沃尔玛华东配送中心来了,普洛斯、盖世利、AMB三大物流地产巨头来了,纯高国际商务花园开建了,以江南摩尔——大润发为中心的新商圈成熟了……

区域产业配套体系和现代服务体系的逐步建立,改善了秀洲区的创业创新环境,带动了先进制造业和生态高效都市型农业的提升发展。

秀洲走过的是一条创新发展之路。今天,秀洲人秉着"创新引领秀洲未来"的发展理念,更加自觉地走上了以创新引领结构调整、以创新促进转型升级、以创新推动走在前列的道路,演绎着从"浙北粮仓"到长三角现代物流高地精彩蝶变的华彩篇章。

案例解读

思路决定出路。

秀洲实践表明，一个地方只有找准自身定位，加上敢为人先的创新勇气，才能持之以恒走出一条跨越式发展之路。近几年来，秀洲充分利用其区位优势，升级传统制造业，通过引资和调整产业结构，形成特色产业集群化、优势产业组团化，改变小而散的产业格局，并重点发展现代化物流业，打造成为在长三角地区有一定影响力的物流基地。

为进一步推动秀洲经济社会新发展，在多次考察长三角周边城市的发展状况后，秀洲区委、区政府把大力发展现代物流业作为提升现代服务业的重要抓手，以此实现跟周边地区的错位发展。

在此基础上，秀洲区及时启动了综合性嘉兴现代物流园的建设，提出建设"大物流"的目标：发展包括商业区域配送、仓储、大宗货物配载、联运服务、采购和供应链管理、现代化的信息平台以及加工增值服务等在内的一个完整的产业链。

现代物流集聚效应渐显。

位于秀洲区王店镇的嘉兴现代物流园一期控制性规划面积约 4 平方千米，以打造区域配送为特色、原材料加工分拨为核心、第三方物流为支撑的长三角主要物流枢纽为基本战略定位，重点发展制造业物流、商业物流、第三方物流等。

经过几年发展，该物流园已引进沃尔玛华东配送中心等物流企业 30 多家，开发建设物流仓储及配套设施用地 1400 多亩，投入资金近 10 亿元，园区集聚效应渐显。特别是运营良好的沃尔玛华东配送中心发挥了很好的产业带动"领头羊"效应，吸引了普洛斯物流、申通快递等物流企业纷纷投入巨资落户嘉兴现代物流园。

全力提高引资质量。

围绕建设"现代化商贸物流集聚区"的发展目标，秀洲在招商引资中一直把物流企业作为重点，坚持外资、民资、国资"三资并举"，强化服务业招商引资力度，吸引了国际著名物流地产商纷至沓来，带动本地原有的物流商形成发展集群。

此外，秀洲区加快构筑物流网络信息化平台，通过物流网络，发展日用消费品、钢材、纺织、精密机械和汽车配件等物流。在加快引进国内外知名物流企业的同时，鼓励大型物流企业在物流园设立区域总部；培育现代物流市场，鼓励和引导物流企业向社会化、专业化的第三方物流发展;引进和培育壮大物流企业,促进第三方物流企业集聚发展。有计划地引进物流地产商开发物流地产,并引进第三方物流企业入驻物流地产;直接引进知名的第三方物流落户,培育大中型物流企业;通过本地工业企业的物流业务剥离和制造业向物流业的投资,发展第三方物流企业。

配套精细化优质服务。

为了给落户园区的物流企业提供全方位、精细化的优质配套服务,秀洲区更是花了一番工夫,也促成了整个物流产业的飞速发展。

积极构建电子商务和快递产业园,编制电子商务产业园、快递产业园规划,充分利用电子商务的信息流和物流园的物流优势,大力引进和培育电子商务企业,加快快递企业入驻,引入和整合各类网店,建立供应链体系。引进培育各类服务机构,加大与通创咨询、上海电子商务研究所等社会中介机构及大、中专院校的合作力度。

大力引进物流金融服务机构、物流人才教育实训机构、物流技术应用推广机构,建立物流与供应链研究中心、物流创新创业中心和区域采购分销中心。推动服务外包发展,通过规划引导、政策扶持、宣传推介等方式,重点发展软件设计、技术研发、数据处理、现代物流等外包产业集群和人力资源外包、财务管理外包、检验检测外包、客户关怀外包等业务流程外包以及人才培训业务。

全力打造特色增长极。

为贯彻秀洲区委构筑"一核两翼"组团式发展平台的决定,2010 年开始,秀洲区又以王店镇和洪合镇为组团建设南部空港物流平台,规划建设空港物流新城。

空港物流新城突出产业集群式发展的主导地位,促进先进制造业、现代服务业、物流业的协调发展。与此同时,抢抓嘉兴机场建设、沪杭高铁落成和嘉兴国际商务区拓展等重大机遇,提档扩容嘉兴现代物流园,编制空港物流新城发展规划,打造秀洲转型升级的新引擎。

今后,秀洲区还将大力发展航空物流,加快综合物流核心区和专业物流集聚区建设,强化物流基地与机场空港的区港联动,争取设立保税区或保税仓库。开发物流先进技术和物流信息平台,构建自营物流、联盟物流、三方物流结合的快速集疏体系及空、铁、公、水联动的立体运输网络,鼓励和引导企业主辅分离,集聚建设综合物流服务区。着力发展航空维修和航空制造,注重对沪杭两大中心空港的支线补充及对上海大型客机研发制造基地的转移承接,引进行业龙头企业,加速形成产业集群。

创新及示范价值

经验之一:科学制定发展规划。

秀洲具备发展现代物流业的基础设施和良好条件,如何对整个物流产业进行高起点的总体规划,配备专业人员,推进平台建设,引进合理的项目,探索有效的运作服务机制显得尤为重要。为尽快推进全区物流业发展,秀洲区相继完成了《嘉兴现代物流园控制性详细规划》、《嘉兴市秀洲区现代物流发展战略规划》和《嘉兴现代物流园产业提升规划》等规划,加快启动嘉兴现代物流园和普洛斯(嘉兴)物流项目建设,加快物流园区公共服务、信息服务等物流设施平台建设,大力推动工业企业物流服务外包,积极引进和培育发展第三方物流企业。经过几年发展,物流业已成为秀洲区主导产业之一,秀洲区也日渐成为以区域配送为特色、原材料分拨为核心、第三方物流为支撑的长三角物流枢纽之一。

经验之二:加快搭建发展平台。

大产业需要大平台。嘉兴现代物流园是根据嘉兴市物流发展规划要求建设的物流园区,是秀洲区打造物流平台的重要载体,该物流园区吸引了盖世理、AMB和宝银钢材等物流项目的入驻,通过物流企业的集聚、信息平台的建立,提供运输、储存、装卸搬运、包装、流通配送等物流服务。值得一提的是,嘉兴现代物流园绝不仅仅是一个大仓库,它是交通运输、采购和供应链管理、大宗货物配载、高效的仓储管理和现代化的信息平台等方面的一个完整的产业链。嘉兴现代物流园的成功建设,使秀洲发展现代物流业的独特优势得到了充分印证,并吸引了更多的物流地产运营商和第三方物流选择秀洲,从而最终形成物流、资金流和信息流的集聚高地。

经验之三:积极争取政府扶持。

嘉兴现代物流园区在建设时主动出击,积极争取上级扶持,现已被列为"部省共建"五大重点物流基地之一、省"三个千亿工程"重点项目、省交通重点扶持物流基地、省2010年服务业重大项目、省国际服务外包示范园区、省现代服务业集聚示范区。嘉兴现代物流园通过各项申报,园区已累计争取省、市各类专项扶持资金1230万元。

经验之四:大力推进项目建设。

位于嘉兴现代物流园高端配送功能区内的沃尔玛(嘉兴)配送中心项目于2009年1月12日正式运营以来,目前该配送中心4.8万平方米仓储设施已为华东地区共 100 多家门店提供商品分拨和配送服务,其发展速度已远超沃尔玛(天津)配送中心。目前,秀洲区总投资 1.82 亿元、占地 200 亩的安博(嘉兴)物流设施项目,集钢材加工、贸易、转口、仓储、金融、服务、物流等诸多功能为一体的宝银重钢物流项目,为进驻园区的贸易企业、生产企业、物流服务企业、物流信息服务公司、物流软件开发企业等提供一流的办公场所,完善工商、税务、海关、商检、交通等"政府一站式服务"的浙江(嘉兴)物流科技创业园项目等均进展顺利。今后,秀洲区还将规划建设嘉兴(空港)物流城,编制嘉兴(空港)物流城规划,投入 50 亿元,重点实施空港大道、高铁大道、公共码头、保税仓储和创新平台等重点项目,加快推进 11.5 平方千米的物流核心区域开发建设步伐,同时开拓发展空间,围绕物流核心区,向外拓展 70 平方千米,作为物流主体区开发范围。

经验之五:全力营造合力氛围。

为加快以王店镇和洪合镇为组团的南部空港物流平台建设,秀洲区委、区政府调整了嘉兴现代物流园管理委员会班子组成人员,加强了组织领导力量,为进一步促进资源的整合共享,提高物流园区建设管理水平,提升产业发展层次,对提高区域竞争力奠定了基础。该区注重调动物流园区上下的积极性、主动性和创造性;注重发挥新闻媒体的导向和监督作用,加强先进典型的宣传推广;注重人文环境构建,激发和保护开拓创新的主体意识和责任意识,营造全社会关心参与、共建共享的良好氛围。

点 评

一个区域性中等城市能形成现代物流的高地,必有独特心得。那就是:定位明确、因地制宜、优质服务。首先,嘉兴秀洲 542 平方千米土地上有 5 个高速公路出入口,发展现代物流业和服务外包优势明显。其次,与苏州、无锡、杭州、昆山等城市相比,嘉兴秀洲的商务成本更具竞争力,这也是吸引物流企业的一个亮点。此外,完善的市政配套和政府高品质的服务也更坚定了投资者选择秀洲的信心和决心。

(嘉兴日报记者赵丹供稿)

义乌：城乡融合的国际商贸名城

义乌自古多名士。她是傅大士、骆宾王、宗泽、朱丹溪、吴百朋、陈望道、冯雪峰、吴晗等中华俊彦的故乡。这里的山水之间，弥漫着历史的灵气，也孕育着现代传奇。

义乌今日更风流。市场繁荣、环境优美、生活富裕、市民文明，这就是义乌。义乌市位于浙江省中部。全市面积 1105 平方千米，户籍人口 74 万，外来人口 129 万，全市实现地区生产总值 614 亿元，人均 GDP 达 83539 元，综合竞争力名列浙江省县级市首位，是目前全球最大的小商品集散中心，被联合国、世界银行等国际权威机构确定为世界第一大市场。

改革开放以来，义乌市坚定不移地贯彻落实国家制定的各项方针政策，坚持走"兴商建市"发展道路，积极推进市场化、工业化、国际化、城市化和城乡一体化，经济社会各项事业取得了飞速发展。尤其是近年来，义乌市把统筹城乡发展作为贯彻落实科学发展观、构建和谐社会的一项中心工作来抓，走出了一条城乡经济社会发展一体化的新路子。

创新如她，坚持统筹战略优先，以创新统筹城乡发展思路，引领着一系列大刀阔斧的城乡改革。从 2003 年出台"全国第一个城乡一体化行动纲要"的《义乌市城乡一体化行动纲要》起，到后来被确定为省级统筹城乡综合配套改革试点，全面推进 41 个专项改革，再到出台《义乌市城乡新社区建设实施办法》，持之以恒地探索创新，让义乌的城市化进程折射出高瞻远瞩的智慧之光。

大气如她，坚持发展为第一要务，夯实统筹城乡的经济基础。近年来，义乌市不断加大新农村建设资金投入力度，加强城乡基础设施建设。安居小区建设成效显著，受益面达 90% 以上，职工维权工作经验得到中央领导的充分肯定并在全国推广。快速增长的 GDP 和财政收入，保障着义乌城乡一体化的路子渐行渐宽,渐入佳境!

如果说,商贸名城是义乌的第一张国际名片;那么,城乡融合、百姓幸福则是义乌的第二张国际名片。目前,义乌市的城市化水平已达 75％,2010 年城镇居民人均可支配收入为 35220 元,位居全省第一,农村居民人均纯收入达 14775 元;义乌,不仅仅是商人的财富宝地,更是城乡百姓幸福生活的宜居之地。城市在变高、变美,市民在变多、变富,这条"以城带乡、以工促农、城乡联动"的发展新路子,为义乌实现了"农民得实惠、发展得空间、政府得民心"的多赢。

民富城强的和谐义乌,让本地人倍感幸福,让外地人心驰神往!

案例解读

统筹城乡的创新发展理念贯穿始终。

战略是先导,创新是生命。义乌实践表明,一个地方只有高度重视,因地制宜,持之以恒开展探索创新,才能不断提升统筹城乡发展水平。

近些年来,义乌始终将统筹城乡发展战略作为"兴商建市"发展战略的重要组成部分,优先保障新农村建设资金、优先实施新农村建设项目、优先发展新农村社会事业,将统筹城乡发展的理念贯穿于市场建设、工业转型升级、构建和谐社会等工作领域,在不同的发展时期创新推出不同的工作举措,如实施农村"道路硬化、卫生洁化、路灯亮化、家庭美化、环境优化"的"小五化"为重点的村庄环境整治工程;以转变生产方式、转变生活方式,推进社会保障一体化为总目标的统筹城乡综合配套改革等,并相继出台了《义乌市城乡一体化行动纲要》、《义乌市新农村建设十大推进工程》、《城乡新社区建设实施办法》、《"宅基地换住房、异地奔小康"工程实施办法》、《农村基础设施管理实施办法》等一大批在全省乃至全国首创及具有广泛影响力和指导性的政策,以此不断深入推进统筹城乡发展。义乌秉持新思路、新理念经营城市,率先在全省推行城镇国有土地使用制度改革,在水资源、户外空间广告经营权、出租车有偿有期使用等多个领域引进了城市经营理念,同时逐步纵深推进文明创建工作,先后荣获"浙江省文明示范城市"、"国家卫生城市"、"国家环保模范城市"、"国家园林城市"、"中国优秀旅游城市"等称号。

千方百计助民增收。

统筹城乡发展,必须牢牢抓住农民增收致富这个重点。在新形势下,义乌市积极利用有限的土地资源,科学安排城乡产业布局,建立了城乡协调的产业发展体系,通过贸工联动、城乡互动,推动城乡经济的加速发展。

以市场繁荣带动农村经济发展。义乌作为一个国际性商贸城市,以市场为龙头的商贸业,成为义乌农民创业致富的主战场。在义乌市场上的经营户,绝大部分来自洗脚上田的农民,其中,义乌本地农民从事商贸服务业的达20多万人。同时,依托市场优势,大力发展"市场带百村"活动,义乌从事来料加工农民已达5万人,并辐射浙江省各地及河南、江西、安徽等30个省(市、自治区),带动从业人员150万,年均支付加工费40多亿元。

以都市农业推动农村经济发展。义乌立足实际,积极发展都市农业,促进农业的转型升级。大力推进农业产业化,全市60.2%的耕地实现流转,农业保险参保率达70%,建成省级农业标准化示范区10个,培育农业特色精品园11个,农业耕种收机械化水平达66%,发展各类农业企业(大户)2300家,畜牧业、花木苗木业和瓜果蔬菜业成为全市农业的三大主导产业,其产值占农业总产值的70%以上。大力发展休闲观光农业,积极拓展农业功能,促进农业向经济型、生态型、观光休闲型等多元化方向发展,规划占地1.6万亩农业经济开发区,积极举办"红糖节"、"莲藕节"等活动,专项规划了上溪十里桃花坞、赤岸双乔人家等休闲农家游项目,吸引城市居民到农村休闲观光。2010年全市农家乐经营点共接待游客132.7万人,实现营业收入5220万元。健全农产品流通网络,形成了以农贸城为龙头,副食品市场、花卉市场、木材市场、畜产品市场及城乡各农副产品市场为骨干,农产品购销队伍为纽带的开放型农产品市场体系。

以工业提升助推农村经济发展。义乌市现有工业企业两万多家,直接和间接创造非农就业岗位100多万个,极大地促进了义乌农村富余劳动力向二、三产业的转移,也吸引了一大批来自全国各地的外来务工者,并且出现了"袜子专业村"、"钥匙专业村"、"衬衫之乡"等众多的专业村。通过培育与市场相互促进的小商品制造业,一部分农民成为创办工业企业的主体。同时,按照"产业集聚、工业集中"的原则,加快整合原有的省级开发区(园区)和镇街工业园,提升城乡产业结构层次,随着工业园区和产业基地向农村的拓展,农村地区的经济发展日益活跃,许多农民成为现代企业的职工。

让城乡新社区接轨新农村建设。

城乡新社区是介于现代城市社区和传统农村建制村之间的一种新型社区形态,义乌市通过编制科学合理的城乡新社区建设实施办法,统筹利用乡村空间,大力提高农村土地使用率,解决贫困自然村住房等问题,积极推进符合村域特色与功能诉求的新农村建设格局。

义乌的城乡新社区建设紧紧抓住统筹发展的机遇,2009年6月出台了《义乌市城乡新社区建设实施办法》,按照"高低要结合、功能要分区、土地要节约、环境要改善、利益要保障"总体思路，根据义乌市主城区、副城区、近郊区和远郊区四个区的不同定位，将新农村建设纳入城乡新社区建设范畴，明确了城乡新社区建设的多种模式。通过"三改"，即改垂直安置为水平安置、改生产生活用为功能分区、改多点分散管理为统一的社区管理，实现城市用地、农民住房面积、农民财产收入"三增加"。积极探索制定城乡统筹发展指标体系，标准内容涵盖城乡居民人均收入比、社会保障、就业率、居住环境等十方面内容，以此引导和提升统筹城乡发展。

义乌市 800 个行政村被整合为 290 个社区，按照不同区块的功能定位，因地制宜开展城乡新社区建设模式创新，城中村，实行全拆全建，严格按照城市小区的标准进行规划和建设，小区建设总用地的 60％以上用于规划建设高层公寓，推行集中联片建设，鼓励建造高层、多层公寓，全面融入城市。园中村，即位于工业园区内或周边的村，鼓励各村在保障居住用房的基础上，建设一定比例的生产、经营、仓储用房，实现生活与生产功能分区。近郊村，全面实施"空心村"改造，重点是整治村庄的基础设施，畅通村内道路，加强村庄绿化，适度拆除村内的危房、旧房、破房，改善农村居住环境。远郊村，实施"异地奔小康"工程，引导农户到城镇和中心村购房建房，计划通过三年左右的时间，使远郊区 32 个行政村和 11 个自然村的 9079 人都实现下山就业安居。

均衡协调发展农村社会事业。

为顺应农村社区化建设的要求，义乌建立了城乡供水、用电、交通等设施一体化的建设管理体制，同时大力构建城乡社会保障体系，在教育、卫生、医疗、文化等多方面真正实现城乡基础设施共建共享和公共服务均等化。

通过旧村改造建设，农村的生产生活环境和住房条件得到很大改善。农村的破房、旧房、危房不见了，变成了一幢幢现代化的排屋、别墅，原先脏乱差的村容村貌不见了，村庄变洁、变绿、变美了。据统计，目前全市启动旧村改造 181 个村，其中有 97 个实施全拆全建，有 54 个村已基本完成改造。累计拆除旧房 4.61 万户，建新房 3.7 万户，新房建筑面积达 1923 万平方米，人均居住建筑面积增长近 2 倍，筹集选位资金 53.4 亿元，农民房租年收入达 20 亿元，并带动了全市农民 200 多亿元的建设投入。

以建设美丽乡村为抓手，大力推进省"千村示范万村整治"工程和生态村镇建设，着力改善农村环境。不断加大投入力度，每年安排数亿资金用于生态镇、生态村建设、绿化示范村、农民安全饮用水工程、生活污水治理项目、规模化养殖场污染防治奖励和补贴，推进徽派建筑改造试点，按照"多村统一规划、联合整治、城乡联动、区域一体化建设"的要求，形成了"十村示范、十里桂花长廊"、"十里红糖飘香"等连片连线精品示范区域，成功创建省市级新农村建设示范村 129

个，完成村庄整治村 538 个，率先在全省实现了整市整治目标。

积极探索农村基础设施运营机制改革。出台《农村基础设施管理实施办法（暂行）》，将全市村庄的环境卫生、绿化养护、污水处理，以及路灯、饮用水、道路等农村基础设施的维护和管理工作纳入管理体系，探索实施农村公共基础设施物业化管理新模式，提高农村公共资源使用效益，市、镇、村、户四级联动的农村基础设施管理体系初步形成，实现了农村基础设施从建设到建设运营管理并重转变，走在了全省乃至全国前列。

创新及示范价值

经验之一：博采众长做好城乡规划。

规划是引领城市发展的"宪法"和"总纲"，城乡的科学发展首先取决于科学规划。义乌市以规划为龙头，高标准的开展城乡新社区建设，使城乡建设水平有了一个质的飞跃。在义乌城市总体规划基础上，义乌市委出台的《义乌市新农村建设二十条》是为加快新农村建设步伐、促进城乡统筹发展推出的一项战略部署。按照市域一体化规划理念，义乌市吸取中国香港、美国、澳大利亚等设计单位的"各家之长"，对全市 1105 平方千米进行了一次性的整体规划和产业带规划。"十一五"期间，义乌市投资 150 多亿元进行城市基础设施建设，形成了大城市框架，强化了现代化商贸城市的功能。坚持城乡一体，因地制宜，分类指导，逐步推进，围绕城中村、园中村、近郊村、远郊村等不同村的特色，分类分批推进整治和改造建设，改善群众居住条件的同时，提升城市建设水平。

经验之二：市场和行政的良性互动。

市场是义乌的"命脉"，是统筹城乡发展的第一推动力。一方面，市场的升级换代推动了城乡统筹；另一方面，与市场发展相适应的第二、三产业的发展也促进了城乡统筹。这一"无形的手"在义乌统筹城乡发展中的作用发挥得淋漓尽致，堪称市场配套资源推动城市化的典范。实践证明，城乡一体化的过程是行政力量和市场力量交互作用的过程。城市化是经济发展到一定程度后水到渠成的结果，不是单靠行政力量的强制性协调就能够实现的。但在此过程中行政力量的协调作用也是很重要的。市场力量和行政力量交互作用，不可或缺。因此，在整合、优化各种资源要素，党委政府的有为引导就显得至关重要。义乌市在加快推进统筹城乡发展中，充分发挥政府职能，对城乡发展进行统一谋划，科学制定城乡一体化发展的整体规划，提出了城乡改革、开放和发展的重大思路和具体办法。在尊重市场资源配置基础性作用同时，按照统筹城乡发展的要求，加大了向农村基础产业、弱势领域、公共服务和民生事业投入的力度。

经验之三：改革创新掷地有声。

城乡二元结构是统筹城乡发展的最大障碍。义乌市从制度上进行创新，改变了城乡二元的体制结构，从根本上实现了城乡一体化，真正推进了统筹城乡发展。义乌实践表明，必须牢固树立改革意识，敢闯敢试，勇于创新，着力破解各种制度性、政策性障碍，不断实施农村各项事业改革创新，努力打破城乡发展界限，形成城乡经济社会发展一体化新格局。

经验之四：以民为贵尊重民意。

农民是推进统筹城乡发展的决定性力量，也是统筹城乡发展的直接参与者和最大受益者。要让农民自我管理、自我服务、自我决策，让农民在推进统筹城乡发展中得到实实在在的利益和好处，必须坚持增加农民收入，抓住统筹城乡发展根本。义乌在推进统筹城乡发展过程中，坚持强市与富民的统一，最大限度激发广大农民的主观能动性，当好主人翁，使其成为统筹城乡发展的主力军，在推进商贸服务业中富民，在推进城镇化中富民，在推进产业化中富民，千方百计、想方设法拓宽致富渠道，使广大农民过上富裕和谐的幸福生活，城乡一体化步伐不断加快。义乌实践表明，只有引导好、保护好、发挥好农民的积极性、主动性和创造性，让广大农民积极投身统筹城乡发展，城乡一体化的工作才有成功基石。

点 评

义乌从一个小县城蝶变为国际知名的现代商贸城，是中国市场化改革和国际化发展的一个缩影。义乌的城乡一体化历程，是聚合、裂变的连锁反应过程。以市场为龙头带动产业集聚，今日义乌市正迅速由小城市崛起为世界瞩目的大城市。义乌市的成功实践，为中国小城市向大中城市华丽转身提供了宝贵的经验。

（载自 2011 年 3 月 2 日《浙江日报》）

遂昌:现代农业的原生态路径

素有"金山林海·仙县遂昌"之美誉的遂昌县,地处钱塘江、瓯江两大水系源头,森林覆盖率达 82.3%,境内海拔千米以上高山达 703 座,是国家级生态示范区和浙江的生态屏障地区,境内山清水秀,空气环境质量综合排名位居全国第 13 位。在工业文明时代,区位条件并不突出的遂昌显然处于劣势,但在生态文明兴起的历史背景下,遂昌保存较为完好的生态环境、传统的生产方式,反而成为遂昌发展原生态农产品的比较优势和后发优势。2008 年年初,遂昌县委、县政府提出了"经营山水、统筹城乡,全面建设长三角休闲旅游名城"的发展战略,率先把"原生态"作为一个县域品牌来培育打造,以山区自身的特点和优势参与区域分工与合作,以"自然的环境、生态的理念、传统的方式、健康的品质"为目标,大力发展原生态精品农业,全力打造长三角市民的原生态"菜篮子"、"米袋子"、"躬耕园"。该县制定了浙江省首个原生态农产品地方标准规范,出台了《遂昌县原生态精品农业发展规划》,组建了原生态农产品管理中心,建成了大柘、三仁两个省级现代农业综合区,云峰蘑菇精品园和石练菊米精品园成为全省首批特色农业精品园,原生态农产品基地辐射全县所有乡镇,已建成 17 大品种 30 个原生态农产品基地,打响了黄泥岭土鸡、金竹山茶油等一批原生态农产品品牌,实现产值 5600 万元,培育了天翼农庄、蘑菇园等新业态,全年接待游客 75.5 万人次,实现营业收入 4560.4 万元。

案例解读

环境人文优势铸就原生态之路。

"九山半水半分田"的地域格局,2539平方千米的县域面积,23万人口70%多在农村,这就是位于浙西南的欠发达山区遂昌县。到过遂昌的人都有这样的感觉,这里的空气特别清新。数据显示,遂昌地表平均负氧离子数达9100个,属空气特别清新类型,高出世界宜居标准6倍以上。比其他地方更具优越性的是,遂昌不仅有保存较为完好的森林生态,更有代表生态质量的大面积次生原始阔叶林分布群。400年前,遂昌县令、戏剧大师汤显祖不吝用"仙县"来赞叹遂昌的美好。400年后的今天,"金山林海·仙县遂昌"更加夺目——一提到遂昌,人们马上想到原生态。在遂昌的不少农村还保持着奶奶辈、妈妈辈的传统农耕劳作方式,愈显自然之态。这就是遂昌走原生态之路的优势所在,即资源、环境、文化的比较优势,正是这种环境人文优势铸就了遂昌的原生态之路。

超前创新理念引领原生态发展。

坐拥生态屏障,遂昌人是幸运的;不遗余力保护生态,遂昌人又是睿智的。在生态文明的背景下,生态就是最大优势,2008年年初,遂昌县委、县政府审时度势,大胆超前作出了"经营山水、统筹城乡,全面建设长三角休闲旅游名城"的战略决策,创造性地提出原生态理念,革新农民"小农"观念,提升产业发展层次,全力打造长三角原生态农产品基地,直接对接高端消费群,促进农民增收。为让更多群众从原生态产业培育中受益,遂昌专门出台《遂昌县原生态农产品培育行动计划》,把原生态作为一个县域品牌来打造,通过理念引领、制度保障和政策配套,培育打造融原生态环境、原生态文化为一体的原生态农产品,全面提升遂昌原生态农产品市场竞争力,使之成为高端消费群的首选产品,引领遂昌跨越发展。

诚信道德标准坚守原生态品牌。

简单的品牌包装并不难,但要得到市场的检验和肯定并非易事。真正的原生态,就必须给产品贴上诚信的标签。就拿黄泥岭土鸡来说,该县湖山乡黄泥岭村每位养殖户家的墙上都挂着这样一本养殖"档案",里边详细记录着鸡蛋开孵时间、小鸡出壳时间、喂养何种食物、防疫情况、出栏时间和单价等等,甚至连小鸡是由哪只老母鸡孵化,都详细可查。有趣的是,随着原生态理念的普及,过去不少制约黄泥岭村经济发展的因素,如今都转变成了优势。比如在黄泥岭村,渡船就成了"守土"的第一道关口，让村里的鸡只出不进。"遂昌在培育原生态农产品过程中的关键一环，就是实行产品质量可追溯制度，农产品质保在源头上下工夫。"该县农业部门负责人表示，在生产过程中，他们要求养殖户都建立产销档案，实行质量安全追溯和承诺制度，实行"按标生产、按标上市、按标流通"。同时，把其中强制性的生产标准写进村规民约，以道德方式规范约束村民的种养行为。"人人保护原生态，人人珍惜原生态"，这是遂昌老百姓达成的共识，在层出不穷的问题食品面前，倡导诚信的遂昌原生态农业发展之路一定会走得更加坚实、坚定。

创新及示范价值

经验之一：立足山区实际，寻求农业转型发展。

由于环境、交通、信息等条件的制约，遂昌缺乏现代化生产方式，设施农业发展缓慢，但却拥有独具特色的农耕文明。这是遂昌谋求农业科学发展的后发优势所在。作为浙西南生态屏障的重要组成部分，遂昌良好的生态环境又是其最大的比较优势。顺应农产品消费结构的变化，迎合优质、安全的农产品市场需求，把生态优势转化为经济优势，发展原生态农产品，是遂昌主动参与到长三角发展区域功能分工的科学定位，是现阶段发展农业农村经济的崭新途径。

经验之二：强化扶持引导，营造良好发展环境。

遂昌县将原生态农产品培育作为全县农业工作的中心，成立了原生态农产品培育工作领导小组，出台了原生态农产品培育行动计划，加强对培育和发展原生态农产品的合作社、企业的政策引导和财政资金扶持。在利益导向、种养技术支撑、质量监管、市场准出等方面出台了一系列政策措施，形成发展原生态农产品的强大政策推力。

经验之三：开展培育试点，健全质量追溯机制。

2009 年，遂昌县确定土鸡、土猪、土牛等 8 个品种作为重点培育试点对象，建立首批 10 个原生态农产品生产基地，在每个基地组建农民专业合作社，严格按技术规范生产。借助省、市专家和学者的力量，遂昌县制定了 8 个原生态农产品生产技术规范，为原生态农产品培育试点提供技术支撑。收集整理农产品优秀品种选育、病虫害生态防控技术，建立原生态农产品生产技术资料库。注重引导畜禽养殖回归传统、农作物种植回归生态本原，并赋予原生态农产品产业化、组织化内涵。

经验之四:突出规划引领,打造特色区域品牌。

作为"以休闲旅游为引领、一二三产统筹协调发展的山区经济发展模式"的破题之举,该县通过制定《遂昌县原生态精品农业发展规划》,力争通过 3 年努力,建设十大原生态精品农业园区、百个原生态农产品生产核心基地,全面限制使用化学合成农药、化肥、激素。坚持规划引领、政策保障、科技支撑和服务配套,以"自然的环境、生态的理念、传统的方式、健康的品质"为目标,生产更多凸显自然之美的优质农产品,全力打造独具魅力的原生态精品农业生产基地县,使之成为推动农业转型升级、实现惠及全民增收的重要途径。

经验之五:依托文化旅游,创新产品营销模式。

遂昌县通过常态化的文化节庆活动,为原生态农产品提供了不间断的交流和展示平台,不仅弘扬了传统农耕文明,体现了农耕文化,而且宣传了原生态理念,带动了原生态农产品的销售。同时,遂昌县明确高端定位,坚持两条腿走路,全力打开两个市场。一是请进来。以旅游市场为依托,将原生态农产品作为重要的旅游商品统一加以开发、包装、宣传、推销,让游客亲身感受和品味遂昌的原生态农产品,培育"家门口"市场。二是走出去。以高端消费人群为突破口,通过建立网上市场,在上海、杭州等大中城市设立直销窗口,举办原生态农产品推广周、推介会等,把产品推向市场,最大限度让农民受益。

点 评

在现代社会中,农业的概念正在发生深刻的变化,农业不仅要有数量的要求,更要有质量的要求;不仅要有生产的功能,而且要有生态的功能,休闲的功能,文化的功能。在有条件的地区,走高效的原生态农业道路,是将农业生态功能发挥到极致的大胆尝试,是一条值得肯定和支持的现代农业发展道路。

(遂昌县政协方建雄供稿)

常山:绿色发展谱写的"金字招牌"

常山县位于浙江省西部,钱塘江源头,总面积 1099.1 平方千米,人口 33 万。东汉建安二十三年(218 年)建县,始称定阳,已有近 1800 年的建县史,历史文化积淀深厚。而今,古县换新颜,时代赋予了常山新的诠释:古县新城、平安福地,浙赣首站、交通枢纽,资源富县、生态大县,创业之城、投资热土。

改革开放以来,常山县对科学发展之路进行了不懈探索,发展的动力和活力进一步增强。2010 年,省委作出推进生态文明建设重大决策后,常山县在全省率先提出"绿色发展,生态富民,科学跨越"战略思路。

这一战略思路的提出,是常山多年来致力于推动生态文明建设,在保护和合理利用生态资源中加快发展的经验总结。解放之初,常山县便开始大力开展兴修水利、封山育林;20 世纪 80 年代,提出了"五年消灭荒山、十年绿化常山"的目标,掀起了植树造林热潮;进入新世纪,着力推进生态县建设,下大决心开展了矿山、化工企业、毛竹腌塘的专项整治,创建了国家级生态示范区。2007 年更是"壮士断腕"式地开展化工园区整治:17 家化工园区企业、30 条生产线关停,治理改造 16 条,年减少化工污水排放 127.7 万吨。化工行业的"淡出",换来的是常山港出境水质达标率从 2007 年的 95% 提高到现在的 99.6%。

通过几代人的不懈努力,常山环境质量持续改善,山清水秀的生态环境逐渐在省内外形成影响力、产生吸引力。如今,常山森林覆盖率达 72.8%,是全省 45个重点林区县之一;地表水水质基本保持在Ⅱ类水标准,常年空气质量保持在二级以上,为国家级生态示范区和浙江省重要的生态屏障。全县共有 3 个全国环境优美乡镇、8 个省级生态乡镇。良好的生态环境孕育了众多名特优新农产品,享有"中国常山胡柚之乡"、"中国食用菌之乡"、"中国油茶之乡"等美誉,40 个产品获省无公害农产品、绿色食品、有机食品认证。

"绿水青山就是金山银山",高举"生态旗",打好"环境牌",生态环境已成为常山最具魅力的一块"金字招牌"。

案例解读

注重绿色发展项目。

近年来,常山县始终把项目建设作为推动当地社会经济发展的主要抓手,提出了"实干兴县、项目强县"总要求,连续两年开展"项目推进年活动"。在项目谋划上,结合"十二五"规划编制,谋划了一批符合国家和省里政策要求、能够吸引社会积极投资绿色发展的项目,并形成了绿色特征鲜明的"十二五"项目计划。在项目引进上,深化招商引资"一号工程",强化挑商选资,促进招商引资由数量扩张型向质量提升型转变,积极引进产业配套抱团项目,在引进大、好、高项目上实现了突破。同时,树立绿色招商理念,科学设定招商项目绿色标准,落实绿色环保节能"一票否决制",严格控制高消耗、高污染、低效益的项目落户,一大批不符合绿色发展要求的项目被拒之门外。在项目建设上,定期召开协调解决重大项目审批、用地、用电、用工、融资等方面问题的联席会议,重点项目绿色通道、审批服务和企业问题直报制度,重大项目落实推进制度等一整套机制的建立,有效加快了项目推进速度。

构建绿色产业体系。

常山县把推进新型工业化道路,作为加快发展的首要任务。按照绿色发展要求,常山县一方面对传统工业产业进行改造,以建材、纺织、化工等为重点,通过加强政策扶持引导,进行了大规模的设备更新、工艺革新和产品创新,传统产业得以"绿色蜕变",圆满完成了"十一五"节能减排任务。另一方面,积极培育新能源、新材料、新光源、节能环保等新兴产业,优化产业结构,逐步形成以纺织、建材、化工、农产品加工等四大传统产业,轴承、成套装备制造、新材料和新能源、金属加工等四大主导产业以及消费类电子为主的新兴产业为骨架的"441"工业产业体系。

现代农业加快发展。在全县推广节地、节水、节能、节肥、节本的绿色高效农业技术和生态种养结合的生态生产模式,探索出稻鱼共生、柚菇模式、柚园土鸡养殖结合模式等。把工业园区的管理理念和手段引入现代农业园区建设,通过农业招商,把种养业、农产品深加工及休闲观光旅游等产业有机结合起来,农业发展实现"接二连三",效益大幅提升。遍布全县 14 个乡镇的农家乐,过去五年总共带来了 9000 多万元的直接经营收入,并有 11 处被命名为省、市级农家乐特色村(点)。

现代服务业绿色崛起。通过积极改善交通条件,常山县近 1100 平方千米的县域中,已有 3 条高速公路、1 条铁路,浙赣皖闽四省边际交通枢纽的区位优势越发明显。依托这一优势,该县加快打造现代物流业的步伐,引导各类资本组建物流配送企业,支持生产制造企业加快主辅分离,建设的公铁联运物流中心、富足山物流中心和浙西物流中心已成为浙西一流的物流基地。与此同时,旅游、商贸等其他第三产业发展同样迅速,"十一五"期间,三产年均增长率达到 14.2%,经济占比达到 36.3%。

打造绿色发展平台。

把工业平台建设作为绿色经济发展的首要任务,常山针对已有的经济开发区、辉埠新区,科学谋划工业发展空间,优先保障园区用地和资金,促进产业布局向集群化方向转变,推进工业园区生态化改造,实现园区绿色发展。两大园区规划面积分别拓展到了 9.48 平方千米和 22.27 平方千米,产业集聚区被列入省规划体系,为工业跨越式发展打下了扎实基础。同时,围绕承接产业转移、资源综合利用加工、发展特色石产业,加快球川、芳村、青石产业功能区开发建设步伐,形成县域经济发展新的增长极。

加快山水园林城市建设,彰显宜居魅力。因受地理条件影响,城市东扩是常山发展的必然要求。按照"三年拉框架、五年见雏形、十年显规模"要求,常山把城东新区作为新的城市组团,对接衢州,建成集休闲体育、特色居住为一体的新的城市综合功能区。以新区为重点,依托县城独特的山水生态环境条件,精心打造秀水绕城、绿带环城、城在林中、林在城中的绿色景观,形成特色城市风格。2011 年,常山县启动争创国家级生态县、国家级园林县城、国家级卫生县城、省级示范园林城市、省级森林城市的"五城联创"活动,着力提升宜居水平。

加快建设美丽乡村。自 2007 年以来,常山共投入 16.83 亿元用于扶持"三农"。当前则以"环境秀美、布局优美、产业精美、生活富美、服务完美、社会和美"为基本内涵建设美丽乡村。与此同时,常山还积极引导村民充分利用生态环境优势发展农家乐、休闲旅游等项目促进增收;深化素质培训,提升来料加工,鼓励和引导更多农民到本地企业和城镇创业就业,减轻农村的生态压力。

构建绿色生态屏障。

常山县作为钱江源头,加强植树造林、生态公益林保护、污染物减排、水土流失治理等工作,严格控制山区库区和生态保护乡镇的开发强度,不仅境内芙蓉水库、千家排水库、常山港等饮用水源和三衢国家森林公园、国家地质公园、山区林区等区域的生态得到了保护，也为全省发展筑起了生态屏障。

培育绿色生态文化。

常山县把生态文化培育工作深入到社会各个阶层，多形式、多层次开展生态文明教育，开展各类绿色单位创建活动，在全社会倡导勤俭节约的低碳生活，打造了一批绿色家庭、绿色社区、绿色机关，"绿色消费观"、"绿色政绩观"在常山成为全民共识，生态文明社会新风尚已然形成。

完善绿色发展机制。

常山县把深化城乡综合配套改革当做统筹城乡发展的"先行官"。近年来，对林权制度、土地承包制度、集体产权制度等进行完善，结合下山脱贫、农村住房改造、城市与园区征地拆迁等工作，推行"以宅基地换住房、以承包权换保障"制度，通过促进农村居民向城市转移，为绿色发展"聚人腾地"，有效激活了城乡绿色发展资源要素。同时，推进要素配置市场化改革，利用市场力量优化环境容量和资源配置。逐步建立和完善自然资源有偿使用机制和生态环境恢复补偿机制，"谁污染谁付费、谁破坏谁治理、谁保护谁受益"，企业从而纷纷加大了对污染治理的资金投入。同时，用足用好省委、省政府在生态补偿等方面的扶持政策，以财政乡镇分类补助的形式，调动乡镇、部门向上争取生态文明建设项目、资金、政策的积极性，实现借力发展。

创新及示范价值

经验之一：坚持把加快发展、壮大经济实力作为推进绿色发展的根本目标。

绿色发展的第一要义是发展。常山县加快推进工业、农业转型升级，在传统产业改造提升和新兴产业培育发展上取得新突破，推动一、二、三产业联动发展，加快壮大绿色经济，努力实现发展的科学跨越。

经验之二：坚持把加强项目建设作为推进绿色发展的根本抓手。

扩大项目投资是常山加快发展的关键举措。通过提升"项目强县"思路，推进项目绿色化，将绿色发展落实到具体项目上；坚持招商引资"一号工程"不动摇，强化挑商选资，积极引进符合绿色发展要求的大项目、好项目和高新科技项目。提高项目准入门槛，严格限制高能耗、高排放和低效益项目；加强项目建设管理，努力建设"绿色工程"。

经验之三：坚持把实现生态富民、建设美好家园作为推进绿色发展的出发点和落脚点。

牢固树立以人为本、富民优先理念，通过绿色发展不断提高全民科学文化素质和健康素质，健全城乡一体的就业与社会保障体系，促进城乡居民收入稳定增长，群众生活水平进一步提高。推进城乡融合发展，积极保护生态环境，建设山水园林城市和富美乡村，使群众生产生活环境明显改善。

经验之四：坚持把统筹兼顾、全面发展作为推进绿色发展的基本要求。

绿色发展不等同于生态环境保护，也不局限于发展绿色经济，而是一项系统工程。常山县注重统筹兼顾、全面推进，使绿色发展的要求落实到经济、政治、文化、社会和生态文明建设的各个方面。

经验之五：坚持把深化改革、完善体制机制作为绿色发展的核心动力。

大力支持科技创新和制度创新，进一步完善推进绿色发展的政策措施，建立健全市场化要素配置、环境有偿使用、党政领导干部政绩考核等体制机制，为推进绿色发展提供强大动力和体制保障。

点 评

常山县树立"绿水青山就是金山银山"的理念，充分认识到推进绿色发展，有利于从根本上解决发展的环境问题，营造舒适优美的生产生活环境，增强生态宜居的美誉度和吸引力；有利于集约节约利用资源，提高经济发展质量与效益，形成转变发展方式的"倒逼"机制；有利于为全省发展大局作出应有贡献，争取更大的政策与支持，从而为实现科学跨越发展奠定扎实的基础，为欠发达地区提供宝贵的经验。

常山的实践启示我们，要以"等不起"的紧迫感、"慢不得"的危机感、"坐不住"的责任感，加快转变思想观念，切实把推进绿色发展落实到"十二五"时期的各项工作中去。

（常山县委报道组廖小兵供稿）

温岭:"民营潮"中的和谐之花

温岭地处浙东南沿海,于明成化五年(1469年)置县,1994年经国务院批准撤县设市。

这块960平方千米的土地,下辖11个镇5个街道831个村93个居,人口118万,外来人口63万,是全国人口密度最高的县(市、区)之一。

温岭民营经济发达,是全国第一家股份合作制企业的诞生地,形成了摩托车及汽摩配件、水泵及电机、鞋帽皮塑、家用炊具及金属制品、中小船舶修造、建筑建材行业等8个支柱产业集群。全市拥有大大小小3万多家民营企业,其中规模工业企业1727家,年产值超亿元企业113家,上市企业4家,已建成中国泵业名城、中国小型空压机之都等10多个"国字号"生产基地。

民营经济快速发展,也带来了劳资矛盾的凸显。21世纪初,由劳资纠纷引发的集体停工和上访事件开始出现。这一现象在温岭市新河镇的羊毛衫企业表现尤为突出。数据显示,2002年,新河镇羊毛衫行业职工上访量占到全镇接访数量的45%。

如何从源头上解决问题?善于创新的温岭人想到了民主恳谈。2003年,长屿羊毛衫行业工资集体协商制度呱呱坠地。工人和企业主面对面坐到了一起,畅所欲言,一起协商工资水平,因此有了行业工资集体协商这一制度创新。

工资再也不是老板一个人说了算。行业工资集体协商创造出一种企业主和职工平等协商、兼顾劳资双方利益、有效协商解决矛盾冲突的民主治理新模式。2007年11月,这种做法得到国务院总理温家宝的重要批示:"温岭的做法可以总结推广"。2008年的3月10日和4月10日,省委、省政府和全国总工会相继在温岭、杭州组织召开了工资集体协商经验交流会,推广温岭的做法。

目前,温岭市已在1916家建有工会的企业中开展单独的工资集体协商,在鞋帽服装、水泵与电机、船舶修造、工量刃具等 16 个行业、23 个行业工会与行业协会中开展了行业性工资集体协商,在全市 16 个镇(街道)开展区域性工资集体协商。工资集体协商覆盖企业达 6100 多家,惠及职工近 40 万人,有力地促进了和谐社会建设。

案例解读

缘起:通过民主恳谈这种形式,工人参与到了工资规则的制定之中,工资不再是老板一个人说了算。

2003 年 6 月 13 日,在温岭市新河镇打工的民工陈某受邀参加一次民主恳谈会。在会场,他看到了市里、镇里的干部,当地一些羊毛衫企业的老板,还有 12 名从事羊毛衫工作的工友。

恳谈会上,温岭市人事劳动保障局、温岭市总工会有关负责人分别围绕职工工资(工价)问题,讲解了工资协商的目的意义和注意事项,接着协会负责人介绍羊毛衫编织加工所涉及的横机工、套扣工、缝纫工、烫工、裁剪工等 5 个工种、59 道工序工价的初步标准和调整情况,形成初步的工价标准。

恳谈过程中,13 名工人代表畅所欲言,哪些工价项目应调高,哪些工价项目可以保持,都可以谈。

恳谈告一段落后,一份全部由"填空题"构成的《计价表》发到了每个工人代表手中,陈某认真地在表上 5 个工种、59 道工序后面填上了自己能接受的价格。

这不是一场简单的工价意见征询会,新河镇羊毛衫行业工会主席陈福清介绍,这么做的目的,是为了建立起一个行业工资标准,既保障工人的权益,又防止企业间利用工价恶性竞争,以解决日趋严重的劳资矛盾、行业痼疾。

根据工人代表的"答卷"和当地企业主、工人们的意见,经过 6 次协商,召开大小会议 10 次,发放征求意见表 500 余份,《新河镇羊毛衫行业最低工资(工价)标准》3 次调整基准价,于 2003 年 8 月最终成型。企业必须以此为最低标准向工人支付工资,可以上浮。与标准同时规定的还有员工 8 小时劳动所得不得低于 27 元、每月工资最低不得少于 800 元、每月支付工资的时间等内容。

鉴于羊毛衫行业易受市场、价格、成本等因素影响,双方还约定,每年一次就调整行业工人工资(工价)进行集体协商,保证工人工资(工价)与企业效益的增长相适应。

"这意味着工人们在劳资问题上有了实质性的发言权,打破了由企业主单方制定工资标准的惯例,为打造和谐劳务关系提供了很好的平台。"温岭市总工会主席叶其泉说。

背后：行业工资集体协商不仅仅是民营经济增强壮大过程中的自然需求，更是政府方面长久努力推动的结果。

行业工会是工资协商赖以推行的基础。在 2003 年新河羊毛衫行业工资集体协商之前，新河镇政府就组建了羊毛衫行业工会，由职工推选 9 名代表担任委员。组建的羊毛衫行业工会，承担着代表职工与原已成立的行业协会开展行业工资集体协商，维护职工合法权益，共谋企业发展等职能。

作为行业工资集体协商工作的主体，近年来，温岭市相关部门和镇（街道）把组建行业工会和行业协会作为推进行业工资集体协商制度的组织保证，出台政策文件，引导行业加大组建力度，先后在鞋帽服装、水泵与电机、船舶修造、工量刃具等 16 个行业中建起 23 个行业工会。

开展协商之前，由劳动部门介入，组织测试确定各道工序的劳动定额、计件工资单价，并以当时农村入户劳作的日实际工资为参照对象进行计算，综合考虑本地的最低工资标准、物价水平和社会平均工资情况，计算出所有工种、工序的计件工资单价。

在协商过程中，政府始终参与其中，扮演着牵头者、协调者、引导者、监督者的角色。"没有工会一开始的组织引导，没有政府两头协调，工资协商不一定能搞起来。"新河镇一位企业负责人说。

关键：制度化的行业工资集体协商，是解决劳资矛盾的长久之道。

新河羊毛衫行业开展工资集体协商试点后，当年就取得了明显成效，2003年该行业因劳资纠纷引发的上访事件，比 2002 年同期减少了 70％。温岭趁热打铁，总结了羊毛衫行业工资协商的成功经验，开始在全市范围内逐步推广。

2004 年 6 月，《关于开展非公企业行业工资集体协商工作的实施意见》出台；2005 年 5 月，温岭再次推出《关于大力推广行业工资集体协商制度的实施意见》，对行业工资协商工作不断加以引导和规范。行业工资集体协商工作逐渐沿着正确的方向有序推进，在全市"开花结果"。

制度贯穿于工资协商全过程。在协商发起阶段，行业协会和行业工会任何一方均可提出行业工资集体协商的要求，另一方接到协商意向书后，应于 20 日内予以书面答复，并与提出方进行工资协商。

在确定计件工资环节，工资的计算结果经由一套精密的测算计件工价公式确定，经集体协商的工资水平不得低于当地政府规定的最低工资水平（不包括加班工资）。

协商过程中，制度明确规定了协商双方的首席代表由行业协会会长、行业工会主席担任,其他协商代表由双方按人数对等组成,甚至对协商恳谈会的规模、次数都作出了规定。

双方签订行业工资协议后,在7日内报劳动部门备案,劳动部门自收到行业工资协议(文本)之日起15日内未提出异议,协议正式生效,从而保证了它的合法性。

为了保护协议有效执行,温岭各镇(街道)建立起工资集体协商监督组,形成了自上而下的工资协议监督体系,保证协议条款的履行兑现。该市还把行业工资集体协商工作列为刚性目标,纳入市里对各镇(街道)党建工作责任制和部门的年度目标责任制考核内容,强化了各地、各部门开展行业工资集体协商工作的责任。

深化:以职代会为平台推行区域性工资集体协商,使工资协商无差别覆盖全市,努力让所有工人都享受到这一权利。

2010年9月,温岭市城东街道召开第一届区域性职工代表大会第一次会议,《城东街道区域性集体合同》和《城东街道区域性工作集体协商协议书》等7份文件在会议上通过。按照文件内容,在城东街道的务工人员,属劳动密集型企业和普通工种的,每月工资不低于1200元;属技术型企业的,技术工种每月工资不低于1350元。这比2010年当地的最低工资标准980元高出不少。

从2010年7月开始,温岭在全市各镇、街道陆续召开区域性职工代表大会,在此基础上,实现行业工资集体协商区域全覆盖,并提高一线职工的协商参与率,促进协商的规范化。

"诸如羊毛衫、鞋革、水泵等行业规模较大,行业协会、工会也较完善,实现行业工资集体协商是有基础的。"温岭市总工会工作人员介绍,但一些规模较小或尚在"发育期"的行业,整个行业实行工资协商可能不太现实。这时,区域性工资集体协商发挥了作用。

根据温岭的实际情况,区域性工资协商在形式上是针对一些中小企业较集中的镇、村,由镇村联合工会与业主委员会或经营者代表签约;在内容上属生产经营正常和效益较好、工会基础较强的区域,重点就计时计件工价、工资水平、奖金分配、补贴和福利等进行协商,建立正常的工资增长和调整机制。生产经营较困难,工会基础相对薄弱的,在考虑不低于最低工资标准的前提下,重点就计时计件工价、工资支付办法等进行协商,重在建立工资支付保障机制,规范工资支付行为,保障职工的合法经济权益。

但产业规模不同,企业经营状况不同,劳动强度不同,工资待遇也应该允许有一定的差异。基于这样的考虑,温岭又提出以"政府主导、企业支持、职工参与"的原则,开展单个企业工资集体协商。

行业性协商、区域性协商、企业独立协商三者结合,形成了一张大网,惠及众多的民营企业和民工。如今这张"网"越张越大。

创新及示范价值

经验之一:民主恳谈,使劳资双方的"斗争"被"合作"代替。

以往的劳资纠纷,由于没有合理的沟通渠道,大多数演变成"闹事"、"上访"等不良现象,于企业、职工都没有好处。通过集体协商,双方坐下来面对面地恳谈,想法、难处都得以交流,使劳资双方逐步形成共识,并最终达成一致,为整个行业职工权益保障和职工队伍稳定起到积极的作用。劳动双方间的"斗争"逐步被以"合作"为本质的劳动关系所代替,不仅维护了职工和企业的和谐劳动关系,也促进了企业的发展。温岭最早实施行业工资集体协商制度的羊毛衫行业,到2006年年底,已基本实现了工资纠纷案件零投诉。劳资矛盾明显减少,为企业提供了良好的发展空间,也为社会稳定做出了积极贡献。

经验之二:制度建设,使"暗箱"操作被"规范"程序代替。

过去大多数企业内工会的集体协商以非正式沟通为主,在程序上、机制上缺乏透明度,在结果上没有得到广大职工的认可,有些甚至在"单边协商"、"暗箱"操作。现在政府在工资协商中,及时出台了一系列制度,形成了工资标准的科学测算方法,形成了晒在"阳光下"的工价表,形成了强有力的执行手段,有效保障了职工权益。

经验之三:组建工会,使"弱势"地位被"平等"对话代替。

从目前现状来看,我国大部分企业,特别是小规模的民营企业,工会干部大多数由受雇企业的管理人员兼职,有的与企业主有沾亲带故关系,话语权掌握在资方手中,职工往往无法提出相应合理的工价。温岭在实施工资协商前,要求必须建立行业工会,这使得工人在劳资关系中不再是"一个人的战斗"。相对于依附于企业本身的企业工会,行业工会的声音也更"响亮"。以镇总工会或行业工会与行业协会开展行业工资集体协商,能保证业主工人的地位平等和组织活动的有序开展,以及职工参与的广泛性、民主性,更能保证协商有结果、有约束力。

经验之四:深化推广,使"部分"保障被"全面"保障代替。

在看到成效后,温岭及时总结推广,并根据各地、各行业的实际情况,采取建会规模企业、村(居、社区)企业、行业性企业、区域性企业工资集体协商四者结合的形式,实施四轮驱动,横向到边、纵向到底,三次覆盖的工资集体协商机制,力争实现工资协商全覆盖。这一做法普及之后,有效遏制了企业间用工无序竞争,以高工价挖对方技术骨干的恶性竞争现象,职工跳槽行为也得以减少,优化了整个产业甚至整个区域的外部发展环境,使民营经济得以健康稳健地成长。

点 评

开展行业工资协商,有助于解决劳动关系中的工资(工价)问题,规范企业工资分配行为。一方面,企业主摆脱了劳资纠纷的困扰,可将精力更多集中于企业的生产经营;另一方面,职工的切身利益得到了保障,从而进一步激发工作热情,温岭市的这种探索,真正体现了劳资双赢,值得推而广之。

（温岭市委报道组吴敏力供稿）

龙港:农民城到现代城的蝶变

苍南县龙港镇,地处温州南部,位于浙江八大水系之一的鳌江入海口南岸,东临东海,西接104国道、同三高速公路和温福铁路,北岸为平阳县鳌江镇。

20世纪80年代初期,一群先富起来的温州万元户们,在龙港镇"欢迎农民进城办公室"的"忽悠"下,出钱买下"地基",然后,自理口粮,自建住宅,自办企业,自发形成了"中国第一座农民城"。短短30年不到时间,这片原先只有6000多人、5个小渔村的荒凉土地已发展成人口30多万的浙江中心镇,2010年工业总产值达282.6亿元,财政总收入11.4亿元,人均纯收入12822元。

龙港作为一座新兴城镇,国家没有直接投资,受财政管理体制影响,镇财力对城市建设和社会各项事业发展的投入非常有限。对此,龙港历届党政领导大胆创新,充分利用市场机制,把"经营城市"的理念贯穿到城市规划、建设、管理和发展的全过程,走出了一条以城养城、以城建城、以城兴城的"经营城市"道路,实现土地资源市场化、投资主体多元化、公共基础设施效益化、政府投入产出最大化,不断推进城镇建设。

如今,龙港的城镇建设带动该镇教育、卫生、文化等社会各项事业不断发展。在大社会办大教育的路子中,高标准普及九年制义务教育,高中段教育普及率97%,全镇现有54所中小学校,68所幼儿园。同时,龙港镇大力开展城乡环境卫生综合整治、城乡垃圾一体化长效管理,农业生产、生态、生活环境大为改观,农民科学文化素质不断提高。

但经过近三十年快速发展的龙港镇,农民城的光环尚未完全褪去,都市病却过早地光顾了:20年前建设的街道已用到极限,如今拥挤不堪;16平方千米的老城区挤着20余万人口,人口密度超过上海;捉襟见肘的窘态除了交通问题,还有遍地的垃圾,城区尚无一处公共广场……

为此,龙港人炸掉了镇口"中国第一农民城"路碑,向世人展示告别过去的决心。为了使未来发展之路更科学,龙港投入近千万元,请中国城市规划设计研究院深圳分院捉刀设计未来发展蓝图。根据这份《龙港镇城市总体规划》,未来龙港将增加新区面积约 40 平方千米、人口 42 万、工业总产值 1000 亿元,成为鳌江流域中心城市的核心区,宜居、宜商的现代滨海新城。从农民造城、到产业兴城再到全国人文名城,建镇近 30 年后,勇敢的龙港人正在走向第三次跨越……

案例解读

一个城镇的发展方式之变,必定要从其发展轨迹中去探寻。我们以十年为界,追本溯源,来看看"中国第一农民城"20 多年改革发展所走过的历程:

头十年:农民进城的"独轮推进"。

"龙港是改革的产物。"作为龙港镇第一任党委书记,年近七旬的陈定模这样定义龙岗的出身和发展,"当时,我们主要抱着这样两个想法:一是农民能不能享受到城市的文明;二是农村城镇化、城市化的道路该怎么走?"

在这个理念的指引下,农民城在建城之初,发展的侧重点放在了农民进城和建城上。土地有偿出让筹集建设资金、农民自理口粮进城的户籍制度改革等一系列的举措出台,让龙港镇如同一架"独轮车"一般,在一片滩涂地上,勇闯禁区。

很快,这架"独轮车"推动下的农民建城模式名扬四海,赢得了第一个十年的快速发展期。到龙港进行小城镇综合改革试点前的 1994 年,全镇人口已达到 13.368 万,工业总产值达到 16.44 亿元。到 1990 年年末,新建住宅面积 144.8 万平方米,城区面积不断扩大。

龙港的前十年,以城市规模扩张为主要特点,其经济发展以城市化为主要动力,通过人口集聚和资本集聚,实现生产要素的优化配置,带动经济飞速发展。这个时期,由于进城农民还没来得及洗去裤脚上的泥土,他们集资兴建起来的城市,无论是建筑格局,还是自身行为习惯,都保留了农村的特点。这个阶段的农民城,无非是个扩大了的村庄而已。

中十年:产业互动的"两轮驱动"。

突破对龙港人来说,从来没有停止过。进入小城镇综合改革试点后的龙港镇,开始突破"扩大了的村庄",寻求城市内涵的提升。

抓住全国小城镇综合改革试点的机会,龙港实现了体制上的重大突破,获得了部分管理权限的扩张。在这十年时间里,龙港的城市框架已经形成,大规模人口集聚告一段落,当地的社会文化也逐步向城市转型。无论房屋格局,还是居民生活习惯等都逐渐向城市转型,出现了内涵城市化的特点。1995 年,当时的龙港首次打破了"顶天立地"式的农民屋"一统天下"的格局,先后建成了西排新村、金都别墅、沿江新村和宫后公寓等四个住宅小区。

与此同时,世纪交替间的一次房价下跌,打破了"独轮推进"的平衡,让龙港人认识到建城路上亟待产业支撑。龙港人再次转变改革理念,提出了"城市化与产业化良性互动"的发展理念,努力推动龙港从"农民城"向"产业城"跨越。

产业支撑理念下的龙港镇,在进入新世纪的头几年里,工业经济得到快速发展,印刷、礼品等产业迅猛崛起,先后摘取了"中国印刷城"、"中国礼品城"、"中国印刷材料交易中心"、"中国台挂历集散中心"等"国字号"产业基地称号。

中间的十年是龙港"内涵城市化阶段",依靠城市化带动工业化发展,产业结构转变十分明显,尤其是 1996 年以后,技术含量相对较高的印刷业逐渐成为龙港的主导产业。产业的崛起,有力地支撑了龙港城市化的发展。

近十年:民生为先的"三足鼎立"。

"龙港的发展,不仅仅是建了一个城镇,更重要的是改善了民生。"陈定模如是说。

"龙港的发展,始终把改善民生作为归宿点。"现任龙港镇镇长李道骥如是说。他说,站在第三次跨越的浪头上,以民生为本,迈向鳌江流域中心城市的发展理念也在不断地创新。

城市化与产业化良性互动的"两轮驱动",加上民生的指引和归宿,构成了稳定的"三足鼎立"之势。强调民生,让龙港镇在政府工作中突出了居民出行、吃水、就医等基本需求的改善。当然,更大的民生改善休现在整个城乡和区域的协调发展上。

立足于整个鳌江流域,龙港镇主动融入县域总体规划,注重与周边乡镇的同城发展,共享发展成果。按照"对内大循环、对外大开放"的格局,龙港将建设 8 平方千米的新中心区。规划中的污水处理工程、城区燃气管道、引供水工程、体育馆、三甲医院等一批重点民生工程的建设,将大大完善城市功能。

创新及示范价值

经验之一:永不满足的改革力量、开拓进取的创业精神。

正是靠着这样的一种力量和精神,龙港人成功地走出了一条不依赖国家投资、主要靠农民自身力量建设现代化城镇的新路子。如果说这是一个城市最重要的精神特征，那么可以说龙港是一座"真正的城市"，一个社会发展史本来意义上的"city"。从建镇之初的 5 个小渔村，到"中国第一农民城"，再在工业化与城市化良性互动思路的引领下，完成从"农民城"到"产业城"的第二次大跨越，到如今从"产业城"走向"鳌江流域中心城市"，一"出生"就追逐"城市梦"的龙港，每一步发展都饱含着开拓的勇气、创新的理念，每一次成功都看成是下一步创业的起点。

经验之二：行政体制改革敢试先行、行政管理敢于放权。

"针对龙港镇内的事务，镇政府办公会基本解决了一切问题，定下的就是最终决议，只需到县里进行备案"；苍南县的几个主要部门，如公安、工商、土地和税务等，都在龙港镇设立了分局；在所有的土地使用指标文件中，涉及苍南县的都是列出一个整体数字，之后括号内注明龙港，再单列一个数字，一般占整个苍南的 1/3~1/2，龙港的用地不必考虑整个苍南县的平衡，可以单独完成……诸如此类人权、财权、事权的下放和固化，在镇级行政体制暂时难以突破的大背景下，为龙港的发展注入了强大的生机。

经验之三：在时代发展中善于抓住机遇，顺势而为。

纵观龙港三十多年的改革发展史，还可以发现一个明显的特点，就是历代领导层都十分善于抓住和利用机遇，有些甚至是不是机遇的机遇。改革总是伴随着风险，难得的是，无论是从建城伊始农民洗脚进城的从无到有，产业发展从小到大，强镇扩权，还是以建设鳌江流域中心城市为目标，对接海西经济区，在一次又一次的政治体制和经济体制改革尝试中，龙港人都紧紧地把握住了发展的机遇，顺势而为，化劣势于无形，假东风而上。

点　评

龙港有梦，龙港人一直渴望成为城市居民。如今，龙港人正在从乡镇人向城市人转变，龙港的小城市蓝图已经绘就，龙港人高起点制订未来发展规划，符合鳌江流域城市化发展的客观要求和趋势。龙港人还需在镇改市的过程中突破旧体制，创新新体制。龙港人的梦想定能成真，让我们支持并期待龙港的进一步变革和发展。

（农村信息报记者陈小平、温州日报记者金建树供稿）

枫桥：创新社会管理的新范本

诸暨位于浙江省中部偏北，是越国古都，区域面积 2311 平方千米，现辖 24 个镇乡、3 个街道，常住人口 150 万左右。诸暨民营经济发达，产业特色鲜明，发展活力充沛，拥有袜业、珍珠、铜加工及新型材料、机电装备制造、纺织服装、环保新能源等六大工业主导产业集群，是中国袜业之都、中国珍珠之都、中国五金之乡和中国名品衬衫之乡，位居全国县域经济基本竞争力第 13 位。

诸暨市不光民营经济发达，在社会管理上也独树一帜。20 世纪 60 年代初，诸暨市枫桥镇创造了"发动和依靠群众，坚持矛盾不上交，就地解决，实现捕人少，治安好"的经验，毛泽东同志非常重视，批示"要各地仿效，经过试点，推广去做"。改革开放以来，诸暨始终坚持把发展作为第一要务，把以人为本作为核心内容，把化解矛盾作为主要任务，把强化基层作为关键环节，把专群结合作为最大优势，致力于关注民情、改善民生、发展民主、维护民安、促进民和，着力在增强"枫桥经验"的实效性、时代性、持久性上下工夫，在社会管理的实践中不断赋予"枫桥经验"新的科学内涵和时代特征，实施了"四先四早"工作机制、四前工作法、矛盾化解五分法等，建立了"治安联防、矛盾联调、问题联治、事件联处、平安联创"的新机制，形成了具有鲜明时代特色的"党政动手，依靠群众，预防纠纷，化解矛盾，维护稳定，促进发展"的新经验，成为了创新社会管理的新范本。

社会管理就是生产力、吸引力和竞争力。推进社会管理创新，事关经济社会协调发展，事关社会和谐稳定，事关人民群众切身利益。近年来，"枫桥经验"与时俱进，创新发展，成为全国社会治安综合治理的样板、维护农村社会稳定的常青树和中国基层社会治理的光辉典范。胡锦涛、温家宝、习近平、周永康等党和国家领导人多次接见"枫桥经验"创建代表，并到诸暨视察。"枫桥经验"入选浙江省改革开放 30 周年典型事例 100 例，以坚持发展"枫桥经验"成果的平安建设被评为浙江改革开放 30 周年最具影响力的 30 件大事之一。中央综治委、公安部、浙江省委先后联合在诸暨召开纪念大会,不断推广各个时期的"枫桥经验"。在"枫桥经验"基本精神引领下,诸暨市社会和谐稳定,经济日益繁荣,百姓安居乐业。诸暨市被评为全国和谐社区建设示范单位,荣获浙江省平安县(市、区)五连冠,成为全国社会管理创新综合试点县市。枫桥镇连续三届被评为全国综合治理先进集体,夺得全国社会治安综合治理最高荣誉"长安杯"。

案例解读

建立矛盾源头化解机制。

在创新社会管理上,诸暨市充分发挥乡镇基层综治组织的主平台作用,牵线搭桥,全力化解社会矛盾,努力做到"家庭琐事不出户、邻里纠纷不出组、小事不出村、大事不出镇、矛盾不上交"。

狠抓源头疏导。任何一个矛盾都不是空穴来风,都有一个源头点,诸暨市在社会管理上始终坚持从源头化解矛盾。在社会矛盾热点如土地征用、城市拆迁、社会保障、劳动用工、涉法涉诉等问题上,诸暨市从源头切入,通过基层领导干部走访、调查、谈心等形式深入群众,倾听群众呼声,切实了解矛盾源头,分步、分点、分块解决矛盾隔阂,减少由这些热点问题引发的纠纷。

在疏导矛盾的同时,加强对群众的教育,提升群众素质,减少今后矛盾的发生。全市全面推行"五五"普法教育,开展民主法治村(社区)、文化特色村创建活动,深入实施农民素质教育工程,大力推进基层民主政治建设,从根本上预防和减少矛盾。

完善预警机制。诸暨市 27 个乡镇、街道全面建立起了由驻村指导员、村级治调干部、企业单位安全保卫人员和各行业治安积极分子组成的治安信息网络。

按照属地管理和行业管理原则,诸暨市各级政府机关及时摸排掌握各类不稳定因素和治安问题苗头,并配套完善敏感信息即时上报、动态信息一月一报的工作制度和信息奖惩考核制度。镇乡、街道每月召开一次政法综治联席会议,对不安定因素认真分析研判,对口反馈,妥善处置,同时建立信访摸排"五个一"制度,即每月确定一个信访接待日、每月召开一次不安定因素分析会、每月举行一次矛盾纠纷联调活动、建立一张矛盾纠纷登记卡、建立一张矛盾排查汇总表,全市 90% 以上的纠纷在镇乡(街道)基层一线得到有效化解。

健全打防控机制。

面对社会管理中矛盾的发生,诸暨市坚持"打防结合、预防为主,专群结合、依靠群众"的方针,进一步加强社会治安综合治理,着力提高预防和控制违法犯罪的能力,最大限度地挤压犯罪空间。

科技化强兵布控。面对社会管理的新形势,由市和镇乡(街道)财政出资,在城区和集镇建立专业巡防队、平安志愿者队伍,广泛开展村民义务巡防活动,形成了城乡呼应、内外联动、动静结合、昼夜巡查的网络化巡防体系,并在城区和重要集镇的主要进出路口、治安复杂部位及全市金融网点和重点企事业单位安装电子监控系统,提升预防、发现和控制犯罪的能力和水平。2010年,诸暨市通过电子监控预防各类案件760余次,抓获各类违法犯罪嫌疑人300余人,缴获被盗车辆37辆,破获刑事案件400余起。

严打"三重点":针对矛盾突发的区域和行业,诸暨市确立"三重点"政策。首先是严打重点区域,以城区和重点镇乡为主战场,始终坚持普遍查处与大要案查处相结合的原则,严厉打击涉黑涉恶、涉爆涉枪、涉黄涉毒等违法犯罪活动,加大难点和热点问题的整治力度。

其次是严打重点部位,对影响青少年健康成长的校园周边环境、事关群众生命财产安全的消防"三合一"企业、与人民群众生产生活密切相关的金融、通讯、水电气等内部单位的治安问题和安全隐患,坚持教育、查处、整改多管齐下,常抓不懈。

第三是严打重点行业,积极开展整顿和规范市场经济秩序专项行动,严厉打击制售假冒伪劣商品违法犯罪活动,依法严惩制假售假违法犯罪分子。

完善服务管理机制。

核心提示:政府的功能说到底是服务,成功调解矛盾后如何预防矛盾的再次发生?这需要政府加强服务和管理。为此,诸暨市坚持"党委领导、政府负责、社会协同、公众参与",着力提高政府的服务和管理水平,从而更好减少矛盾的发生。

加强外来人口管理。诸暨外来人口近50万,参差不齐的外来人员素质,给社会管理带来了不小麻烦。为此,诸暨市一方面建立了针对外来建设者教育、服务、维权综合管理新机制,市、镇两级成立外来建设者综合管理工作领导小组和办公室,实行公安、计生、劳动合署办公,推行"外来干部协管外口"管理模式,落实基层专管员,做到外来人口管理工作有人抓、有人管。另一方面,加强归正人员"三延伸"帮教机制,事先向监狱延伸,积极拓宽安置帮教渠道,事后向巩固提高延伸,重点做好"三个一",即建立一本台账,每年举行一次讲座,定期进行一次上门走访。

提升市民文明素养。在提升外来人员素质的同时,诸暨市也进一步提高当地人口的素质。市财政每年拨出600万元专项资金,支持农村文化基础设施建设,活跃群众文艺,以小型、业余、娱乐为原则,利用重要节日、纪念日,组织开展自娱自乐的文化、体育、娱乐活动。全市已形成戏曲、扇子舞、太极拳、腰鼓、秧歌等多种形式的文体志愿者队伍。开展百场文艺演出、百次专题演讲、百个专项活动进社区的"三百"活动和科技进社区、法律进社区、教育进社区的"三进"活动,提高居民的思想道德素质和文化法律素质。

创新及示范价值

经验之一:确立统筹发展的理念,始终坚持党政领导、齐抓共管不动摇。

统筹发展是"枫桥经验"与时俱进、社会管理创新发展的根本要求。诸暨市坚持把"枫桥经验"和社会管理更加紧密地相结合,共同纳入科学发展大局中研究部署,用系统的思维整体谋划,用综合的手段解决问题,充分发挥各级党委总揽全局、协调各方的领导核心作用,不断完善政法委抓组织协调、各有关部门各司其职、群团组织积极发挥作用、广大群众自觉参与的工作机制,形成党政领导、各方参与、社会协同、齐抓共管的良好格局,构筑起维护社会稳定的坚固防线。

经验之二:始终坚持以人为本不动摇,使广大人民群众成为社会和谐稳定的建设者和受益者。

以人为本是创新"枫桥经验"的核心,是"枫桥经验"各个历史发展阶段开展工作的主要方法和手段,也是"枫桥经验"能够一直富有生机活力、不断创新发展的重要法宝。在这个前提下,诸暨市把实现好、维护好、发展好人民群众的根本利益作为发展"枫桥经验"、创新社会管理的出发点和落脚点,在关注民生、惠及民利、维护民权、保障民安上下工夫,更加注重人文关怀,切实维护社会公平正义,使广大人民群众成为社会和谐稳定的建设者和受益者,努力创造富民、安民、乐民、靠民的良好环境。

经验之三:始终坚持德法相济、依法治理不动摇,着力营造公平正义、规范有序的社会环境。

"枫桥经验"是社会管理的经验总结,是德法相济的最高层面,离开了法治和德治,"枫桥经验"就会失去生命力。诸暨市正确把握了法治和德治的互补性、兼容性和一致性,更好地用社会主义法治理念指导"枫桥经验"与时俱进,用法治精神丰富"枫桥经验"的时代内涵,用法治实践夯实"枫桥经验"的实践基础,着力营造公平正义、规范有序的社会环境,使"枫桥经验"成为新时期基层社会依法治理的成功模式。

经验之四：始终坚持统筹兼顾、治本抓源不动摇，有效统筹经济社会协调发展、人与自然协调发展、人与社会协调发展。

"枫桥经验"源于治安，又超越治安。在诸暨，创新社会管理的"枫桥经验"已渗透于经济社会的各个方面。在新的阶段，诸暨市从全面推进经济建设、政治建设、文化建设、社会建设和党的建设的高度入手，坚持实现人民群众长远利益和现实利益相统一，坚持解决影响经济发展的体制机制障碍和解决社会突出矛盾相统一，坚持改革发展的总体谋划、统一部署和分步实施、有序推进相统一，有效统筹了经济社会发展、人与自然发展、人与社会发展。

经验之五：始终坚持与时俱进、创新落实不动摇，不断深化发展"枫桥经验"，更加注重外延拓展和内涵提升。

"枫桥经验"之所以常抓常新，历久弥新，成为一棵常青树，靠的是实践创新、丰富发展。诸暨一方面吸取"枫桥经验"的优秀经验，一方面坚持以科学发展观为指导，不断创新深化发展"枫桥经验"，注重外延拓展和内涵提升，在创新落实中确保"枫桥经验"始终富有生机活力。

点 评

从毛主席批示"枫桥经验"到现在已近半个世纪，在这半个世纪里，"枫桥经验"之所以始终具有鲜活性，关键在于"枫桥经验"的与时俱进和创新发展。首先，"枫桥经验"体现时代性。体现时代性，就是按照现实形势变化，大胆探索创新，不断赋予"枫桥经验"新的科学内涵和时代特征，使"枫桥经验"永葆生机和活力；更加注重"枫桥经验"的与时俱进，充分运用"枫桥经验"的基本精神，创新实践富有时代性、特色性、创造性的经验做法，不断推进依法执政、依法行政。其次，"枫桥经验"体现实效性。实效性是"枫桥经验"的生命力所在。这就是什么办法有效就用什么办法，什么措施管用就采取什么措施，实打实地破解难题。

（诸暨日报记者陈淦供稿）

传化:和谐音符奏出的美丽乐章

钱塘江畔,人们传颂着这样一家民营企业:1986年靠借款2000元、两口染缸创办家庭作坊起家,经过20多年发展,已经成为集化工、物流、农业、投资、科技城创新园区于一体,拥有员工7000多人,年总收入超百亿元、上缴利税13亿多元的现代企业集团。中国民营企业100强、中国品牌100强、中国大企业集团竞争力100强均榜上有名,全国"五一"劳动奖状、全国文明单位、全国模范职工之家等荣誉纷至沓来。这就是传化集团有限公司。

人们对传化集团的传颂,源于企业的产品和效益,更源于企业的管理和形象。其中,谈论最多的是,传化人情味浓,环境健康和谐,在民营企业构建和谐劳动关系上做出了榜样,树立了标杆。

在这里,员工收入增长快于企业利润增长。2005年至2009年5年间,传化集团共实现利润48.6亿元,年均增长12.7%;同期员工工资总支出12.33亿元,员工人均年收入从4.2万元提高到7.3万元,年均增长17.8%,其中,一线生产工人从年收入2.3万元提高到3.77万元,年均增长12.92%。

在这里,员工享有多种福利待遇。传化实现养老保险、医疗保险、工伤保险、失业保险、女工生育保险和住房公积金、企业年金全覆盖,实行双休日和带薪休假制度。员工享受福利性就餐、福利性交通、福利性体检。单身员工有安装空调的集体宿舍,已婚而尚未购买商品房的员工可入住福利性周转套房。

在这里,员工脚下铺着一条畅达的职业发展道路。任何一名员工进入传化,都有导师帮助进行成长规划,都能不断获得相应的技能培训,都能凭借个人专长和优势围绕业务岗位和管理岗位"双通道"发展自己,都能通过有序竞争实现职位和待遇的提升。

在这里,员工对企业管理和决策有充分发言权。传化职代会定期审议与员工切身利益有关的制度。员工可通过厂务公开建立的广泛渠道及时了解企业战略发展和经营决策信息,可通过民主听证、职工热线、总经理接待日、员工网上论坛对企业管理和决策发表意见、倾诉心声,提出建议有专门机构受理并回复。

在这里,员工拥有健康充实的精神文化生活。传化各类运动健身场馆齐全,文化娱乐设施配套,图书馆、流动书屋、在线学习平台等读书学习条件优越,业余集体活动丰富多彩,员工感到下班与上班一样充实快乐。

在这里,员工身上系着一条企业编织的情感纽带。员工过生日,都能得到领导和同事的祝福;员工生病或身体不适,都有人主动顶替工作;员工有特殊困难,总能得到企业帮扶基金的资助;员工家里有老人病逝,企业都派人慰问。员工说,只要进了传化门,不管是什么身份、在哪个岗位,都会被企业的真情关怀所感动,都会很快成为企业情感纽带中的一个元素,享受爱,传递爱,制造爱,延伸爱,升华爱。

在这里,员工稳定率长期保持高水平。传化从创业开始,就像一块巨大的磁铁吸引着员工。15 年前第一批引进的 20 名大学生,多半还在这里干得很欢。近 5 年进入传化的 1500 多名员工,其中包括 700 多名大学本科以上学历者,因为各种原因向外流动的不到 8%。

案例解读

传化集团构建和谐劳动关系,经历了从朴素情感到理性认识,从企业经营管理者行为到企业全员参与,从工作要求到制度保障的发展过程,贯穿其中有一组清晰的线条。

尊重依靠,倾情关爱,为员工营造"家"的氛围。

在传化看来,党的改革开放政策是土壤,浙江的创业创新氛围是环境,传化的员工是种子,在土壤、环境相同的情况下,种子起决定作用。基于这样的认识,他们确立关爱、体贴的管理理念,十分注重以"家"的温馨来凝聚员工。传化创业初期,创始人徐传化要求全家人与员工同吃同住,几十人上下班都在一起,像个大家庭。随着企业规模的扩大,徐冠巨从父亲手中接过担子,及时建食堂、修宿舍、抓娱乐,逐步把关心爱护员工制度化。为了给员工创造一个健康、舒适、安全的生产环境,企业近年来每年投入上千万元用于环境改善和维护,利益再大也坚决不上高污染项目。每年大年三十,传化都举行"望年会",公司高层与没有回家的外地员工一起过年。几十张大圆桌摆满佳肴,气氛热烈,其乐融融,人人都感到家的温暖。1999 年,日用品液洗车间工人於小娟 8 岁的女儿患白血病,公司很快组织捐款 8 万多元。受这件事启发,传化拿出 100 万元成立帮扶基金,每年进行一次困难职工普查,补助费逐年增加。2009 年,於小娟的女儿病情复发,公司又送去 8 万元治疗费。这样的事,在传化不胜枚举。

董事长徐冠巨提出,经营者与员工都是企业的主人,是利益共同体、事业共同体、命运共同体。为了让员工及时知情并有充分的发言权,传化 1995 年成立职代会,1997 年创办企业内刊,1998 年建立企业网站,2005 年建立民主听证制度。民主听证会每年 2～3 次,从新上项目、薪酬分配到孩子入托、班车线路、澡堂管理,大事小事都公开征求意见,对员工普遍赞成的就立说立行。多年来,集团坚持有奖征集合理化建议,明确专人收集、梳理建议条目,每年组织评选表彰。近 5 年共征集建议 7757 条,采纳 4188 条,奖励 30 多万元。员工的发言权还体现在用人导向上。2007 年以来,集团根据员工对管理人员的民主评议结果,给予工作绩效较差、员工评价不好的 39 名管理人员行政、经济处罚,其中降免职10 人。

郑重承诺,合同管理,让员工对就业有安全感。

徐冠巨在农村长大,自幼经历了生活的艰辛,创业前曾在一家乡镇企业务工。他深切体会到,外出务工者的最大心愿,是有一份体面而稳定的工作。他在管理层反复强调,对员工既要严格管理、按章办事,又要循循善诱、耐心帮助。他向员工多次承诺,只要没犯重大原则性错误,传化不解雇员工。传化 1997 年就实行全员劳动合同管理,多年来劳动合同签订率、履约率都是 100%,没有发生一起劳动纠纷投诉和仲裁案件。对《劳动法》《工会法》,在不折不扣贯彻的同时,还设立企业年金(补充养老保险)等"附加题",力求从劳动关系的各个环节为员工想得更周全、保障更到位。2000 年,传化进行民营企业社会养老保险试点时,对凡是不能满足缴足 15 年条件的员工,公司统一补缴够 15 年,保证了当时退休的所有员工都能从社保按时足额领到退休金。2008 年和 2009 年,传化受国际金融危机冲击,生产经营面临一些实际困难,但仍然没有裁减一名员工。

立死规矩,定硬杠子,确保员工收入稳定增长。

传化认为,有好待遇才会有好心情,有好心情才会有好产品,有好产品才会有好效益,企业对员工投入与产出始终成正比。他们明确提出,要把员工收入稳定增长作为保障员工劳动经济权益的核心,作为构建和谐劳动关系的关键。为此,采取了一系列刚性措施:实行工资总额管理,确保工资总额增长与同期物价指数、消费指数增长和企业利润增长同步;每个员工工资都分固定部分和浮动部分,固定部分根据工种和岗位层次确定,浮动部分根据工作绩效确定,层级越低固定部分比例越高,基层一线员工固定部分占到 80%;实施基层员工收入提升计划,动态确定员工最低年工资标准(2011年是3万元);对工资体系及分配办法公开透明,对工作绩效量化考核,让每个员工都能算出自己应得的收入;公司每年编制财务预算,都把员工工资作为必保的首要项目,先安排出这一块再考虑其他。

同时,传化把不断改善福利作为增加员工收入的另一种形式,1996年就推行内部储蓄式养老保险,2006年做到每个员工都享受"五险二金",这些年围绕修建员工住房、补贴员工伙食、开通员工班车、组织员工体检、兴建运动场馆、购置文体设施等福利性支出近2亿元。传化所有厂区的员工餐厅每餐有4荤6素可供选择,盛夏每天给每个一线员工配送一份冷饮。

视才如宝,求贤若渴,为人才搭建宽广舞台。

20世纪90年代初,传化由作坊变成工厂时,为了引进人才,常常四处奔走、八方打听,从访贤问计到请求兼职再到用事业、待遇、感情留人,投入了大量精力。大学生毕业分配制度改革后,传化是浙江第一家到高校招聘人才的民营企业。随着传化事业的不断发展,想到传化工作的人才越来越多,传化从不耍大企业派头,依然礼贤下士,尽量吸纳,给人才广泛搭台,为人才竭诚服务。为了使一些特殊人才成为传化的"永久牌",传化常常给出想象不到的待遇和条件。为了形成企业人才梯队,传化建立了自己的人才培养选拔链,德才兼备、积蓄后俊、骨干培训、压担培养、多岗锻炼等要求不仅为管理层、也为广大员工所熟悉。目前,传化员工中大专以上占45%,大学本科以上占23%,拥有硕士139人、博士22人,开设博士后工作站2个,创建国家级技术中心1个、国家级实验室2个。

系统培训,成长引导,不断拓展员工发展空间。

传化从调查中了解到,各地员工到传化来,不是单纯为了一份报酬,更看重的是能否与企业一起成长,能否有好的发展机会,能否学到本事、增长才干。基于这一情况,他们精心设计员工成长路径,采取多种方式提高员工素质和能力,引导员工在传化扎根立业、实现理想。对每个新进员工,公司都明确一名导师手把手地传帮带。员工适应环境后,便根据学历和特长,按照技术、营销、管理、服务、工程等5个职业类别选择一个岗位,沿着每个职业类别设定的6级台阶逐级晋升。经过努力,生产工人可以从初级工到中级工到技师再到高级技师,技术人员可以从工程师到高级工程师再到资深工程师,管理人员可以从初级职员到中级职员再到高级职员,待遇随之提高。

为适应员工发展需要,集团建立分层分类培训体系,大力实施有针对性的系统培训。培训时间除军训和入职培训外,生产工人和管理人员近两年每年人均分别达到96小时、48小时;培训方式包括读专业证书班、进高校、外出参观考察等；培训经费单列预算，近两年花费 900 多万元。同时，公司鼓励员工参加学历教育和职业进阶培训，获得文凭或进阶成功增加基本工资。在安徽老家初中毕业的李义红，先后在 10 多个城市"漂流"打工，1993 年进传化后，他积极参加多项培训，拥有化工行业多个国家职业资格证书，现在执掌着传化股份技术中心中试车间 300 多个印染助剂、600 多个实验的配方。他自豪地说，传化是一所育人的学校。

大力支持，密切合作，把企业党群组织当伙伴、当"娘舅"。

传化 1992 年建立团支部，1994 年成立工会，1995 年建立党支部，1998 年建立党委、团委。多年来，传化党群组织以推动企业健康发展为目标，以企业文化建设、精神文明建设和凝聚力工程建设为载体，积极发挥政治优势和组织优势，通过参与经营管理、引导健康行为、团结凝聚职工、协调多方关系，形成与经营组织"目标同向、作用互补、相互监督、共同发展"的工作格局。徐冠巨说，传化从20 世纪 90 年代后期开始按现代企业制度运行，企业党组织的推动功不可没。党组织先后开展的党员责任区、党员示范岗、党员提合理化建议等活动，具体实在，富有吸引力，党员踊跃参与，员工也积极效仿。党员经常过组织生活，在岗一律佩戴标志、亮明身份，遇到困难总是走在前面，工作中发挥先锋模范作用，入党纪念日每年都收到党组织的"党员政治生日勉励信"，既有责任感又有自豪感，对员工产生强大的吸引力。集团现有 485 名党员中，179 名是企业党组织发展入党的。集团 9 名董事会成员中，6 名是党员。集团 316 名中层管理人员中，153名是党员。

传化群团组织同样有为有位。传化的工会和团委，分别在全国总工会、团中央获得过多次奖励，在当地很有名气。工会主席许旺泉谈到工会在传化的地位和作用，一口气列举了双休日、年休假、班车、帮扶困难员工、畅通建言渠道等 10多件与员工切身利益密切的事，他说这些事的实现都有工会的参与和努力。传化青年员工多，团组织活动自然丰富：运动会、读书会、演讲比赛、歌咏比赛、青年沙龙等只要能激发员工兴趣、有益员工身心的活动，都精心组织；为员工办婚礼，老董事长总是去拉几段二胡助兴，有时还用董事长的专车接送新人；2009 年，排练的歌舞节目演到了北京。党群组织的一桩桩、一件件，在企业与员工之间架起情感和沟通的桥梁，成为增进企业和谐、促进企业发展的"助推器"、"聚神丹"。

创新及示范价值

经验之一：民营企业构建和谐劳动关系，情与法如鸟之双翼、车之双轮，缺一不可，应当把两者统一于企业管理的全部实践。

民营企业由于资本性质和分配方式有别于国有企业，劳动者与经营者之间客观上存在直接的利益矛盾，协调解决这一矛盾是构建和谐劳动关系的中心任务。随着社会的进步和法制的健全，企业经营者和劳动者大多越来越希望通过法律来保护自己的利益，因此健全完善并认真执行法律法规对民营企业构建和谐劳动关系至关重要。同时要看到，重情重义是中华民族的传统美德，和谐的内涵永远离不开情感，法律法规没有也不可能穷尽企业利益矛盾的方方面面，很多矛盾需要用情去化解，很多关系需要用情去黏合，因此加大情感投入对民营企业构建和谐劳动关系也至关重要。传化的实践说明，把情与法结合和统一起来，既严格执法、依法治企，又以情为重、以爱为先，民营企业协调解决利益矛盾、构建和谐劳动关系的各项工作就有一个很好的契合点。

经验之二：民营企业构建和谐劳动关系，必须在解决劳动者生存问题的基础上高度重视员工发展，努力形成以员工发展促企业发展、以企业发展带员工发展的局面。

近年来，到民营企业就业的劳动者知识水平普遍提高，个人追求日益多样化，他们大多不满足于生存，还希望通过学习发展，获得更多的社会尊重和更高的社会地位，实现更高层次的社会权益。传化的实践说明，民营企业要培养适应企业发展需要的高素质劳动者，要形成有竞争力的人才体系，要构建长期稳定的和谐劳动关系，就必须在致力于企业发展的同时，一手抓员工待遇保障，一手抓员工职业成长，不仅从经济上而且从政治上、文化上、心理上、个人发展上关注员工需求、促进员工进步、实现员工权益，真正让员工有安全感、归属感、成就感、幸福感。

经验之三：民营企业构建和谐劳动关系，需要企业各方面力量协作配合，其中充分发挥企业党群组织的作用十分重要。

劳动关系渗透到企业生产经营各个环节，与企业每个人密切相关，因此构建和谐劳动关系需要同心协力、全员参与。传化的实践说明，民营企业无论经营者还是员工，在构建和谐劳动关系上都有大量的引导启发、沟通协调、监督保障工作要做，党群组织是联系企业和员工的桥梁和纽带，是推动企业和谐文明建设的核心力量。建立健全党群组织体系，让党群工作靠前运行、有为有位，可以促进企业经营者增强社会责任感，树立依法经营理念，提高科学管理能力，做到自觉尊重和爱护员工，切实维护员工合法权益，充分调动员工的积极性、主动性、创造性；可以促进企业员工树立企业利益共同体观念，懂得没有企业就没有就业、企业发展是员工利益根本保障的道理，自觉做到爱岗敬业、努力学习、提高技能、遵纪守法。

点　评

构建和谐劳动关系是企业健康发展的内在需要，是时代赋予企业的重大责任。劳动关系是劳动者与经营者之间形成的一种社会关系。对企业来说，人是最宝贵的资源，人力资本是最活跃、最能创造财富、最有潜力的资本。传化的实践说明，劳动关系和谐，员工能体面劳动、尊严生活，就能充分释放工作主动性和创造力，推动企业快速健康发展。企业构建和谐劳动关系不是外部强加的，而是内在的、自我的需求，是企业经营管理必不可少的重要环节。自觉承担起构建和谐劳动关系的社会责任，是时代对企业的强烈呼唤，是构建社会主义和谐社会对企业的热切期待。

（载自 2010 年 11 月 26 日《人民日报》）

阿里巴巴:"芝麻开门"的秘诀

1999 年,18 个平均年龄 20 多岁的年轻人成立了一家小网络公司。12 年后,这家成立时并不起眼的小公司,成就了世界电子商务界的传奇。

作为中国最大的电子商务公司,阿里巴巴集团如今已成为全球电子商务的领先者,在中国大陆超过 30 个城市设有销售中心,并在香港、瑞士、美国、日本等国家和地区设有办事处或分公司,服务超过 240 个国家和地区的互联网用户,在大中华地区、日本、韩国、英国以及美国等国家和地区 50 多个城市拥有员工 1.7 万多人。

自 1999 年成立以来,阿里巴巴集团茁壮成长,不断开疆拓土。在自身主要业务方面,阿里巴巴不断开创电子商务服务新模式。从开始做的电子公告板到开展"诚信通计划",从发展淘宝 B2C 业务到创立"支付宝"网上支付新模式,再到推出突破传统模式的阿里软件,截至目前,阿里巴巴集团已拥有阿里巴巴、淘宝、支付宝、阿里软件、口碑网、阿里云和中国雅虎等多家子公司。

合纵连横,阿里巴巴还不断与其他相关企业合作,打造电子商务生态圈,实现"live in alibaba"的目标:阿里巴巴于 2005 年 10 月收购雅虎中国;2006 年 10 月收购口碑网;2009 年 9 月收购万网,提供完整的互联网应用服务;2010 年先后收购美国 B2C 电子商务平台 Vendio 和软件服务商 Auctiva。通过和这些电子商务领域以及涉及交易流程的公司合作,阿里巴巴势如破竹地实现着"大淘宝"的战略目标。

阿里巴巴两次入选哈佛大学商学 MBA 案例,在美国学术界掀起研究热潮;连续五次被美国权威财经杂志《福布斯》选为全球最佳 B2B 站点之一;多次被相关机构评为全球最受欢迎的 B2B 网站、中国商务类优秀网站、中国百家优秀网站、中国最佳贸易网;被国内外媒体、硅谷和国外风险投资家誉为与 Yahoo、

Amazon、eBay、AOL 比肩的五大互联网商务流派代表之一。

阿里巴巴创始人、首席执行官马云以其独特的视野和创新魄力成就了电子商务界的传奇。作为备受尊敬的企业家领袖,他被著名的"世界经济论坛"选为"未来领袖"、被美国亚洲商业协会选为"商业领袖",是 50 年来第一位成为《福布斯》封面人物的中国企业家。

阿里巴巴秉承"客户第一"的价值观,朝着全球最大电子商务服务提供商的目标迈进,践行"让天下没有难做的生意"的诺言。

案例解读

战略创新:不走寻常路。

阿里巴巴没有简单复制美国的电子商务模式,而是结合中国市场实际,走出了一条创新之路。阿里巴巴以精准的切入点涉足 B2B 电子商务领域,并通过纵、横双向一体化战略以及"大淘宝"战略,形成了围绕全社会生产与消费行为的一张电子商务的生态网络。

第一,早在成立初期,阿里巴巴就充分分析了当时的市场环境,以中小企业而不是大企业为切入点,进军电子商务。在充分研究当时中国市场现状的基础上,阿里巴巴从信息流做起,并全部免费服务,为广大中小企业提供免费供求信息,这一政策使阿里巴巴在短时间内聚集了大量供求信息和人气。从最基础的替企业架设站点,到网站推广以及对在线贸易资信的辅助服务、交易本身的订单管理,不断开拓和延伸。正是立足于中国中小企业特点的这种差异化的发展策略,开拓出了为中小企业服务的差异化的产品,并开始为企业的发展提供源源不断的动力,强有力,可持续,可拓展。

第二,阿里巴巴精细制定了电子商务领域的横向一体化战略,使阿里巴巴渗透到电子商务的各个领域。首先,阿里巴巴集团在 B2B 业务做大做强的基础上,充分挖掘资源价值,并充分分析市场环境,果断进入 C2C 领域。如今淘宝网正朝着"商业零售帝国"的目标进发。其次,2007 年年初阿里巴巴对外发布了自己的软件服务业务——阿里软件。阿里软件并不是提供大型的企业管理软件服务,而是更为通用的进销存和财务管理软件服务,满足中小企业的需求,这使得阿里巴巴集团可以为中小企业提供更大的价值,使得其对阿里巴巴的黏性更强;再次,阿里巴巴集团借助阿里妈妈进军广告服务业。阿里妈妈颠覆了传统的广告模式,以新型的第三方平台形式聚合了数量庞大的广告需求双方。阿里妈妈充分吸收了阿里巴巴集团 B2B 和 C2C 电子商务交易平台的成功运营经验,并将阿里巴巴购并中国雅虎所获得的搜索运营能力和阿里巴巴自主创新的诚信体系、信任评价和安全支付等平台相结合，是又一个适合中国本土环境创新的互联网模式。

第三，阿里巴巴在充分采用横向一体化战略的同时，也充分采用纵向一体化战略，扩展至支付宝和搜索领域。鉴于当时国内并没有诚信、独立的第三方机构，为了能够解决网络支付安全的问题，2003年10月，阿里巴巴推出独立的第三方支付平台——"支付宝"，正式进军电子支付领域。目前支持使用支付宝交易服务的商家已经超过30万家，涵盖虚拟游戏、商业服务、机票等多种领域，可谓是将其产品和服务价值最大化发挥到了极致。阿里巴巴并购中国雅虎，是最直接体现出其纵向一体化战略的举措。阿里巴巴并购中国雅虎，不仅获得了世界上顶尖的搜索技术，更控制了电子商务上游产业链，使其整体发展更具有便利性。

第四，在此基础上，阿里巴巴于2008年启动"大淘宝"战略。大淘宝战略第一步是打通淘宝与阿里巴巴平台，形成B2B2C的商业链条；第二步是发布"淘宝合作伙伴计划"，召集各方面的电子商务外包供应商，在IT、渠道、服务、营销、仓储物流等电子商务生态链的各个环节，为淘宝卖家、中小企业提供个性化产品和个性化服务。"大淘宝"战略着眼更好地为消费者服务，打通"制造—批发—零售—服务"，让所有网商在网络平台上的营销、支付、物流以及技术问题都顺畅无阻，给数以万计的网商提供一个成套的网络零售解决方案，形成围绕全社会生产与消费行为的一张电子商务的生态网络。阿里巴巴集团提供各种各样的服务，帮助更多的创业者生存发展，以及无数中小企业转型，有效拉动内需增长，并为中国创造超过100万就业机会。

阿里巴巴以B2B业务为切入点，通过横向和纵向一体化战略，使其构筑了B2B、C2C、软件服务、在线支付、搜索引擎、网络广告六大业务领域的电子商务生态圈，全面覆盖中小企业电子商务化的各大环节。整个商业生态圈的六大环节之间相互作用，相互影响，相互支撑，通过资源的整合应用最终发挥最大价值，实现了产业链的协同。阿里巴巴的战略布局极具前瞻性和价值性。

产品创新：想客户所想。

阿里巴巴的每一个创新产品都是一个创业的新起点，每一次创新的方向都来自于对客户和市场需求的把握。阿里巴巴创新的核心，是始终紧紧围绕服务客户、服务市场来推进创新。

阿里巴巴创始人马云曾经这样说过："我们从来没有做互联网。我们做的事情，一直是给做生意的人提供方便，让他们觉得生意不难做，不麻烦。"马云做的事情就是"让天下没有难做的生意"。

创业之初，正是互联网电子商务热潮期，阿里巴巴没有像其他互联网企业一样砸钱建立完善的电子交易平台，而是从中小企业最需要的订单信息入手，做电子公告板（相当于现在最普通的 BBS）。这个不起眼的第一个创新，却使阿里巴巴从此专心贴近中小企业最需要的服务。

阿里巴巴的第二个创新业务是推出"诚信通计划"。为解决电子商务最大的瓶颈——信用问题，从 2001 年 9 月起，阿里巴巴创新推出了企业商誉的量化工具"诚信通"，以传统的第三方认证、合作商的反馈与评价、企业在阿里巴巴的经营活动等为内容，为每个使用该服务的企业建立网上信用活档案，从而把阿里巴巴打造成一个诚信安全的网上电子商务平台。"诚信通"是推进电子商务诚信发展的划时代产品，为营造中国网络贸易诚信环境作出了巨大贡献。调查显示：85％的买家和92％的卖家，优先选择与诚信通会员做生意。

淘宝网 C2C 业务是阿里巴巴服务个人创业者的一大创新。阿里巴巴投资人民币 4.5 亿元，创办了中国领先的个人电子商务交易平台——淘宝网。淘宝网作为亚太最大的网络零售商圈，致力打造全球领先网络零售商圈，现在业务跨越 C2C（个人对个人）、B2C（商家对个人）两大部分。截至 2009 年年底，淘宝网已拥有注册会员 1.7 亿，覆盖了中国绝大部分网购人群。

"支付宝"付款业务是在为解决电子商务"资金流"的背景下诞生的。支付宝（中国）网络技术有限公司是国内领先的独立第三方支付平台，其致力于为中国电子商务提供"简单、安全、快速"的在线支付解决方案。从 2004 年建立开始，其始终以"信任"作为产品和服务的核心，不仅从产品上确保用户在线支付安全，同时让用户通过支付宝在网络间建立起相互的信任，为建立纯净的互联网环境迈出了非常有意义的一步。

紧紧抓住数字化潮流，淘宝网与华数传媒集团合作，成立"华数淘宝数字科技有限公司"。"华数淘宝"全新上线的业务板块包括了电视淘宝商城和淘花网两大平台，其中淘花网将是中国第一家数字产品分享交易平台。阿里巴巴在数字化商品的分享过程中，不断利用淘宝网的广告优势并积极探索数字化商品的交易，形成数字化商品电子商务新模式，并与产业链的内容生产者和运营者共同分享平台成果，而电视淘宝商城也使淘宝网的业务借助数字电视终端进入到千家万户。

淘宝网第一份官方媒体《淘宝天下》的推出，创新了传统媒体与互联网融合发展的新路径，为读者和客户创造了更多的价值。《淘宝天下》是一份阿里巴巴集团和浙江日报集团共同出资打造的报纸。它以"让潮人更淘，让淘人更潮"为口号，锁定以"淘"为生活方式，为懂得生活、梦想创富的读者提供财富、时尚、生活等资讯。一方面，传统购物人群可将《淘宝天下》作为进入线上购物的便捷通道;另一方面,《淘宝天下》的出现,为线下消费者打开了淘宝所网聚的庞大网货集散平台。

营销创新:突破常规,不拘一格。

马云出色的个人营销成为阿里巴巴最好的企业代言;阿里巴巴利用站点资源为小企业推广,找到盈利模式,通过组织电子商务领域盛会,提升企业形象;通过与业务以外的机构达成合作,渗透企业价值。

马云除了是阿里巴巴的缔造者和掌舵者,同时还是它的精神领袖,是阿里巴巴最好的形象代言人。他充分利用自己的个人魅力在媒体上抛头露面,极力推广阿里巴巴的文化和精神。他在媒体上塑造的形象是:创新、创业、激情、冷静、不同、坚持、战胜失败、团队合作。

从"赢在中国"开始,马云就成为网络红人,他的经典话语在互联网上被整理成"马云语录"。他还与布莱尔一起吃早餐,邀请克林顿助阵西湖论剑,在他个人魅力感召下,雅虎拿 10 亿美元和雅虎中国换得阿里巴巴 35％股份,其本人则获得 2005 中国营销年度大奖。

马云将自己的个人魅力发挥得淋漓尽致。如苹果的乔布斯一样,他让人们把马云和阿里巴巴,和电子商务等同起来,看到马云就想到阿里巴巴,就想到淘宝;看到阿里巴巴,看到淘宝,就想起马云,就会想到经典语句。

阿里巴巴把站点推广作为重要的经营手段,这就是所谓的放弃鲸鱼,为龙虾做推广,面对中小企业的产品和服务营销。如今,在阿里巴巴的收入中,站点推广所得占了一半多。阿里巴巴所提供的站点推广服务主要包括"中国供应商"和"网上有名",其中,"中国供应商"面对的是出口型的企业;"网上有名"则针对内销或工厂的出口主要以买断形式进行的企业。

对于一个新生事物,阿里巴巴要证明服务的有效性。阿里巴巴有着系统服务的理念,它除了可在网站上进行页面设置外,还可以通过"商情快递"邮件杂志,更新企业网站的优先排序。阿里巴巴成功地证明了付费的客户要比免费的客户有更多的机会。

阿里巴巴通过举办网商大会、西湖论剑等活动,促进了国内电子商务领域的各界交流,大大提高了自身在电子商务领域的地位。如果说博鳌论坛是传统经济领域的一大盛事,那网商大会就是以电子商务为代表的新经济领域的一场盛宴。从 7 年前一个普通的千人网商聚会到如今十多万网商受益的盛大节日,网商大会已成为电子商务之都杭州的标志性事件之一。如今,人们更把同期举办网商大会、西湖论剑、网货大会共同称为"网商节",足见网商大会在千万网商心中的神圣地位。

阿里巴巴也注重与业务以外的机构合作,加强与高校合作,培养人才。阿里巴巴与杭州电子科技大学组建电子商务系;与杭州师范大学组建阿里巴巴学院。此外,阿里巴巴广泛开展与媒体的合作,如与华数集团合作成立"华数淘宝"公司;与浙江日报集团合作共同出资打造淘宝第一份官方媒体——《淘宝天下》。在与媒体合作的过程中,阿里巴巴的价值得到充分渗透,影响力也不断扩大。在并购雅虎中国之后,阿里巴巴利用雅虎搜索引擎,快速连接到阿里巴巴站、淘宝站以及阿里巴巴旗下其他网站,迅速增加了网站的访问量,扩大了阿里巴巴的知名度。

文化创新:以人为本。

核心提示:阿里巴巴非常重视企业文化建设,幽默轻松的"武侠文化"让员工在工作中享受乐趣;以"客户第一"为首的价值体系是企业的核心竞争力。

"武侠文化"可谓是马云对阿里人的精神贡献,其为员工提供了一个自由、宽松的工作环境。马云说过:"我认为,员工第一,客户第二。没有他们,就没有这个网站。"马云外号"风清扬",这位被员工和外界一致认为长相奇特的老板,最钟情的就是金庸武侠。他还要求每位阿里巴巴的员工都必须有一个"花名",这些名字中包括"令狐冲"、"黄蓉"、"乔峰"等等。在阿里巴巴,员工讨论江湖大事,不是聚首"光明顶",就是笑傲"侠客岛",因为这里所有的会议室也都以金庸武侠小说里的地名来命名。武侠文化中的正义感和团队精神,渗透到了公司员工的一言一行,并在创造商业价值上频频发力。

以武侠名称命名的价值观体系是阿里巴巴的核心竞争力。阿里巴巴早在2000年就推出了名为"独孤九剑"的价值观体系。"独孤九剑"的价值观体系,包括群策群力、教学相长、质量、简易、激情、开放、创新、专注、服务与尊重。而现在,公司又将这九条精炼成目前仍在使用的"六脉神剑",即客户第一、团队合作、拥抱变化、诚信、激情、敬业。这些精神支配阿里人的一切行为,是公司DNA的重要部分,阿里巴巴正是在这种认识的高度中不断地完善其企业文化建设。

阿里巴巴的价值观不只是停留在口号上,而是渗透到行为方式中,将价值观行为化。阿里巴巴"六脉神剑"的每一"剑",都有三个不同层次的行为要求,并且与关键事件相结合。阿里巴巴有着一个与众不同的考核制度:50%为业绩考核;50%则是以"六脉神剑"为参照的价值观打分。2011年2月21日,阿里巴巴集团旗下B2B子公司CEO卫哲和COO李旭晖就因维护阿里巴巴"客户第一"的价值观不力而引咎辞职。

视价值观如生命的阿里人,坚持将自身价值观行为化。文化是企业的灵魂,决定企业的品质和内涵,引领企业发展的方向,而执行是企业的生命线,是朝着方向迈进的行动演绎。阿里巴巴的实践证明,只有把文化融入创业运行中,才能形成一种高端创业,才能使文化落地。

创新及示范价值

经验之一：知己知彼找准定位。

过去，中国的计划经济体制与西方资本主义的经济环境有所不同，但随着改革开放以来我国积极建设市场经济，鼓励多样化形式的企业发展，中小企业（大部分为集体所有制和民营经济）大量出现，这些年轻的企业仍然处于经营的探索期和扩张期，并拥有巨大的成长空间。阿里巴巴就是基于创始人马云对中国市场的正确理解而创建的，它没有照搬西方国家的网络经营经验去定位于高端客户群，而是盯紧了大量迅速壮大的中小企业，选择它们作为自己的客户。

经验之二："客户第一"引领方向。

顾客需求的变化是经营模式创新最基本的驱动力量，事实上，大多数经营模式创新都是依此进行的。阿里巴巴的成功正是因为它准确地抓住了大量中小企业在迅速成长中需要解决信息不对称问题的需求。在阿里巴巴的平台上，企业能够获得更为详细的信息、实现更加充分的沟通并促成交易。此外，作为一个很大的商业社区站点，阿里巴巴有与许多潜在顾客频繁接触的机会，这使它能更好地了解对方的需求，再通过完善的服务顺利地把潜在机会转化为现实收入。正是秉承"客户第一"的价值观念，阿里巴巴的每次产品创新都收获了成功。

经验之三：技术创新成就高度。

不断开拓先进的技术使阿里巴巴经营模式的创新成为可能，并为其赢得了竞争优势。很少有网络公司把架设中小企业站点理解为是一项重要的业务，理由在于这是一个高度离散的行业，高度的离散性意味着存在收集收入的困难，也有一些公司主营架设企业站点的业务，但它们也往往将业务定格在高端客户。这些企业之所以放弃中小企业，是因为中小企业存在很大的伸缩性，这是说业务流程和业务规模都在迅速发生变化。而阿里巴巴通过不断提高的技术水平，使其有能力提供从低端到高端所有的站点解决方案。

经验之四：创新理念贯穿始终。

创新活动离不开创新理念和创新精神。如果不能打破思维定式、墨守成规，创新就不能实现。在阿里巴巴，创新的文化和激情一直存在，贯穿于企业建立、运作及发展的始终，这不只带来了经营模式的创新，也带来了具体环节方面的创新，如产品创新、服务创新和营销渠道创新等。因此，创新是阿里巴巴"芝麻开门"不变的"秘诀"！

点　评

熊彼特的创新理论认为，创新是企业家对生产要素新的组合，涉及多个方面的新组合。阿里巴巴是创新的佼佼者，其中，最为明显的是产品创新和过程创新。产品创新、过程创新会影响供给，在阿里巴巴的经营过程中，这两种创新既有交集又单独出现。支付宝可以说是过程创新的一种，不仅降低了成本，而且提高了交易量，产品创新则包括数字证书、橱窗销售等等，这些都影响着消费者的需求。阿里巴巴的成功在于其产品创新、过程创新，尤其是过程创新降低了成本，而成本优势使得其成为知识型厂商，后者所产生的网络效应又令它具备了别人所没有的优势。

（浙江传媒学院黄宏、彭丹供稿）

奉化滕头：全球 500 强的生态村

有着蒋氏故里、弥勒圣地之称的奉化市拥有一张世界级的生态名片，它就是位于该市郊的美丽乡村——滕头村。

滕头村面积只有 2 平方千米，全村 342 户，835 人。就是这样一个袖珍型的江南小村，却屡屡书写着发展奇迹，创造着一个又一个的辉煌。滕头村获得了全球生态 500 佳、世界十佳和谐乡村的美誉，拥有全国文明村、中国十大名村排行榜第四、全国先进基层党组织、全球唯一世博乡村等诸多桂冠。滕头村的发展成果得到党和国家领导人的高度肯定，也受到了联合国副秘书长以及国外贵宾的高度赞扬。江泽民曾称赞滕头是"了不起的村庄"，联合国副秘书长伊丽莎白·多德斯韦尔这样称赞滕头："我到过世界上许多国家，很少见到像滕头村这样美丽整洁的村庄。"越共中央总书记农德孟访问滕头时感慨："我今天到了这里，才知道社会主义新农村是什么样的。"

滕头村从一个贫穷落后的小村到富裕美丽的新农村，依托的是贯彻始终的生态环保发展理念。改革开放以来，在一些地方还在温饱和环保之间纠结的时候，滕头村已经确立了纲领性的方针——生态立村，在生态环保理念引领下，滕头村屡屡创新发展模式，许多做法走在全国前列。1993 年，滕头村成立了全国唯一的村级环保委员会，所有招商引资项目都要在环保委员会过第一道关口。2003 年，滕头村开创了全国乡村旅游的先河，成功地把乡村美景和乡村风情"卖出去"。在已经实现花园式村庄目标的基础上，滕头村大力发展园林绿化产业，滕头园林公司已经跻身全国同行前列，滕头的绿树走入奥运场馆，栽到上海世博会内。如今，滕头村又把生态模式从内涵和外延上加以拓展，在宁波北仑区开了一家微缩版的滕头生态酒店，欲让滕头的生态模式以"连锁滕头"的形式向全国推广。

案例解读

建设主方向：生态。

在发展之初，是建设成高楼林立的城市化农村，还是生态宜居的现代化新农村，滕头村选择了后者。农村要有农村的样子，要有"花香日丽四季春，碧水涟涟胜桃源"的乡村美景。为此，滕头村高举生态环保大旗，接连出招。1993 年，村里成立了全国首个环保委员会，在生态环保方面，该委员会权力在村里高于一切，许多高回报但存在污染的项目找上门来，该委员会在上级环保部门的配合下，对项目进行环保综合评估，并实行一票否决制，先后否决了 50 个环保不达标的项目。

在村庄建设方面，滕头村实施了"蓝天、碧水、绿色"三大工程，总投资 6300 多万元，耗时达十几年。为绿化村庄，村党委书记傅企平曾"星夜救树"：一次，傅企平偶然得知一条消息，邻县为拓宽公路，要把原公路两旁 500 多株香樟树砍掉。他听说后心痛万分，连夜驱车赶过去抢救这批树，车到半路，恰逢堵车，心急如焚的他干脆弃车徒步赶路，深夜赶到工地，终于把这批树抢了过来，现在，这批树在滕头村茁壮成长，"星夜救树"也成了美谈。为提升空气质量，滕头村下定决心，拆除耗资 65 万元建成的沼气池，尽管这个沼气池具有消化垃圾的作用，而且可以供应不少村民的烧饭用能需求。

为使天更蓝水更绿，滕头村在实践中大力应用生态环保科技，利用风能、太阳能供应路灯等用电，在全村实行生活垃圾无害化处理，建设雨污分流设施，倡导少开车多步行的出行方式，引导生活产品重复利用的方式。滕头人对自然的友好友善赢得了大自然的美丽回报，现在的滕头村，绿树葱茏，百鸟和鸣，宛若世外桃源。

经济主色调：绿色。

一个地方要长期有序发展，发展经济是关键。滕头村把握绿色这一经济主色调，选择了环境友好型、资源节约型的发展之路，从而取得了生态环境和经济效益的双赢。

滕头人深知"无工不富"，早在 20 世纪 80 年代就大力发展乡镇企业，主攻方向则是服装等清洁型工业。从十几个工人几台缝纫机起步的滕头服装厂，现已成为爱伊美集团，成为全国最大的羊绒服饰出口生产基地和全国服装销售、利税"双百强"企业，其产品大衣、西服双双获得出口免检资格。进入 21 世纪后，滕头村迎来了第二轮发展期,经济发展指向房地产开发、园林绿色等行业,尤其是在园林绿化产业,滕头人凭借着超前的意识和捕捉商机的敏锐性,取得了绿色效益和经济效益的双赢。在20世纪90年代花木行业跌入低谷的时候,滕头园林意识到这个行业必有反弹的时期,逢低介入,租赁了大片荒山荒田,种植大规格苗木,花木行业复苏时,滕头园林已积攒了丰厚的资本,抢得了先机。现在,滕头园林已经是全国同行中的佼佼者,其苗木产品进入了北京奥运场馆、上海世博会场馆和广州亚运会场馆。2010年,滕头园林年销售额达3亿元;2011年,苗木基地面积扩大到5万亩,基地最远已扩展到新疆、内蒙古一带。

发展绿色生态旅游,是滕头绿色经济上浓墨重彩的一笔。随着滕头村"蓝天、碧水、绿色"三大工程的实施,滕头村的生态环境越来越好,全国各地前来参观学习的人也越来越多,在考察和充分酝酿的基础上,滕头村走上了乡村旅游开发之路。针对越来越多的游客厌倦纯观光旅游的情况,滕头村以美丽的乡村风景和浓郁的乡村风情为卖点,开发了农业观光、采摘、参与等休闲旅游项目,建设了农家乐园、将军林、柑橘观赏带、植物组培中心、学生社会实践基地等几十处生态景点,以及民间杂耍、笨猪赛跑、乡村大舞台等一系列风俗表演。随着旅游开发的推进,滕头村还积极抓旅游的转型升级,2010年成功创建为国家5A景区,年接待游客153万人次,门票收入3610万元,旅游综合收入1.58亿元。

现在,滕头村已走上了一条高效绿色农业、清洁环保工业和生态旅游产业和谐发展之路。2010年全村实现社会总产值47.52亿元,利税5.02亿元,村民人均纯收入28000元,人均居住面积80平方米。

社会主旋律:和谐。

在滕头村,人与自然的和谐、人与人的和谐是他们的追求目标。广场里,白鸽敢停在游客的肩膀上,还能随着饲养员的号令翩翩起舞;野鸭子也明白了滕头人的友好友善,已经是"人来鸭不惊"。更为出彩的是,滕头村更加注重人与人的和谐,提升幸福指数。近年来,村里共投入6000多万元,新建设施一流的滕头小学、农民音乐广场等科教文化设施,并专设了"滕头村育才基金会",对本村村民和在滕头村工作的外来人员实行奖励政策,鼓励其深造提高。为丰富群众业余文化生活,村里先后承办了全国甲级女子篮球赛等文化体育赛事。滕头村致力于社会保障体系建设,给每位村民每个月1000元的补贴;60周岁以上的,每人每月可领取不低于1500元的养老补贴;全面实施免费义务教育、计划生育补助、社会养老等制度,给全体村民进行人身、财产保险,实现了少有教、老有养、病有医、户户有保险的目标。

发展主推力:创新。

滕头村是一个资源相对缺乏、规模相对偏小的农村,能发展到现在的程度,关键词是生态，发展的主推力是创新。

创新之一，生态保护的理念。说到生态保护，常人的理解可能是原封不动的保护，甚至是划出保护区保护，滕头村没有拘泥于这个思想，而是积极地保护。滕头村投入巨资，改善水质、增加绿地、净化空气，使得原本的青山绿水更具魅力。

创新之二，保护和利用并重的举措。保护生态环境是一项大投入的工程，如何让这项投入有产出，甚至盈利，滕头村做到了，实现了既要金山银山，又要绿水青山的目标。在保护和利用这对矛盾的调和中，滕头村的两步棋走得巧妙，一是乡村旅游，二是园林绿化。乡村旅游开发把生态环境当做产品卖出去，旅游的高标准又对生态环境提出了更高的要求，倒逼生态环境的再次提升，从而形成良性互动的良好局面。园林绿化本身具有美化家园的作用，产业的提升又带来良好的经济效益。

创新及示范价值

经验之一：高瞻远瞩做好规划。

规划是引领发展的"宪法"和"总纲"，科学的发展首先取决于合理的规划。在不同发展时期，滕头村都有着与之相适应的规划指导。20 世纪 90 年代初，滕头村率先进行村庄改造，经过几年的建设，有了"田成方，路成行，清清渠水绕村庄"的成果。21 世纪初，滕头启动生态旅游开发，建设过程中，严格按照生态人居示范区、生态景区的功能规划来分类推进，具有江南水乡特色的人居区、独具魅力的生态农业大棚等生态景点相继建成。2010 年，滕头村立足本村经济社会发展的实际情况，注重经济发展方式的转变，注重社会事业的全面发展，出台了《滕头村经济社会发展规划 2010—2030》，为滕头村今后发展奠定了基础。

经验之二：咬定生态不放松。

确立"生态立村"观念后，如何让这个观念深入人心，成为村民的自觉言行，这是一个长期的过程。在这个过程中，村领导班子言传身教、率先垂范，起了关键作用。现在，滕头村村民都把树当成宝贝，绝不会出现砍树当柴烧的事情，甚至少用一次性尼龙袋等细节也开始注意起来。滕头集团公司下辖的 60 多家企业，有一个共性，即符合生态环保要求。工业企业以生态清洁工业为主，做到少排放、少污染，生态农业则包含着高科技、循环、休闲观光的元素，让生态农业的产出是常规农业的几十倍，三产方面重点发展以生态旅游业为核心的现代服务业，最大限度发挥生态旅游业的综合带动作用。

经验之三:基层党组织发挥战斗堡垒作用。

在基层农村,党组织是否具有战斗堡垒作用,对整个村子的持续发展有着决定性作用。长期以来,滕头村的党建对经济发展起着支撑作用,具体就是"五个一":有一个坚强有力的班子团结协作;有一种朴素无华的精神并贯彻始终,这种精神就是"一犁耕到头,创新永不休";有一套行之有效的制度并严格执行;有一条因村制宜的路子并探索前行;有一幅强村富民的蓝图并循序渐进。

经验之四:最大程度发挥村民的主动参与积极性。

村民是滕头村生态建设的直接参与者和受益者,要让村民享受到生态建设带来的好处,提高自我管理、自我提升、自我服务的意识,才能最大限度地发挥他们的积极性。在滕头村的生态产业链中,处处可见村民活跃的身影。在生态农业领域,农民们改变了传统的耕作模式,改为在农业公司里上班赚工资,村里的生态养殖场由农民承包经营,按照统一标准生产符合标准的生态家禽。在生态旅游业,许多村民从事餐饮、零售等相关行业,据初步统计,滕头村有 60% 以上村民吃上了"生态饭",在生态产业尝到了甜头后,村民就自发自觉地参与到生态建设中来,形成良性循环。

点 评

作为全球 500 强的生态村——滕头,没有就生态论生态,而是牢牢把握"生态"这一关键词,不断推进村经济转型升级,生态产业链不断拓展,将生态效益最大程度转化为经济效益,取得了生态效益、社会效益和经济效益的多赢,这是极其难能可贵的。

(奉化市裘村镇政府钟水军供稿)

温岭箬横:追着太阳种西瓜的合作社

温岭市箬横西瓜专业合作社成立已有 10 个年头。用了 10 年时间,"西瓜大王"彭友达和温岭市箬横西瓜专业合作社的社员们,将小小西瓜做成了大事业、大产业。

合作社生产基地遍布全国。东起浙江,西延广西,南至海南,北到山西,全国 10 余个省加上境外的缅甸,有 23700 多亩土地种上了"玉麟"西瓜。

合作社社员不断壮大。从最初的 29 户发展到现在的 370 多户,不仅有温岭人,只要种植"玉麟"西瓜的瓜农,都被吸纳入社,进一步壮大了合作社的力量。

合作社进行标准化生产。合作社给社员统一提供种苗、物资,统一技术培训,统一生产标准,统一订立合同、使用商标、市场销售、结算分配。2001 年以来,"玉麟"西瓜先后被评为浙江省名牌产品、中国国际农业博览会名牌产品和中国浙江国际农业博览会金奖产品,玉麟牌被评为浙江省驰名商标。

合作经营给社员带来了实惠。2010 年,合作社产值 2 亿多元,亩产值近万元,社员按土地、资金投入分成,人均纯收益 10 万多元,真正实现了务农致富。

值得一提的是,2011 年上半年,温岭当地大白菜收购价格一落千丈,而同样是大规模种植,"玉麟"西瓜却丝毫没有出现滞销情况,充分体现了合作社抱团作战带来的力量。

案例解读

土办法种出良种瓜。

1989 年,当时只有 28 岁的彭友达,因为台州市黄岩区长潭水库扩容,只能和其他 46 户村民一起告别世代居住的长潭山区,移居东海之滨——箬横镇长山村。他的人生轨迹也因此发生改变。

47 户农民从山区到海滨,来到一个人生地不熟的地方扎根,村民们头一个要解决的就是吃饭问题。在种西瓜之前,彭友达当过"倒爷"、养过鸭,但都没赚到什么钱。1991年,他抱着试试看的想法,在海塘边包种了两三分田的西瓜,结果当年碰上发大水,绝大部分瓜地被淹,几个月的心血化为泡影。

俗话说:"塞翁失马,焉知非福。"尽管种西瓜出师不利,但这场大水却让彭友达发现了一个新商机:大水过后,只有为育秧搭建的大棚完好无损,大棚里种的西瓜安然无恙。这让细心的彭友达萌生了用大棚种西瓜的念头。

说来也凑巧,1992年,一心想种西瓜的彭友达在报纸上看到新疆农科院有"8424"良种西瓜籽出售,便立刻在村里试种了3亩,没有现成的薄膜,彭友达就自己动手,用电烙铁将几块薄膜熨在一起,拼成大薄膜使用。

就是用这个土办法,在简陋的大棚里,彭友达成功培育出了"8424"良种西瓜,糖度高、瓜皮薄,商品性十分好。这种瓜因为瓜皮太薄,露地种植很容易"炸瓜",成熟后常常一碰就碎,但移种大棚后,"炸瓜"问题迎刃而解,西瓜品质也有了一定的提高。靠这3亩地,彭友达净赚上万元,这让他更加坚定了种瓜的念头。

彭友达种瓜赚钱了,"眼红"的村民们纷纷仿效,西瓜地从长山村蔓延到附近几个村,面积也从最初的几亩发展到几十亩,再到几百亩。彭友达经过两年多的摸索,总结出了一整套育瓜技术,用他的办法培育的大棚西瓜年4月下旬就可上市,比其他大棚西瓜早10天左右,而且产量高,肉沙味甜,深受消费者喜爱。

追着太阳种西瓜。

几年下来,箬横的西瓜种出了名气。1999年,在箬横镇政府的牵头组织下,箬横镇农贸服务公司成立,并申请注册了"玉麟"商标,实行种植、质检、包装和销售四统一。"玉麟"西瓜成了市场上的抢手货,并在各类农博会上名气日响。

大棚种植西瓜大获成功后,彭友达没有停止脚步,他马上召集几个种瓜能手一起研究如何反季节种植西瓜。因为当地气温太低,种出来的西瓜瓤不红、品质不好、产量不高,彭友达便萌生了到冬季气温比较高的广东等地种西瓜的念头。

当时其他瓜农不是很想去,觉得在家里种瓜,一年能收入五六万元,可以了。彭友达的想法一开始并没有得到大家的支持。他又劝说瓜农,镇里人多地少,以后肯定还是要出去的。几次动员之后,有11户瓜农被他说动了,十几个人一起南下广东揭阳,承包了180多亩土地种瓜。

尽管首次"出师"就遇上了冷空气,瓜藤长不开,不过最终每亩西瓜依然有1000多元的收入。揭阳之行让原本还对外出种瓜存有疑虑的瓜农们彻底打消了顾虑。第二年,在箬横收完西瓜后,彭友达又带着一群瓜农来到广东陆丰,包了300多亩地,一年下来西瓜喜获丰收,每亩净赚3000多元。2001年下半年,雄心勃勃的瓜农们将承包面积扩大到了10000亩。

多年来利用纬度差异进行反季节种植西瓜的彭友达,被人们誉为"追着太阳种西瓜":每年12月上旬在温岭种,次年五月开始收瓜;12月下旬去江西、上海种,第二年五六月可采摘；八九月份再飞到广东、海南种,可赶在春节期间上市；在广东、海南播种后,他又立即赶往缅甸。一张时间表排下来,国人一年四季都能吃到新鲜的"玉麟"西瓜。

成立合作社走出致富路。

农业要想走出去,一家一户力量太小,需要有个组织。2002 年 1 月,彭友达联合几位种植大户,在当地政府的帮助下,成立了温岭市箬横西瓜合作社,彭友达当选为理事长。

成立合作社后,瓜农有了"靠山"。合作社为瓜农提供从生产到销售的一条龙服务,统一提供种苗、统一技术培训、统一生产标准、统一物资供应、统一合同订立、统一使用商标、统一市场销售、统一结算分配。

组织化的好处,不仅体现在品牌上,还体现在生产销售各个环节。"玉麟"西瓜现在实行统一销售,在全国 20 多个大中城市有自己的营销网络,社员不用为卖瓜发愁。除了在国内建起 10 多个生产基地,"玉麟"西瓜先后在北京、上海、杭州、深圳等大中城市设立了 150 多个专卖店,建起了完善的销售网络。同时,合作社还与上海、福建、广东、江西等地合作建立信息网,为瓜农售瓜提供帮助。

由于"玉麟"西瓜的突出表现,箬横专业合作社先后被农业部确定为全国农民专业合作社试点单位、"全国十佳合作社",彭友达也被中组部等四部联合授予"全国农村优秀人才"荣誉称号。

创新及示范价值

经验之一:确定主流品种是关键。

一直以来,温岭优质西瓜品种层出不穷,20 世纪初就以山区的"沙性瓜"闻名各地。近几年来,西瓜品种有了新的发展趋向,小果型西瓜和微型西瓜逐渐开始成为温岭的两大主流品种。1992 年,温岭市引入早佳优质小果型西瓜品种"8424",这种非常适合现代家庭的小果型西瓜深受消费者青睐。"8424"西瓜的成功引进,为西瓜产业注入了新的活力,供种育苗的专业化又使此类西瓜良种在全市得以迅速推广。

经验之二:突破关键技术是要点。

为提升西瓜产业层次,温岭市近年来提出了科技兴瓜战略,积极推广西瓜无公害、标准化栽培技术,科技因素在促进西瓜产业发展中的作用日益凸显。一直以来,西瓜不能连作是困扰瓜农的一大难题。2002 年下半年,彭友达利用葫芦与西瓜嫁接栽培小果型西瓜大获成功,较好地解决了西瓜不能连茬栽培的问题。近年来,温岭还大力推广西瓜嫁接栽培技术,目前全市 100％采用三膜覆盖技术种西瓜,九成大棚西瓜采用嫁接技术,进一步突破了土壤连作障碍,解决病害发生。随着设施栽培西瓜的发展,大棚西瓜授粉难、坐瓜率低又成了瓜农的一块心病。从 2010 年开始,这个难关也开始被突破,箬横、滨海、松门等镇开始示范性推广大棚小西瓜蜜蜂授粉新技术,并获得成功。与常规的人工授粉相比,放蜂授粉小西瓜平均单株坐果增加 0.6 只,单瓜重增加 0.5 公斤,糖度增加 1 度,而且果型圆整、光洁度好,加上蜜蜂授粉西瓜完全是一种自然、生态型产品,在市场上十分畅销,平均亩增效益 500 元以上。

经验之三:创立品牌是突破。

随着农业产业化进程的逐步推进,温岭市委、市政府把兴品牌、创名牌作为发展效益农业和农业产业化经营的重要抓手,于 2000 年在浙江省率先推行大宗农副产品统一品牌经营制度,"玉麟"西瓜逐渐成了温岭西瓜的代名词。为提高"玉麟"西瓜的知名度,温岭市政府多次在上海、杭州两地的果品交易市场召开新闻发布会,强力促销"玉麟"西瓜;还每年花巨资举办西瓜推销会,积极开展品瓜、尝瓜等形式多样的活动,加大广大消费者对"玉麟"西瓜的印象。自 2000 年温岭提出品牌兴瓜战略以来,"玉麟"西瓜在上海、杭州、广州、北京等 20 多个大中城市的市场份额逐渐扩大,在各类农展会上频频"摘金捧银",连续几年获得浙江省农业博览会金奖、台州市名牌产品等荣誉称号,2011 年还被评为全省消费者首选品牌。

经验之四:合作发展是有效途径。

经过 10 多年的发展,"玉麟"西瓜逐步形成了"公司＋基地＋农户＋市场"的产业化生产、经营模式,并走上了农科教、产供销、贸工农一体化经营之路。合作组织让入社农民在规避市场风险的同时,把个体优势转化成了规模优势,把资源优势转化成了产业优势,进而形成品牌,赢得了市场。

点 评

农民专业合作社是带领农民进入市场的新型农业经营主体。温岭市箬横西瓜专业合作社大胆创新,积极实施农业"走出去"发展战略,进行异地开发和错位发展,有效突破了农业发展的空间局限。通过走出去发展基地,拉长了玉麟牌西瓜的销售季节,一年四季都能向市场投放新鲜西瓜,既扩大了销售半径,延长了销售时间,又增加了经济效益。

(温岭日报记者吕进科供稿)

东阳花园村:高科技领跑的花园经济

东阳市南马镇花园村地处浙江省中部,距东阳城区 16 千米。原花园村农户 183 户,496 人,面积 0.99 平方千米。2004 年 10 月,花园村与周边 9 个行政村合并组建成新花园村,现花园村有农户 1748 户,总人口超 2 万人(其中村民 4393 人),村区域面积达 5 平方千米。

昔日的花园村自然条件差,资源稀缺。新中国成立前,村民靠打长工、挑盐卖度日;新中国成立后,靠捉鱼鳅、搞副业谋生。当地曾有这样一首民谣:"村名花园不长花,草棚泥房穷人家,种田交租难糊口,担盐捉鱼度生涯。"1978 年,村民人均年收入仅 87 元。改革开放后,花园人在领头人邵钦祥的带领下,坚持走"以工富农、以工强村、共同富裕、全面小康"的发展之路,以"求实、创新、求强、共富"的花园精神为动力,实现了"科技花园、绿色花园、活力花园、和谐花园"的花园形象。

花园村的成功创业,离不开高科技产业的发展。花园人从 1981 年创办蜡烛厂和服装厂起家,到 1993 年成立集团公司,涉足的都是传统产业。由于缺乏核心技术和产品,企业进入艰难的维持阶段,产值一直停留在 2 亿元至 3 亿元之间。

1993 年,花园村党委书记、花园集团总裁邵钦祥在多次出国考察后提出:花园集团必须实施高科技战略,拥有自主知识产权,铸造企业核心技术,才能在市场竞争中有立足之地,赢来辉煌的明天! 随后,花园集团先后与浙江大学、杭州大学、杭州电子工学院建立人才培训以及项目开发合作。

1996 年,邵钦祥独具慧眼,选中了中科院的维生素 D3 项目,花园集团与中科院共同合作开发世界级尖端生物科技产品——维生素 D3。维生素 D3 是人生存必不可少的一种脂溶性维生素,其生产技术一直被瑞士的罗氏公司、德国的巴斯夫公司和荷兰的杜发公司三大公司垄断。经过 10 多年的努力,如今,花园集团已成为专业生产维生素 D3 系列产品的研制、开发和生产的产业基地,维生素 D3 系列产品也已占据全球主要市场份额,正致力打造"世界最大的维生素 D3 上下游产品生产商"。

正是花园村坚持产业兴村,通过发展高科技产业,实施高科技兴村战略,走出了一条具有花园特色的科技创新之路。如今的花园村已经形成以高科技产业为主导,新兴产业和传统产业相配套的发展格局。2010 年,花园村实现工业总产值 91.98 亿元,村民人均收入达 51600 元。目前,花园村拥有个私工商户 511家,其中,花园集团是国家级企业集团,2010 年实现销售经营收入 71.41 亿元,利税总额 5.4 亿元。花园村主要产业有生物医药产业、新型材料产业(铜业)、建筑产业、红木家具产业、商贸产业、机械电子产业、旅游产业等,是全球最大的维生素 D3 生产出口基地,国内最大的红木家具设计、生产、销售集散地。花园村先后被授予"全国创建精神文明先进单位"、"全国模范村"、"全国文明村"、"中国十大名村"、"全国绿化模范单位"、"中国十佳小康村"、"中国幸福村"、"省全面小康建设示范村"、"首届浙江魅力新农村"等数十项省级以上荣誉称号。在中国名村综合影响力排行榜中,位居第五位,同时被评为中国城乡一体化发展十佳村,位居第四位。

案例解读

确定发展高科技产业的思路和方向。

花园村从 1981 年办服装厂到 1993 年成立集团,中间办过很多诸如砖瓦厂、甜菊糖贰厂、火腿厂等一系列劳动密集型企业,由于缺乏核心技术和产品,企业一度进入艰难的维持阶段,产值一直停留在 2 亿元至 3 亿元之间。成立花园集团后,邵钦祥就在思考如何走出徘徊局面,他意识到若想改变局面,必须把高科技产业确立为企业发展方向,而要开发高新产品,就得和大专院校以及科学院所合作。从 1996 年开始,花园集团紧紧抓住科学技术发展的战略基点,调整产业结构、转变经济增长方式,形成了以高科技产业为主导的新一轮经济发展格局,大步向生物化工为主的现代高新技术产业跨越,实现了企业发展战略的全面转型升级。

创新管理制度和经营方式。

1998 年以来,为进一步明晰花园集团下属各企业的投资主体,调动经营者和科技人员的积极性,花园集团建立了股权激励机制,鼓励经营者和科技人员参股,并把下属企业全部改造成有限责任公司,建立了花园集团母子公司制体制。在公司产权制度改革中,花园集团还切出最优秀的经营性资产和高科技产业组建了股份有限公司,进一步完善法人治理结构。在经营方式上,花园集团除了追求产品经济效益的最大化外,还采用企业收购、兼并和参股等多种资本运作模式,把企业做大做强,初步形成了产品经营和资本经营相结合的经营方式。

与中科院联姻实现高科技产业化。

花园集团是从传统产业起家的,但随着对外开放的不断深入,随着知识经济的到来,市场竞争越来越激烈,花园人不但发展传统产业,而且积极发展高科技产业。一方面,花园集团用高新技术改造和提升传统产业;另一方面,花园集团本身大力发展高新技术产业。在发展高科技产业中,花园集团根据自己的技术力量和管理能力,首先把医药化工作为重点发展方向。1996 年开始,花园集团就与中科院理化技术研究所从中试开始合作,共同合作开发维生素 D3,并在北京建立了中试车间。2000 年中试成功后,又一次性买断了维生素 D3 产品的工艺技术,在东阳建立了占地 300 亩的花园生物医药高科技园区,在杭州经济技术开发区建立了占地 100 亩的维生素 D3 生产基地,使花园集团成为全球最大的维生素 D3 生产企业。

全面引进、培养、使用科技人才。

一直以来,花园集团积极为引进人才营造良好的工作和生活环境,建立股权激励机制,形成按劳、按资、按技术分配的利益分配机制。目前,高中级职称人员已占企业员工总数的 40% 左右。其中,下属企业花园生物高科股份有限公司不断加大新产品开发力度,成立了省级生物技术研究中心,研发人员共 20 人,短短几年时间,技术人员就成功开发出维生素 D3 微粒等 6 只系列新产品。集团在为引进人才营造良好工作环境的同时,积极营造好外来人才的生活环境,为外来人才建造了设施一流的"小康公寓"。

延续开发维生素 D3 上下游产业链。

维生素 D3 实现产业化生产后,花园集团就坚持以自主创新研发技术为重点,把有限的资金投入到研发,经过广大科研人员的共同努力,对维生素 D3 生产工艺进行大胆改造和创新,使维生素 D3 产品收率提高、成本下降、产品质量大大超过了国外同类企业的标准,形成了世界一流水平的工艺合成和高品质的产品,产品从最初研制的 2 只到现在自主研制成功的 7 只,进一步提升了维生素 D3 的国际竞争力。

创新及示范价值

经验之一：产业兴村，把优化企业发展环境与新农村建设结合起来，做到共建双赢。

企业发展环境包括道路、通信、能源等硬环境，还包括企业所在村的教育、医疗卫生、生态条件等软环境。随着市场经济的不断完善，企业发展的软环境建设逐渐成为企业竞争的一个重要手段。花园集团以前瞻性的眼光，看到了这一发展趋势，从20世纪80年代中期开始，花园村就坚持经济与社会统筹发展，在经济发展的同时，对村庄的社会事业进行投入和建设，加大了对花园村道路、上下水和垃圾处理、教育、医疗保障等方面的投入。经过近三十年的不懈努力，实现了经济和社会事业共同发展，村庄建设现代化，生态环境优化，文化繁荣和乡风文明，真正做到了企业与村庄的共建双赢。

经验之二：产业集聚，带动人口集聚，为农村城市化发展奠定基础。

经济和人口在空间上的集聚，是城市化发展的前提和条件。花园村在人口规模的扩大上，没有采用依靠行政手段的方法来实现与周边村庄的合并，而是坚持以经济手段，以平等自愿为基础，以牺牲企业自身利益为前提，完成了与周边9个村庄的合并，为在市场经济条件下进行的村庄合并创造了经验。

经验之三：以自主创新为核心，保持花园集团的领先和可持续发展。

花园集团发展的历史，就是一部不断创新的历史。目前，花园集团不仅具有生产维生素D3的全部知识产权，而且，也成为维生素D3全球最大的生产者。具有自主知识产权产品的不断创新，不仅改变了花园集团的产品结构，使其从过去以传统产品生产为主的企业，发展为以高技术产品为主，且具有不断创新能力的现代高科技企业集团。创新能力的不断完善，提高了企业的竞争力，为花园集团的不断发展奠定了基础。

点 评

以传统服装行业起家的花园集团，在完成原始积累后，与中科院联姻，成功开发出维生素D3系列产品，逐步形成了以企业为主体、市场为导向、产学研相结合的技术创新体系，实现了民营传统企业向高科技企业的新跨越。花园村的变迁表明：在瞬息万变的市场经济浪潮中，企业要发展，必须提高核心竞争力，必须加强科技创新，在创新中发展企业，在创新中提升企业。

（花园集团报社王江红供稿）

现代农业:大学生创业的宝地

　　20 世纪 90 年代,江泽民总书记就要求浙江率先实现农业现代化。为早日实现这一目标,浙江人不断努力创新。特别是进入新世纪以来,在新的经济社会条件下,率先实现农业现代化的基础更实、方法更多。浙江率先提出鼓励和支持大学毕业生从事现代农业政策,有效拓展了现代农业发展思路,涌现出越来越多的大学毕业生投身"三农"的星星之火。

　　现年 26 岁的汪恩锋,2004 年毕业于浙江林学院园林专业,当年创办了玉环县漩门湾果蔬专业合作社,其生产的漩港牌文旦已成为省农博会上的抢手货。2008 年合作社总产值达到 1008 万元,实现利润 125 万元,有效带动了当地农民增收,被省农业厅评为省级示范性农民专业合作社。

　　宁波鄞州区是浙江省较早出台鼓励大学毕业生从事现代农业的地方,大学毕业生创业成就斐然。毕业于宁波教育学院的任仁波,从 2006 年开始种植大棚葡萄,现已有葡萄、草莓大棚近 150 亩,年净产值达到 150 万元,2009 年被鄞州区评为"十佳"新型农民。

　　经济相对欠发达的景宁,大学毕业生从事现代农业同样创出了一片新天地。刘宇毕业于浙江工业大学经济公共关系与现代文秘专业,2007 年,他成立景宁硕园爱心灵芝专业合作社,建设灵芝标准化栽培基地 30 亩,年产值达 120 万元以上。2008 年、2009 年合作社为社员分红 70 多万元,农户户均增收 1000 多元,合作社被评为省级示范性农民专业合作社。

　　据有关部门统计,截至 2010 年 3 月底,全省直接从事种植、养殖业生产的全日制高等院校毕业大学生共 1153 人,平均每个县(市、区)13 名。在大学毕业生从事现代农业的大潮中,涌现了一批创业能人,他们不仅实现了自身价值,还带动农民走上了共同发展的道路。

案例解读

浙江农业出现大学毕业生的身影,是浙江农业经济发展到一定阶段的必然要求,是浙江农民人均纯收入突破万元大关后农业经济领域出现的新现象。农业是国民经济的基础,是事关国计民生的战略产业。浙江省委省政府在推动农业转型升级的关键时期,适应农业经济发展的新要求,紧紧抓住发展的关键因素——人,积极制定政策,鼓励大学毕业生从事现代农业,这是巩固和加强农业基础地位的重要举措。

培育现代农民是加快建设现代农业的题中之意。

近年来特别是"十一五"以来,在各级党委政府高度重视和强农惠农政策有力推动下,浙江省农业取得长足发展,高效生态的现代农业迈出坚实步伐。农业规模经营加快推进,产业结构不断优化,农业基础条件和设施装备明显改善。但总体上看,浙江省农业发展的基础并不稳固,特别是随着工业化、城镇化的加快推进,农村优质要素外流带来的农业老龄化、兼业化、副业化进一步显现。据第二次农业普查,浙江省从事农业的 509 万劳动力中,初中及以下学历占 97%,大专及以上文化仅占 0.1%,50 岁以上的占 53%。"十二五"时期是加快建设现代农业的黄金机遇期,国际经验表明,农业现代化程度越高,对农业从业人员的学历素质要求也越高。因此,浙江省现代农业推进,迫切需要一批高素质的现代农业带头人和有知识、懂经营、会管理的新型职业农民。

引进现代人才是壮大新型农业主体的客观要求。

农民专业合作社是我国农村基本经营制度下发展现代农业的新型农业经营主体,是引领农民参与国内外市场竞争的现代经营组织和重要基础力量。截至 2010 年年底,全省专业合作社达到 19464 家,成员 82.5 万个,带动非成员农户 377 万户,占全省家庭承包经营农户数的 49.2%。但总体上看,合作社的竞争能力、服务功能还不够强,受从业人员素质低下制约的问题突出,发展后劲不足。目前,全省农民专业合作社负责人文化程度为高中及以下的占 76.5%,平均年龄超过 48 岁;全省 71.3% 的农民专业合作社有引入大学生来提升生产经营水平的需求。种养大户、农业企业等其他农业经营主体也存在这个问题和相应需求。

农业农村有着大学毕业生创业就业的广阔天地。

首先,"三农"发展的政策环境越来越好。近年来,中央和省委省政府强调把

"三农"工作作为全党各项工作的重中之重,出台了一系列加强农业基础地位的措施,强农惠农政策的扶持力度持续加大。据浙江省农业厅初步统计,2010 年省级农业实际投入资金就达 11.1 亿元,中央下达项目资金也有 10.8 亿元。其次,大学毕业生到农业农村创业有着施展才华的良好平台。今天的农业,已不再是"脸朝黄土背朝天"的传统生产方式和不体面的就业门路,也不再是没有经济效益的产业门类,农业已逐步走上依靠技术和管理的"知识经济"发展阶段,成为一个既可以充分发挥聪明才智、也能够取得较高经济报酬和社会地位的行业。最后,大学毕业生从事现代农业有着巨大的现实需求。从近两年来浙江省农业厅举办的大学生现代农业专场招聘会的实践看,现代农业经营主体对大学生的需求十分旺盛。2009 年的专场招聘会上有 132 家农民专业合作社、140 家农业企业参加招聘,分别提供农业、管理、营销、外贸、财务等专业大学毕业生就业岗位 231 个和 817 个;2010 年又有 86 家合作社、162 家农业企业分别提供 172 个和 1031 个招聘岗位,农业引才引智热情日益高涨。

推动大学毕业生从事现代农业的实践富有成效。

近年来,浙江省宁波、慈溪、鄞州、温岭等地,率先出台了扶持大学毕业生从事农业创业的政策,从政府补贴、社会保障、项目扶持、金融服务、土地流转等方面给予支持和倾斜,有效吸引了大学毕业生从事农业创业,形成了良好的政策效应。据初步统计,到 2011 年 3 月底,全省有直接从事种植业、养殖业生产的全日制高等院校毕业大学生 1153 人,并呈现出了鲜明的特点和良好的发展前景。从学历结构看,从事农业生产的大学毕业生中,大专和本科学历的占 97%,研究生学历的有 33 人;从知识结构看,农业专业的占 44%,非农专业的占 56%;从年龄结构看,20~30 岁占 75%;30~40 岁的占 18%,40 岁以上的占 7%;从从业时间看,2 年以内的占 45%,2~5 年的占 37%;从就业结构看,在农业企业工作的占 52%,在农民专业合作社工作的占 35%,自主创业的占 12%;从创业成果看,有 147 名大学毕业生已成为各类法人代表和领军人物,占总数的 13%。

创新及示范价值

经验之一:审时度势,适应农业经济发展需要积极推动大学毕业生从事现代农业。

大学毕业生从事现代农业是经济社会发展的必然结果,浙江省根据条件成熟程度把握推进力度。2010 年之前,在浙江省经济发展较快的宁波地区,率先提出鼓励和支持大学毕业生从事现代农业的政策,引导大学毕业生从事现代农业。在各地探索的基础上,浙江省委、省政府审时度势,综合考虑浙江省效益农业发展较快、农民人均纯收入已经突破1万元大关、现代农业急需人才支撑等内部因素,同时也考虑到大学毕业生就业形势不容乐观等外部因素,结合当前已有部分大学毕业生在农业领域成功创业的经验,提出了在全省鼓励和支持大学毕业生从事现代农业的政策意见,完全是在理性指引下的符合浙江实际的正确决策,必将推动"十二五"乃至更长时期浙江农业的发展。

经验之二:目标明确,扎实有序推进全省大学毕业生从事现代农业工作。

政策意见对引进大学生创业就业的具体主体和数量提出了明确要求,即在坚持自愿选择、政府扶持原则的前提下,通过建立和完善扶持大学毕业生从事现代农业机制,从2011年起,每年推出示范性农民专业合作社就业岗位500个,用于招聘高校毕业生;争取到2015年省、市级示范性农民专业合作社都有1名以上大学毕业生从事农业生产或经营,一批有实践经验的大学毕业生成为规范化农民专业合作社、农业企业的领头人,全省从事种植业、养殖业的大学毕业生达到5000名左右。

经验之三:政策支撑,保障大学毕业生从事现代农业有利可图。

在支持对象界定上,坚持突出重点。政策意见规定,对具有全日制普通高校专科(高职)以上学历、年龄35周岁以下,原则上是本省户籍的大学毕业生,自愿从事农林种植业和养殖业生产经营工作,且符合相关条件的均给予政策扶持。

在资金项目扶持上,注重务实优先。政策明确规定,对符合上述条件的大学毕业生,在享受浙江省人力资源和社会保障厅等部门规定相关政策的同时,可以享受特殊的优惠政策,即省对经济欠发达县(市、区)和其他县(市、区)从事农业生产经营的大学毕业生每人每年分别补助1万元、0.5万元,连续补助3年;各级农业、林业、渔业等有关部门优先安排相关现代农业扶持项目。

在从业服务保障上,力求配套全面。一是在农业继续教育、农业科技项目立项、农业成果审定等方面,享受浙江省基层农技推广机构科技人员同等待遇。符合专业技术资格申报条件的,可优先申报相应专业技术资格。二是直接从事农业生产经营3年以上的,报考事业性质的县(市、区)和乡镇农技(农经)干部的,在同等条件下优先录用。对从事基层农技服务工作3年以上的、群众满意的大学毕业生,可以采取定向公开招聘的方式充实到县乡级农业公共服务机构。三是在同一单位连续工作满1年,按有关规定参加社会保险并按时足额缴纳社会保险费的,其工作时间可计算为实际缴费年限,其服务年限可计入基层工作经历,计算为专业工作年限。四是农村金融机构列入农村信用等级评定范围,简化贷款手续，给予利率优惠。农业政策性担保公司在农业小额担保方面优先支持。政策性农业保险公司把支持对象生产的品种作为重点参保对象。五是县级农业等主管部门优先提供土地流转服务，确定人员联系帮助解决生产经营中出现的问题，纳入创业创新实用人才培养计划，搞好创业知识培训。六是各级人力社保部门所属的人才交流机构，凭聘用合同或营业执照，免费为从事现代农业的大学毕业生保管人事档案。其户口关系可以转到当地人才交流机构的集体户，也可以转到当地城镇亲友处。

经验之四：舆论引导，营造有利于大学毕业生从事现代农业的氛围。

当前，大学生从事农业创业数量不多，农业对人才的需求矛盾比较突出，很大程度上与大学生的就业观念和对农业农村不了解等有关。为引导大学毕业生从事现代农业的就业观念，浙江从大学课堂里开始抓，从创业思路、创业路径、创业政策等方面有针对性地对大学生进行教育。各类媒体对大学毕业生从事现代农业也给予了有力的关注。各级政府对大学毕业生从事农业创业给予很多的支持。鼓励大学毕业生从事农业创业、尊重农业创业的良好氛围已在浙江初步形成。部分从事农业创业的大学生不仅在创业上有所成就，在精神和政治上也得到更多的尊重，使农业成为令人崇尚、工作体面的职业。

点 评

从"跳农门"到"进农门"，这一字之差，体现的却是理念变革的大跨越，经济社会转型发展的大跨越，现代农业发展的大跨越。浙江率先在全国鼓励和支持大学毕业生在农业就业与创业，从事现代农业，是一项具有历史里程碑意义的大事！

大学毕业生从事现代农业，是浙江省现代农业发展水平较高的标志！大学毕业生从事现代农业的程度越深，表明浙江农业产业与其他产业的平衡程度越高，表明浙江农业的创业环境越好。

大学毕业生从事现代农业，还有很多课题有待进一步突破。城乡二元社会结构形成了农业创业的阻力，农村土地承包制度的局限性、农村土地流转市场的不健全，延缓了农业创业的步伐，长期来形成的农村基础条件的缺失限制了农业创业的空间。

（浙江省农业厅经管处徐建群供稿）

后 记

　　哪里有浙江人,哪里就有市场,这是对"浙江精神"和"浙江人经济"的褒扬和最好的诠释。逆水行舟,不进则退。处于黄金机遇期和矛盾凸显期交织的特殊历史阶段,面对标兵渐远、追兵渐近的发展现状,浙江人居安思危。为更好结合浙江省省情,研究提出建设创新型省份的思路与举措,浙江省政协把"建设创新浙江,增强发展动力"作为 2010 年度的重点课题。课题分为理念创新、自主创新和体制创新 3 个分课题,其中,理念创新分课题由省政协冯明光副主席牵头负责。为做好分课题研究,课题组将理念创新分课题又分解为若干个专题,分别由省农业厅、省经信委、省发改委、省社科院、浙江大学等单位承担专题调研任务。本书的上篇内容主要源于分课题研究形成的总报告和分报告。其中,研究总报告主要由赵兴泉、应风其、李剑锋、李锋等执笔;理念创新的理论探索分报告由黄祖辉、李锋撰写;理念创新与"系列浙江"、理念创新与农业现代化分报告由赵兴泉、李剑锋撰写;理念创新与人文社会分报告由汪俊昌、王宇撰写;理念创新与新型工业化分报告由兰建平撰写;理念创新与新型城市化分报告由刘亭、李军撰写。全书由赵兴泉和黄祖辉负责统稿。

　　为更好地与读者共同分享课题研究成果,我们在梳理分课题成果精髓的基础上,围绕研究报告提及的各种创新发展理念,收集编写了 24 个在浙江各地涌现的创新发展的实践案例,以达到为上篇求实证之效,并将其作为本书的下篇内容,携上篇确定书名为《理念创新与创新发展——浙江的研究与案例》。书中的研究报告,不乏真知灼见,编写的实践案例,素材丰富,内容翔实,充分反映了建设创新型省份的理论与实践探索。畅读这些调研报告,细品这批实践案例,我们欣喜地看到浙江在创新发展中的风采与成果,深刻地感悟到以创业创新为核心的浙江精神,必将为推进"创业富民、创新强省"总战略的深入贯彻实施和实现

"科学发展走在前列、建设惠及全省人民的小康社会"的目标,起到积极的助推作用。

在本书编写过程中,得到了省政协领导的高度重视,给予了很多具体指导。省农办原副主任顾益康,浙江大学中国农村发展研究院杨万江教授、朱允卫讲师,浙报集团总编辑李丹和省农业厅的有关同志对我们的工作给予了大力支持,农村信息报社为收集编写 24 个案例付出了大量心血,在此一并致谢!

由于时间较紧,水平有限,在编辑过程中难免有所疏漏,敬请指正和谅解。

编　者

2011 年 10 月

图书在版编目（CIP）数据

理念创新与创新发展:浙江的研究与案例 / 浙江省政协农业
和农村工作委员会编著. —杭州:浙江大学出版社，2011.12
ISBN 978-7-308-09365-1

Ⅰ. ①理… Ⅱ. ①浙… Ⅲ. ①城市建设－研究－浙江省
Ⅳ. ①F299.275.5

中国版本图书馆 CIP 数据核字（2011）第 246437 号

理念创新与创新发展——浙江的研究与案例

浙江省政协农业和农村工作委员会　编著

责任编辑	陈丽霞	
文字编辑	徐　霞	
封面设计	十木米	
出版发行	浙江大学出版社	
	（杭州天目山路 148 号　邮政编码 310007）	
	（网址:http://www.zjupress.com）	
排　版	浙江时代出版服务有限公司	
印　刷	浙江印刷集团有限公司	
开　本	710mm×1000mm　1/16	
印　张	16.25	
字　数	301 千字	
版印次	2012 年 1 月第 1 版　2012 年 1 月第 1 次印刷	
书　号	ISBN 978-7-308-09365-1	
定　价	35.00 元	